宣旨試論

宣旨試論

早川庄八著

岩波書店

序文

私はいつのころからか、日本史を学ぶ者に課せられた窮極の課題は、天皇制を解明することと、古文書学を含む史料学を体系づけることの二つなのではないかと考えるようになった。この二つの課題は、質的にかけはなれているようにみえながら、日本史の根本問題であるということでは、あい通じている。天皇制の問題は、古代・中世・近世・近代という時代の枠を超えたものであると同時に、いまなお日本人がその呪縛から解放されていないという意味で、すぐれて今日的な、避けて通ることのできない課題である。同じように古文書学・史料学を体系づけるという問題も、文献史学に身を置く日本史研究者である以上、それへの自己独自の見解なくしては存在理由を問われるという意味で、やはり避けて通ることの許されない課題である。しかも、観点を古代史のみに限定してみると、この二つの課題は予想以上に深くかかわっていることに気づく。古代、とくに律令体制のもとでの古代国家は、天皇を政治的首長とする官僚制的支配の行われた国家であった。したがってそこにおいて書き記された文書は、公文書はいうまでもなく、私文書さえもが、国家統治のために、そしてまた古代天皇制を貫徹するために書かれた文書であったのである。それゆえ、古代古文書学を体系づけるということは、古代天皇制を解明するための基礎史料を体系づけるという課題でもあるといえる。

本書はこの課題にアプローチするための一つの試みとして、古文書学上の一分野である公家様文書といわれるもののなかの、宣旨を全面的に再検討したものである。その根底にあるのは、宣旨を施行文書・下達文書としてとらえてきた従来の古文書学の理解に対する根本的な疑問であり、そしてまた公家様文書という概念ははたして妥当なものであるのかという深い疑念である。本書によりそうした疑問・疑念を解き明かすことができ、それによって私みずからの古文書学の体系を構築するための基礎を固めるという所期の目的が達成されるならば、私は満足する。大方のご批正を仰ぎたい。

早川庄八

目　次

序章　古代古文書学と宣旨

歴史学は、資料に基づいて過去の人間の営為を認識する学問である。その資料が遺跡・遺物などそれ自体ものをいわないものである場合、それに基づいて行われる学問分野を便宜上考古学といい、文字で記されていてそれ自体がものをいう資料に基づいて行われる歴史研究を文献史学という。文献史学は文字で記された資料なくしてはなりたたない。そしてその資料はみな過去のものであるから、通常これを史料という。

日本の古代史を学ぶ文献史学者が過去の人間の営為を認識するために用いる史料には、多様なものがある。金属や石に刻まれた金石文。瓦や土器に墨で文字の記された墨書瓦・墨書土器。これにはヘラ書きのものもある。そして木片に記された木簡。それに、紙に記された諸々の史料。紙に記された史料を大別すれば、六国史・風土記・年代記などの編纂書すなわち典籍、日本史ではとくに記録と称している官庁や個人の日記、そして古文書、の三種がある。これらを過去の人間の営為を認識するための素材として活用するには、なによりもまずそれぞれの史料としての性格が充分に把握されていなければならない。そこに金石文学、木簡学、記録学、古文書学、書誌学などの生まれる所以がある。また近年、これらを綜合した史料学を樹立すべきであるとの提言がしきりに叫ばれているのも同じ理由による。史料学はいまや文献史学の前提としての位置づけを声高に主張している。

古文書学は、こうした意味での史料学を構成する一分野である。またそれは、古代史を研究するにあたっての、必須の分野である。それゆえいやしくも古代史を研究する者であるならば、そのひとりひとりが古代の文書について、学問として体系づけられた理解をもっていて然るべきである。そしてそれが公表され討議されて、古代史研究者共有の古代古文書学が存在していて然るべきである。だが、不思議なことにというべきか、残念ながらというべきか、今日のところ体系づけられた古代古文書学は存在しないのである。

もちろんそれにはそれなりの理由があった。その最大のものは、これまでの古文書学の担い手は中世史研究者であったということである。日本の古文書学は、もっぱら中世史研究者の努力によって深められ、体系づけられてきたという歴史をもっている。文書なくして中世史の研究はありえないのであるから、古文書学が中世古文書学として発足し展開したということは、むしろ当然のことであった。今日世に出ている数多の古文書学の入門書・概説書の執筆者がみな中世史研究者であるのも、そのためである。だがそうしたことのために、古文書といえば中世文書、古文書学といえば中世古文書学というような通念が、あるいは古文書学は中世史研究者に任せておけばよいというような意識が、古代史研究者のなかに生まれなかったといえば嘘になろう。これが古代古文書学の形成されなかった一つの大きな理由であると私はみている。もう一つの大きな理由は、公式令の存在である。大宝令によってはじめて制定され、養老令に継承された公式令の冒頭には、各種の公文書の様式が定められている。そしてそれは、日本独自の要素を加味しながらも、基本的には隋・唐の公式令に定めるものを継受したものであったから、当然それ独自の一つの体系をもっている。いうまでもなく、国家統治のための、そして官僚制を維持する装置としての体系である。ということは、もしかりに古代の文書を公式令に定めるいわゆる公式様文書に限定するならば、古代史研究者にとって古代古文書学の体系は所与のものとして存在することになる。つまり古代古文書学は研究者みずからがそれを体系づけるまでもなく、公式令をみればよい、ということになる。これが古代古文書学の形成されなかったいま一つの大きな理由であったと私は考えている。

だが、古代古文書学の体系は公式令によって与えられているとするのは、錯覚である。このことは、正倉院文書や、近年各地に出土する木簡・漆紙文書をみればただちに自覚されることである。それらに、公式令の文書体系を以ては律することのできないものが、いかに多いことか。そしてそれらからは、古代の文書には中世文書とは異なる独自の世界があったということも、自覚させられるのである。これらのものを綜合したうえでの古代古文書学の体系を築くことは、焦眉の急でなければならない。

このような目的のための、私にとってははじめての準備作業として、本稿では宣旨《センジ》を検討することにする。宣旨は、従来の古文書学では、平安時代に生まれたいわゆる公家様文書の一つで、勅命ないし太政官の公卿会議での決定事項を下達し施行するために、太政官の外記もしくは弁官が作成し発給する簡便な文書とされているものである。しかし平安時代、とくにその前半期の宣旨には、外記とも弁官とも関係のないものがある。そしてまた勅命とも公卿会議の決定事項とも関係のないものがある。それらはみな、従来の古文書学が宣旨としては扱わずに切捨てていたものである。そのうえ私のみるところ、それらは決して命令の施行を他者に対して命ずるために記された文書ではない。つまり施行文書でも下達文書でもない。このような眼で、従来の古文書学が勅命ないし太政官の決定事項を下達し施行するために外記もしくは弁官が作成し発給した文書としてきた諸々の宣旨をみなおすと、これらもまたそれ自体は施行文書でも下達文書でもないことが知られる。しかもそれに加えて、同じ性質の文書すなわち宣旨が、八世紀の正倉院文書のなかに存在するのである。つまり宣旨は、平安時代に入って新しく生みだされたものではなかったし、ましてや公家様文書として生みだされたものでもなく、律令公文書制度のもとでいわゆる公式様文書とともに並存していたのである。然らばそもそも宣旨とはいかなる性質の文書であったのか、それはどのようにして生みだされ、またいかにして公式様文書と並存しえたのか、ということを探ることによって、私自身の古代古文書学の体系を築くための足場を造りたい、というのが本稿の目的である。

そのような目的を果すため、本稿は以下のような構成をとっている。

まず第一章において従来の宣旨に関する学説をみ、これまでの宣旨論のどこに問題があるかを探り、本稿の課題と、それの解明にあたっての具体的方法を設定する。

ついで第二章では、従来の宣旨論が多かれ少なかれ依拠してきた、平安時代中期以降に成った故実書にみられる宣旨を概観し、これまでの宣旨論の論拠を明らかにして、問題点を指摘する。

つぎの第三章では、宣旨をめぐって用いられる「宣」「伝宣」「奉」などの語、および「宣旨」という語が、八世紀にどのように用いられていたかということを、正倉院文書を素材として検討し、あわせて、造東大寺司内の一つの機関である写経所に、上級者の宣すなわち命令がどのように伝えられたかという、宣の伝達経路を探求し、そこには太政官機構における宣の伝達経路とあい通ずるものがあったことを明らかにする。なお第三章には、付説「奉書の起源について」を加えてある。そこでは、従来の古文書学が宣旨と同じように平安時代に公家様文書として発生したとみなしてきた奉書《ホウショ》・御教書《ミギョウショ》もまた、八世紀の正倉院文書のなかに存在することを指摘し、その起源について論じている。

以上の三つの章は、本稿のいわば序論であって、第四章以下が本論である。その中核をなす第四章では、九世紀および一〇世紀の各種の宣旨を、個別に、その内容にまでたちいって検討し、そうした作業を通じて、宣旨の一般的性質ないしは最大公約数的な性格を抽出することを試み、宣旨とはなにかをみきわめることにする。そしてその結果えられたものを前提として、宣旨の起源とその本質を探り、私みずからの古代古文書学の体系を築くための足場を固めようとするのが、第五章である。第五章こそは、私にとってのまさに宣旨試論である。そしてそれは、本稿を執筆した目的でもあり、到達点であると同時に、私の古代古文書学の出発点でもある。

第一章　学説の整理と問題点

宣旨についてのこれまでの研究状況をふり返ってみると、数年まえまでは、もっぱら古文書学の入門書・概説書においてこれが論ぜられ、その専論はまことに寥々たるものであったといわざるをえない。しかし近年になって、新しい視点に立った注目すべき宣旨論があらわれはじめている。そこでこの章では、従来の学説を整理するという作業を通じて、これまでの宣旨論がなにを明らかにし、どのような問題を残しているかを探り、本稿の課題を設定することにしたい(1)。

第一節　宣旨についての通説的理解

古文書学の入門書・概説書等においては、宣旨は、概ね、勅命を、上卿が、外記または弁官に伝え、外記・弁官からさらにその勅命を伝宣するために出す文書と理解されている。たとえば、相田二郎『日本の古文書[2]』は、つぎのように述べている。

蔵人所の設置があつてから、内侍が勅旨を蔵人の職事に伝へた。而して職事から上卿即ちその日の政事を扱ふ上首の公卿が之を受け、上卿が之を各所に伝へたのである。その伝宣を受ける所は勅旨に依つて伝へる事柄に依り、太政官の外記、同じく弁官、中務省、中務省の内記、式部省、兵部省、弾正台、検非違使、近衛と分れてゐた。如何なる事柄に依つてかく分れるかが、伝宣草に詳しく挙げてある。尚ほ事柄に依つて両局即ち外記と弁官との両方に伝へるものもあつた。右の中、外記弁官から更にその勅旨を伝宣する為めに出す文書を宣旨と申したのである。而して弁官から出すものに二様あり、一を宣旨、他を官宣旨と称したのである(傍点早川)。

また、佐藤進一『古文書学入門[3]』でも、つぎのようにいう。

蔵人所が設置されると、内侍から蔵人とくにその職事《シキジ》に勅命を伝え、職事から上卿《ショウケイ》(当日の政務担当の公卿、多くは大臣)に伝え、上卿は事柄の内容によって、これを外記局、弁官、内記局などに伝えて発布せしめた。こうして外記局か弁官から勅命を伝えるために発布された文書を宣旨という(傍訓佐藤氏、傍点早川)。

こうした宣旨についての定義を、その要素によって分解すると、以下のようになろう。

①宣旨とは、勅旨、勅命を、伝達、施行するために作成される文書である。

②勅旨、勅命は、内侍から職事蔵人を経て上卿に伝えられ、上卿はこれをその内容により各所（相田氏によれば外記、弁官、中務省、内記、式部省、兵部省、弾正台、検非違使、近衛府、佐藤氏によれば外記局、弁官、内記局など）に伝えるが、このうち外記局か弁官局（すなわち太政官内の機関）に伝えられることが宣旨の要件となる。逆にいえば、両氏とも明言してはおられないが、上卿から、中務省、内記、式部省などの太政官機構以外の官司に伝えられたものは、宣旨の範疇には入らないことになる。この理解は、つぎの③ともかかわっている。

③上卿から伝えられた勅旨、勅命を、外記局もしくは弁官局が受け、さらにその勅命を伝えるために作成し発布されたものが、宣旨である。

要するに、宣旨とは、①勅旨、勅命を伝えるために、②外記もしくは弁官が、③発給する文書である、ということになる。このうちの、①勅旨、勅命を伝えるために出す文書、という理解は、後述のように、土田直鎮氏によって修正されることになるのだが、それはともかくとして、宣旨についての右のような理解は、非常に古くから行われていた。まず、一九〇九年に刊行された『古事類苑』の政治部五、上編、宣旨の項の解説に、

宣旨ハ、勅旨ヲ伝宣スルノ謂ナリ、詔勅ノ制定リテ後、所司ロ勅ヲ奉ジテ、其旨ヲ伝宣スルヲ宣旨ト称シ、以テ詔勅ニ別ツコトヽナレリ、

とあって、宣旨は、詔・勅とは異なる勅旨の伝達方法であるとしているのは、その早い例である。但し『古事類苑』のこの解説においては、右の文に続けて、

蓋シ其宣旨ト称スルモノ一ニアラズ、大臣及ビ大中納言宣シテ、外記之ヲ奉ズルアリ、或ハ弁官宣シテ、外記及ビ少納言之ヲ奉ズルアリ、或ハ大臣宣シテ、輔及ビ丞等之ヲ奉ズルアリ、或ハ外記及ビ輔等伝宣シテ、録之ヲ奉ズルアリ、

と述べていて、宣旨を、外記・弁官に伝えられたもの(または外記・弁官が発給するもの)に限定してはいないことに、注意しておかなければならない。

また『古事類苑』の政治部五の発刊より早く、日本古文書学の創始者黒板勝美氏が一九〇三年に東京帝国大学に提出した学位請求論文「日本古文書様式論(4)」は、つぎのように述べている。

蔵人所の設置せられて後は、内侍勅旨を承りて職事の蔵人に伝へ、職事陣に出でゝ其日の上卿に告ぐ、上卿即ち外記に命じ、其旨を書せしめ、これを下すを宣旨といへり。而して事によりては弁官に命じ、更に史官をして書せしむることあり。この場合には伝宣の二字を加へ、以て上卿の命を弁官に伝へたることを示す。

さらにまた黒板氏は東京帝国大学文学部における年次未詳の講義「古文書学概論(5)」でも、

蔵人所の設置があつてからは、内侍から勅旨を職事蔵人に伝へ、蔵人は其の日の陣座に出でて之を

上卿に伝へた。上卿から更に外記に伝へ、外記から文書を出した。之を宣旨と云ふ。時には外記の代りに弁官の史が出すこともあつた。之も宣旨と称した。

といわれる。すなわち黒板氏の場合は、宣旨は、①勅旨、勅命を伝達するものとする点は『古事類苑』の解説と同じであるが、②外記または弁官が出す、③文書というように、限定しておられる点が異っている。そしてこれで知られるように、相田・佐藤両氏の宣旨についての理解は、実は黒板氏にさかのぼるものであったのである。

だが、このような黒板勝美氏以来の宣旨に対する理解には、「大きな欠陥」があることが、土田直鎮「内侍宣について(6)」で指摘されることになる。それは、「宣旨には、大別して奉勅と上宣との二種」があり、勅旨、勅命の伝宣のみに用いられたわけではない、という指摘である。この点を、土田氏は以下のように述べておられる。いささか長文だが、重要な指摘であるので、そのまま引用する。

平安中期までに確立した宣旨の形式・手続きについては、儀式・政要の諸書に見え、また相田氏の「日本の古文書」上、二三四頁以降にかなり詳しく述べられているからこゝには省略する。たゞ、相田氏は、宣旨を勅旨伝宣の文書と説明されたために、その叙述には大きな欠陥があると思われるので、こゝにその事だけを述べておこう。それは、宣旨には、大別して奉勅と上宣との二種があるという点である。

この別は官符にも存するのであるが、宣旨や官符に奉勅・上宣の別があることは、諸書にその形迹が見えている。こゝでは、西宮記に載っている次のような貞信公記の逸文を中心にして、検討してみよう。

延長六年三月廿八〔一カ〕日貞公御記云、博文ゝゝ〔朝臣〕可令問紀在昌之宣旨、仰文永〔久〕宿祢、前例上宣也、仍准故実仰也、寛平年中奉勅宣旨也、可謂違失、貞観・仁和・延喜之例皆上宣也、人〔又イ〕主上曰、此宣旨非詄〔朕〕之所知云々、(7)

これは、紀在昌が方略試を受けるに際し、藤原博文をその問頭博士とすることになり、左大臣藤原忠平がその宣旨を大外記伴久永に下したという記事であるが、その時、貞観以降の先例に従い、上宣を下したのであって、その宣旨の本文は類聚符宣抄、九、方略試、問者の中に、

左大臣〔忠平〕宣、宜令民部大輔藤原博文朝臣、問文章得業生紀在昌方略之策者、

延長六年三月廿日　　大外記伴宿祢久永奉

と見えている。この宣旨の文中には、「奉勅」の二字が無いことを注意せねばならぬ。

ところで、右の貞信公記には、寛平年中は奉勅宣旨を下したとあるが、類聚符宣抄の同じ所には、

〔式部〕少輔正五位下菅原朝臣道〔真〕―伝宣、右大臣〔藤原良世〕宣、奉勅、散位三統理平方略試、宜令〔式部〕大丞藤原春海問者、

寛平三年七月廿一日　　〔式部〕少録阿保連扶奉

という宣旨が載せてあり、これには「奉勅」の二字がある。更に、貞信公記に上宣を下したと記されている貞観・延喜の宣旨を同所に求めると、これにはやはり「奉勅」の字は無い。

そしてこのような事実をふまえたうえで、土田氏は、宣旨をつぎのように定義される。

上宣は天皇の裁下(マヽ)を要しない建前なのであるから、宣旨を一概に勅旨を伝宣するものと解するのは、大きな誤であると言わねばならぬ。曖昧な言葉ではあるが、口頭或は文書により朝命を伝達するものとでも言うべきであろうか(傍点早川)。

たしかにこれは「曖昧な言葉」ではあるが、宣旨を、勅旨、勅命の伝達のみでなく、「奉勅」を経ない上卿の宣すなわち上宣の伝達をも含めて、広く解した点に注目しなければならない。それだけでなく、ここに引用した土田氏の言辞のなかには、今後宣旨について考えていく場合に、重要な示唆を与えるものが含まれている。第一は、宣旨を「口頭或は文書により朝命を伝達するもの」といって、宣旨のすべてが文書によって伝達されるとはかぎらないという考えが示されていることである。黒板勝美氏以来の宣旨に対する理解では、宣旨とは外記もしくは弁官が出す文書、発布する文書であった。だが土田氏によれば、宣旨は口頭でも伝達されるものなのである。第二は、貞信公記逸文を解釈して、「左大臣藤原忠平がその宣旨を大外記伴久永に下したという記事」と述べて、〃宣旨を作らせた〃とも〃宣旨を発布させた〃とも述べておられないことである。この点は、宣旨を理解するうえでのまことに重要な岐点であって、土田氏は、方略策の問頭博士についての宣旨は、左大臣藤原忠平が、大外記伴久永に、下した、と理解しておられる。つまり上卿が外記に下したものが、宣旨なのである。だが従来の宣旨論では、そうではなかった。外記もしくは弁官が勅旨、勅命を伝えるために出す文書、発布する文書が宣旨なのであった。臆測にすぎないが、このとき土田氏は、それまでの宣旨論に対し、根本的な疑問を抱いておられたのではなかろうか。

ついでながら土田氏の所論に関連して、私見を一つつけ加えておく。それは、土田氏が引用しておられる類聚符宣抄所載の寛平三年七月廿一日宣旨についてのことである。この宣旨では、式部大丞藤原春海を以て散位三統理平の方略試の問頭博士とするという「奉勅」の上卿(右大臣)の宣が、式部少輔菅原道真に伝えられ、道真はこれを式部省の下僚である式部少録阿保扶に「伝宣」し、扶はこれを「奉」じている。この宣旨に関しては、問題が二つある。第一の問題は、この宣旨には外記も弁官も関与していないということである。従来の宣旨論によれば、外記もしくは弁官が関与して出す文書、発布する文書が宣旨であった。そうした理解からすれば、外記も弁官も関与しないこの宣旨は、宣旨ではないということになる。だが、貞信公記の記主藤原忠平は、これを「奉勅宣旨」と記している。第二の問題は、この宣旨の内容に関することである。「奉勅」によって問頭博士に指名された藤原春海も、「奉勅」の上宣を受けてこれを「伝宣」した菅原道真も、そしてまたその「伝宣」を「奉」じた阿保扶も、いずれも式部省の官人である。とすれば「奉」じた少録阿保扶の果すべき任務は、その旨を上司である大丞藤原春海に伝達することであることになる。その伝達の方法が、口頭によるものであるか、ここに書き記した宣旨を覧じたのであるか、あるいはまたこれを与えたのであるかはわからないが、いずれにせよそれは、式部省内の事務上の処理として済まされることである。つまりこの宣旨の効力は式部省だけに及ぶのであって、このうえさらに他司に対して文書を発給したりする必要の、全くないものである。従来の宣旨論は、これら二つの問題を看過していたといわざるをえない。

上記のような土田氏の批判を承けて、宣旨の専論として発表されたのが、鈴木茂男「宣旨考」(8)である。この論文は、保元のころの成立と考えられている新任弁官抄(9)および鎌倉時代末期から南北朝期のころの成立とみられる伝宣草(10)に基づいて、宣旨の「発給手続」を考察したものであるが、宣旨をどのようなものと考えるかについて、鈴木氏はつぎのようにいわれる。

まず相田二郎氏の「右の中、外記弁官から更にその勅旨を伝宣する為めに出す文書を宣旨と申したのである」という定義と、土田直鎮氏の「曖昧な言葉ではあるが、口頭或は文書により朝命を伝達するものとでも言うべきであろうか」という定義を対比して、

土田氏の定義は史料を解釈してゆく上では妥当なのであるが、史料を抽象した古文書学の概念としては十分でない。他方相田氏の定義は「宣旨には大別して奉勅と上宣との二種がある」から斯く考

えれば上宣の宣旨が排除されることになるとの土田氏の批判を許す欠陥を持ってはいるが、宣旨を最も明瞭に表現したものとして高く評価されてよい。この定義に土田氏の批判を考慮して、伝宣される内容を勅宣のみに限定せず、これに上宣をも含め、勅宣あるいは上宣を外記・弁官が伝宣する文書とすれば史料上の用例とも矛盾せず、古文書学的にも有効な概念となると考える(傍点早川)。

とされる。つまり鈴木氏の宣旨についての理解は、従来の①勅旨、勅命の伝達という理解に、上宣を加えたものということができる。そしてこの引用文から明らかなように、鈴木氏の定義は、史料上にあらわれる「宣」や「宣旨」と、古文書学の概念としての宣旨との統合あるいは一致をはかろうとしたものであった。だが鈴木氏の理解に関しては、以下の点に留意しておく必要がある。

鈴木氏は、伝宣草の記述について、つぎのようにいわれる。

伝宣草は上巻「下外記部」、中巻「下内記部」、下巻「下弁官部」に分けられ、事柄によってどの官司へ勅宣が伝宣されるかを文例によって示したものである。例示された文例は口宣案とそれにまつわる文書であって宣旨そのものは現われていない。宣旨は伝宣草に示された手続以後に現われるのであって、伝宣された事柄を外記・弁官が文書にして下達する際に作製されるのである。内記に伝宣される事柄は、叙階事・追造賜位記事・止位記事・院宮合爵事・神位記事・叙階者名字相違事が挙げられており、これらを更に下達するときの文書は位記であって、宣旨ではない。従って「下内記部」は除外し、当面外記・弁官について考えればよい。なお伝宣草の下巻末尾には「諸宣旨事」および「諸宣旨目録」として、外記・弁官・中務・内記・式部・兵部・弾正・検非違使・近衛などに伝宣すべき事柄を列挙している。勿論これらは主として口宣案の下達先を示したものであって、受命した官司が更に作製する文書は様々な様式のものとなったはずである。これら列挙された事柄を受命する官司は時期により変遷があったのであるから、個別的に調査することは重要なことではあるが、今は必要ない(傍点早川)。

引用が長くなったが、ここにはつぎのような諸点が明確に示されている。

(1)外記および弁官がかかわるもののみが宣旨である。

(2)宣旨は、外記および弁官が作成する下達文書である。

(3)内記に伝宣される事柄の下達文書は位記であって、宣旨ではない。

(4)同様に外記・弁官以外の諸司に伝宣されるものも口宣案であって、下達文書ではないから、宣旨ではない。諸司が作成する下達文書は、別の様式の文書である。

このようにして鈴木氏は、外記および弁官が奉じて作成する下達文書のみを宣旨と認定し、宣旨一般を理解するには、上卿→外記／→弁官のルートを想定しておけばよいと考える。

として、上卿→外記のルートのものを「外記宣旨」、上卿→弁官のルートのものを「弁官宣旨」と名づ

け、両者の様式を示したうえで、

宣旨一般を理解するには、外記宣旨と弁官宣旨を並列的に考えればよいとの結論を得た。と重ねて述べて、その「発給手続」を検討されるのである。ちなみに鈴木氏が示しておられるその様式は、つぎのようなものである。

「外記宣旨」

（上卿）宣、………者。

年月日　（外記）奉

「弁官宣旨」

（弁官）伝宣、（上卿）宣、………者。

年月日　（史）奉

鈴木氏のこの論考は、たしかに、それまでの宣旨についての研究水準を大きく超えたものであった。外記の奉ずる宣旨と史の奉ずる宣旨の様式の相違を明らかにし、また、ここでは紹介するのを略したが、外記および弁官を経る宣旨がどのような手続によって作成されるかを明らかにしたことの功績は、大きいものがある。だが私は、宣旨とはなにか、という根本の問題について、鈴木氏の理解に疑問を抱いている。とりあえずここでは二、三の疑問を挙げておこう。

疑問一。鈴木氏は、内記に伝宣されるものは下達文書ではないから宣旨ではない。下達文書は位記である、といわれる。たしかに伝宣草、中巻「下内記部」の「叙階事」に掲げる例は、そのように解されないではない。たとえば第一に記されているものは、つぎのようなものである。

史料一　伝宣草、中巻

宣旨

従四位上藤原道平朝臣

藤原冬経朝臣

藤原経平朝臣

右人等、宜レ賜二正四位下位記一之状、如レ件。

永仁三年八月廿日　　権大納言判

大内記局

これは上卿（権大納言）から大内記局に宛てて出された口宣案の一種で、「上卿書下」といわれるものであるが、これによれば、藤原道平以下三名に「正四位下ノ位記ヲ賜フベキ」ことが上卿から大内記局に命ぜられたかのように解せられないこともない。そしてまた、位記はたしかに下達文書である。しかしこれらに関する鈴木氏の理解には、以下のような疑問がある。第一に、位記はたしかに下達文書であるが、それは内記が下達(=交付)するものではない。位記を交付するのは、太政官もしくは式部省であって、内記ではない。内記の任務は、位記を作成することである。史料一の文言はたしかに「位記ヲ賜フベキノ状」とはなっているが、内記に命ぜられたことは、「賜フ」ことではなくて、位記を作成することである。第二に、史料一の様式から明らかなように、天皇から職事蔵人を経て上卿に伝えられた「宣旨」が、大内記局に伝達されている。すなわち上卿から大内記局に「下」されている。これが伝宣草のいう「下内記」の意味するものなのではなかろうか。第三に、朝野群載、巻十二、内記に、「奉二位記宣旨一書様」なるものが掲げられている。それはつぎのような様式のものである。

史料二　朝野群載、巻十二、内記

位行某納言兼某官姓朝臣名宣、奉レ勅、宜レ令レ作下件某叙二某位一之位記上者。

年月日　従五位上行大内記兼某国介姓朝臣某奉

これは宣旨ではないのであろうか。これこそまさに「下内記」宣旨あるいは内記の奉ずる宣旨なのではなかろうか。

疑問二。鈴木氏は、諸司に伝宣されるものは口宣案であって、下達文書ではないから宣旨ではない、下達文書は、それを受けた諸司が別の様式の文書として作成する、といわれる。そうであるとすると、類聚符宣抄、別聚符宣抄に伝えられているつぎのようなものは、宣旨ではないのであろうか。

史料三　類聚符宣抄、巻七

中納言橘朝臣

当年給一分補二他色一

天禄元年十二月廿二日

正三位行中納言源朝臣雅信宣、奉レ勅、中納言橘好古卿当年給一分、宜レ補二他色一。

天禄元年十二月廿二日　(式部)少丞清原佐時〔奉脱〕

史料四　別聚符宣抄

右大臣宣、奉レ勅、諸国郡司大少領主政□外、不レ得レ過二権員各二人一。但在任及先有□、宜四令レ遂レ職、解闕之莫三更補二彼替一。縦宣旨誤下者、□返之。

延喜十八年七月五日　(式部)少丞紀淑〔光カ〕行奉

史料三の前半三行は中納言橘好古の上申で、後半はその上申文書の料紙の後《オク》に書き記されたもの。好古が自分の当年給一分(諸国史生であろう)を他色に補してほしいと申請したのに対し、奉勅の上宣はこれを認めて、中納言橘好古卿の当年給一分を「他色ニ補スベシ」と命令している。そしていうまでもなく、史生などの式部判補の官を任命するのは式部省であるから、この命令は式部省に対するものとみなければならない。だからこそ式部少丞がこの命令を受けているのである。すなわちこれは奉勅の上宣が直接式部少丞に下された事例であるが、これが「下式部」宣旨なのではないか。さらにまた受命した式部省は、「他色ニ補ス」という職掌にかかわる行政事務を遂行すればよいのであって、史料三に基づいてどのような下達文書を作成するのであろうか。そのようなものを作成する必要は、全くないはずである。史料四も同様である。欠字があって意をくみにくいが[11]、大意は、権任の大領・少領・主政・主帳は今後各二員以内とする、その定員を超えている現任の者はその職を全うさせてよいが、解闕した場合はその替を任命しないことにする、宣旨を誤って下すようなことがあれば、チェックせよ、というものである。これも明らかに式部省に下された奉勅の上宣である。それゆえ式部少丞がこれを奉じている。式部省はこの命令を遵守すればよいのであって、史料四に基づいて下達文書を作成する必要など、全くない。

疑問三。そうであるとすると、いわゆる「外記宣旨」「弁官宣旨」も、鈴木氏がいわれるような下達文書なのであろうか。たしかに同氏が依拠された新任弁官抄では「職事下二上卿一、々々下レ弁、々下二大夫史一、或六位史、随レ事、史成二宣旨一頒下也」と述べていて、宣旨が下達文書であるかのように解せられる。だが、同書は平安時代の末に成ったものであることを、考慮する必要があるであろう。またこの文にいう「宣旨」は、ここで問題としている宣旨ではなく、官宣旨すなわち弁官下文をいうものである可能性もあるのである(この点は第二章で言及する)。ともあれ、史料二は内記の職掌にかかわる事柄に関する奉勅の上宣が、直接内記に伝えられたものであった。史料三・史料四も、式部省の職掌にかかわる事柄に関する奉勅の上宣が、直接式部省に伝えられたものであった。そしてそうした上宣が伝えられたときに書き記されたのが、これらの宣旨である。同じく宣旨と称されるものである以上は、「外記宣旨」も「弁官宣旨」も、同じような性格をもっているのではなかろうか。いずれにせよ、宣旨ははたして下達文書であるのか、というのが、従来の宣旨論に対する私の根本的な疑問であるということを、あらかじめ表明しておきたい。

以上を総合してみると、鈴木氏の宣旨に対する理解は、「宣旨一般を理解するには、上卿→外記／弁官のルートを想定しておけばよい」、また宣旨は下達文書である、としたために、かえって「宣旨一般」が脱け落ちてしまったのではないかとさえ思われるのである。

その後宣旨に言及されたものに、富田正弘「中世公家政治文書の再検討① 官符―太政官文書」(12)がある。同氏は土田説に依拠して、宣旨の文書名を修正すべきことを主張しておられる。すなわち、宣旨に奉勅(の上宣)と上宣がある以上、宣旨の文書名に天皇の名を冠して「某天皇宣旨」とするのはおかしい、官符・官牒の同様のケースに天皇名を付すことがないのにくらべると、不統一の感を免れない、といわれる。これはまさに正論である。宣旨に天皇名を冠するのは、黒板勝美氏以来の、①宣旨とは勅旨、勅命を伝宣するものであるとする考えにしたがって行われてきたものであるが、土田氏によって宣旨には奉勅と上宣の二種があることが明らかにされた以上、天皇名を冠することはいたずらに混乱を招くばかりであるから、今後はやめるべきである。なお富田氏の宣旨についての所論は、次節で再びとりあげることにしたい。

ついで宣旨に関して全面的な検討を加えられたのが、今江広道氏である。今江氏の見解は、『日本古文書学講座』3、古代編II[13]のなかの、

2「天皇文書」のうちの「内侍宣、口宣案」

3「官文書」のうちの「宣旨」

として発表されたものである。この講座は、古文書学の概説書であるが、今江氏が担当された部分は単なる概説ではなく、古文書学における従来の宣旨についての考え方を全面的に再検討することを意図した、意欲的な労作である。そうした意欲は、講座編集者が「天皇文書としての宣旨」の執筆を依頼したにもかかわらず、今江氏は宣旨を天皇文書とせず、官文書としたことに、端的にあらわれている。

今江氏の見解をひとことで評するならば、土田直鎮氏による成果を前提とし、鈴木茂男氏の見解をさらに徹底させたものということができるであろう。同氏はまず、令の条文にあらわれる「宣」あるいは「宣旨」の語を検討し、令文での「宣」する主体は太政官の大納言・中納言と内侍司であったとして、天皇の仰せは、詔書式・勅旨式という公式令に定められた書式で発布されるもの以外は、内侍司を経て太政官機構に「宣伝」され、太政官では宣旨を職掌とする大中納言が、これを下部機構に伝え

るというのが、令制本来の形であったと考えられる。

といわれる。ところが八世紀の正倉院文書などにあらわれる「宣」「宣旨」をみると、土田氏がかつて「宣を下した人としては、僧俗男女多種多様であり、俗人では、男は大臣から下は史生まで、女は内侍から女孺に至り、僧では道鏡以下の僧綱・凡僧あり、尼も大尼公から沙弥尼に至る[14]」といわれたような状態であって、その「実状は、令の制度とははなはだかけはなれたもの」となっている。しかもそれらの「宣」は、令の規定する「宣」が「勅旨の宣伝(中務省・内侍司)か、太政官中の大臣・大納言・中納言・参議(いわゆる〝議政官〟)の議決事項を宣するかのいずれかである」のにくらべると、「性質のまったく異なったもの」と考えなければならない。だがこうした事態は、奈良時代の末から平安時代の初期にかけて、次第に解消される。すなわち「一般官人や僧尼などの宣が、ほとんど姿を消」す状態となる。これは桓武朝の「律令の遵守」の政治方針により、律令の規定からはずれた下級官人らの「宣」の用法に「なんらかの規制が加えられたため」であると推定される。また、従来は天皇の勅旨を宣伝するのは後宮十二司、ことにそのうちの内侍司であったが、嵯峨朝にいたって蔵人所が設置されると、内侍司に代って、蔵人所が天皇と太政官機構とをつなぐパイプ役となった。このとき誕生したのが、蔵人が天皇の勅旨を太政官に伝宣するさいに用いられる「口宣案[15]」であった。

今江氏はこのようにいわば宣旨前史を概観されたうえで、宣旨について以下のようにいわれる。まず

土田直鎮氏が掲げられた貞信公記逸文とそれについての土田氏の所論を前提として、

宣旨を発する主体は上卿である。

と定義される。そしてそれに、奉勅と非奉勅の上宣があるのだとされる。そのうえでさらに、それらは「太政官の命令として」「百官ないし関係者に伝達」されるのであるから、したがって宣旨は官文書であるとされる。その官文書としての宣旨には、弁官を通じて「下達」される場合と、外記を経て「下達」される場合とがあり、そのうちの弁官を経て「下達」される場合には、史が奉ずる形式の宣旨を作成して「下達」される場合と、弁・史が署を加える官宣旨を作成して「下達」される場合とがあったが、外記を経て「下達」されるときは外記が奉ずる宣旨の形式で行われた。したがってこれらの官宣旨・宣旨は、いずれも、上卿が弁官・外記に作成を命じ、弁官・外記が「発給」した「文書」である、といわれる。そして最後に、つぎのように結論づけておられる。

以上、要するに、宮中(天皇・内侍司・蔵人の意――早川)からだされるものに内侍宣・口宣案があり、府中(太政官の意――早川)からだされるものに上卿の宣があった。前者は勅旨を太政官(の上卿)に伝えるものであり、後者には、伝えられた勅旨を下達する奉勅宣と、議政官会議の決定事項を下達する上宣の別があり、奉勅宣・上宣とも、下達の方式には公式令によった官符・官牒と、弁官または外記が奉った〃宣旨〃があったのである。したがって官文書としての「宣旨」を定義するとすれば、

　　上卿の宣を伝達する文書のうち、公式令の規定によらないもの
　ということになろう。

今江氏の所論は、以上の如くである。だがこれに対しても、鈴木説について抱いたと同じような疑問を呈さざるをえない。たとえば史料二の「奉位記宣旨書様」などを、今江氏はどのように解されるのであろうか。つぎの史料をみられたい。

史料五　九条年中行事、また史籍集覧本西宮記、巻十五

左(16)大史坂上経行仰偁、大弁平朝臣時望伝宣、右大臣宣、今日踏歌庭積禄綿、以二大宰府所レ進内一、在下充行者。

　　承平五年正月十六日　　　　少録麻績幹時奉

　　　是謂二口宣一。

今江氏はこれを以て、「右大史(マヽ)の奉じた宣旨を受けて(式部)少録が発給したもの」と解しておられる。とすれば史料二の「奉位記宣旨書様」も、〝内記が発給したもの〟とされるのかも知れない。だが内記が、どこへ、〝発給〟するのであろうか。史料二のいうことは、

　奉勅によって、上卿が、某人に某位を授ける位記を作らしめよ、と宣した。
　内記はこれを奉じた。

というものである。そもそも官制上、内記から下達文書が〃発給〃されるような官司は、存在しないはずである。同様のことは、史料五の理解についてもいえる。今江氏は、少録麻績幹時を式部少録とされているが、節会の禄すなわち節禄の支給を職掌とする官司は大蔵省であるから、これは大蔵少録とすべきものである。[17] そしてこの宣旨は、今日の踏歌の節会で支給する庭積の禄の綿には、大宰府貢進の綿を充当し、大蔵省はこれを充て行え、[18] という上宣(右大臣宣)を、左大弁が左大史に伝宣し、左大史が大蔵少録に仰せたものである。左大弁が左大史に伝宣したとき、おそらく、

　大弁平朝臣時望伝宣、右大臣宣、今日踏歌庭積禄綿、以二大宰府所レ進内一、在下充行者。

　　承平五年正月十六日　　　　左大史坂上経行奉

という「弁官宣旨」が書かれたであろう。左大史はこれを大蔵少録に仰せたのである。仰せを受けた大蔵省は、上宣の命令の通りに事を行えばよいのであって、このうえさらに文書などを〃発給〃する必要は、全くない。つまり上宣による命令の下達は、史料五の宣旨で完結しているのである。

そもそも、今江氏を含めて、従来の宣旨論では、〃宣旨を発給〃〃宣旨を下達〃というとき、どこへ〃発給〃し、どこへ〃下達〃するのかという観点が欠落していたのではないか。古文書学の最も重要な課題は、

　だれが、どこへ、なにを働きかけたか

ということであるはずなのに、従来の宣旨論はこの点を曖昧にしたまま、ないしはア・プリオリに〃太政官の発給する文書〃ということを前提として、行われてきているように思われる。そのような観点からでは、史料二や史料五（史料三・四も）のような宣旨は、理解できないものとなってしまうであろう。[19]

さて今江氏は「宣旨を発する主体は上卿である」とされたため、その後、清水潔「奉勅宣・上宣に非ざる宣旨」[20]によって、つぎのような批判を受けることになる。すなわち、この論考の表題が示す通り、宣旨のなかには奉勅宣でも上宣でもない宣旨が存在する、というのである。類聚符宣抄、巻七、補抄符庁直文殿等史生使部事に収める諸例がそれであるが、ここでは一例のみを掲げる。

史料六　類聚符宣抄、巻七

　　左史生物部興平

左大弁藤原大夫（為輔）宣、左抄符預史生錦繁昌遷二任但馬権大目一之替、以二件興平一、宜レ補レ之者。

　　永観三年四月一日　　　左大史大春日朝臣良辰奉

左大弁の宣を史が奉ずるもので、ここには奉勅も上宣もない。この種の宣旨は、従来の宣旨論の視野の外に置かれていたものであるが、しかし清水氏が指摘されるように、これもまた宣旨である。史籍集覧本西宮記、巻十二、諸宣旨は、つぎのように記している。

史料七　史籍集覧本西宮記、巻十二

三局史生為二庁直抄府〔符〕一事大弁宣、史奉レ之、書二下宣旨一云々

但し清水氏は、宣旨をどのように定義すべきかという問題については、明言を避けておられる。

以上、黒板勝美氏・『古事類苑』の所説からはじめて清水潔氏の見解にいたるまでの諸氏の所論を縷々述べてきたが、これによってまず、土田直鎮氏以前の、宣旨は勅旨、勅命を伝宣するものであるとする理解は、ほぼ克服されていることが明らかとなった。その結果今日では、土田氏が明らかにされた「宣旨には、大別して奉勅と上宣との二種がある」ということを前提もしくは基礎とした、鈴木茂男・今江広道両氏の見解が有力な学説となっているといってよい。しかもこの両氏の見解は、かなりの部分で共通するところがある。両氏はともに、宣旨は、上宣(奉勅・非奉勅いずれも)を、弁官もしくは外記が奉じて作成し、下達しあるいは発給する文書である、と認識している。だがこのような認識によっては、史料二―五の宣旨を理解することはできないし、清水氏が提示された史料六の宣旨を理解することができないことは、すでに述べたとおりである。それでは、こうした事例をも含めて、宣旨を統一的に理解する方途はないのであろうか。だがそれを探るまえに、近年の宣旨に関する新しい研究動向をみておく必要がある。

第二節　新しい研究動向

その後あらわれた宣旨に関する論考で、まず挙げなければならないのは、五味文彦「宣旨類」[21]である。これは、従来の宣旨研究の水準を大幅に超えた労作であって、これによりそれまでの宣旨論は全面的に書きかえることを余儀なくされたといっても、決して過言ではない。そして私は、五味氏の所論の多くの部分に、賛意を表するものである。

五味氏は、平安時代の宣旨のみでなく、同氏の専攻する中世の宣旨を博覧し、豊富な材料に基づいて、概略以下のような論点を提起しておられる。

まず、従来の宣旨論が、外記もしくは弁官を経由するもののみを宣旨とみなしてきたことを批判して、宣旨をそれのみに限定してはならないとされる。すなわち、伝宣草等では宣旨を分類して、㋑下外記宣旨、㋺下弁官宣旨、㋩下中務宣旨、㊁下内記宣旨、㋭下式部宣旨、㋬下兵部宣旨、㋣下弾正宣旨、㋠下検非違使宣旨があるとしている。従来はこのうちの㋑と㋺にかかわるもののみを宣旨としてきたが、㋩—㋣に相当する宣旨も実例として存在するのであって、それらはみな、奉勅・非奉勅の上宣がそれぞれの官司に宣下されて書き記されたものである。かつまた、小右記、長和四年十月廿七日条では、㋑に相当

する

正二位行権大納言兼太皇太后宮大夫藤原朝臣公任宣、奉レ勅、除目等雑事、宜レ令下左大臣准二摂政儀一行上之者。

長和四年十月廿七日

大外記小野朝臣文義奉

という宣旨を指して「外記方宣旨」と称しているから、これらの宣旨に名称をつけるとすれば、それぞれ、外記方宣旨、官方宣旨、中務方宣旨等々と呼ぶのがふさわしい。しかし検非違使と蔵人所にかかわる宣旨には、これらとやや性質を異にするものがあった。まず検非違使方宣旨には、①別当が上卿として(勅を奉り)宣下するもの、②別当が(奉勅の)内侍宣を伝宣するもの、③内侍宣を検非違使の志が奉ずるものの三種があるが、このうちの②と③は上宣によらない宣旨である。同様に蔵人方宣旨も上宣と全く関係のない宣旨であって、「職事書下」を以て勅を直接当事者に伝達している。このように宣旨には上宣とは無関係のものが存するが、さらに視野をひろげてみると、清水潔氏が指摘された、大弁宣を史が奉ずる宣旨があったのと同じように、諸司の長官などの宣をその下僚が奉ずる宣旨がある。それだけでなく、院宮・摂関の宣を院司・家司が奉ずる宣旨さえも存在する。そしてこれらの文書を様式面からみれば、「下書《クダシガキ》」と称するのがふさわしい。したがって宣旨とは、「勅を伝宣するか、あるいは勅に準ずる上宣や弁官・蔵人の宣を伝える下書形式の文書」と定義することができるが、院宮王臣家で行われてい

た下書形式の文書は「令旨」と称されていた。この「令旨」をも含めて下書形式の文書を宣旨類と称するならば、

> 宣旨類は下書形式の朝廷の支配文書であり、その内容は天皇・太政官機構との関わりにおいて、宣旨と令旨に分類される。

と結論することができる。

以上が五味氏の所論の大要である。それの、従来の宣旨論と全く異なるところは、つぎの二点にあるといってよい。第一は、宣旨を、従来の宣旨論のように外記もしくは弁官を経るもののみに限定せず、そしてまた上宣の有無にこだわらず、太政官・律令制諸官司・令外官司などの官司だけでなく、院宮・摂関家などを含めてとらえ、

> 上級者の宣を下僚が奉ずる

という形式の「文書」を同じ性質の「文書」とみなして、これを「宣旨類」と命名したことである。これは従来の宣旨論には全くなかった視点であった。第二は、このような「宣旨類」を「下書形式の支配文書」と定義し、天皇・太政官機構にかかわるものであればこれを宣旨といい、かかわらないものであれば令旨といったとして、宣旨と令旨の別を分ったことである。これもまた全く新しい見解である。

さてこれらのうち第二点の、宣旨と令旨の二分類については、さらに検討する余地が残されているよ

うに思われる。というのは、五味氏が院宮王臣家の令旨として挙示しておられる事例およびそれを「令旨」と称したとする史料は、いずれも平安時代末期から鎌倉時代にかけてのものであって、そうした命名がいつの時期にさかのぼるかはいまだ明らかにされていないからである。またこの「令旨」と公式令6令旨式条に定められている令旨とが、どのような関係にあるかも検討されていない。こうした点に、今後さらに明らかにすべき問題が残されている。しかし第一点の、上級者の宣を下級者が奉じて書き記したものを同一性質のものとして把握する点は——それを「宣旨類」と称するか「下書形式の支配文書」ととらえるかは別問題として——私は全面的に賛成したい。なぜならばこの点こそが、五味論文に接する以前から、私に宣旨の再検討を試みさせた大きな理由の一つであったからである。類聚符宣抄・別聚符宣抄をはじめとする平安時代の文献に載せられている宣旨をみると、それまでの宣旨論の枠組からはずれるものがあまりにも多い。そうしたものの一つに、つぎのようなものがある。

史料八 朝野群載、巻八、別奏

主税権助兼算博士三善朝臣為長

被二卿宣一云、件人、為二道之助一、宜レ令レ覆二勘諸国公文一者。

康平二年九月十八日　　民部少録中原奉任奉

これは五味氏も引用しておられる宣旨であるが、民部省内の庶務執行に関する事柄について、民部卿が宣し、これを下僚である民部少録が奉じている。こうしたものをも宣旨としてとらえ、外記や弁官を経る宣旨との共通点を探り、宣旨とはなにかをみきわめること、それが私に本稿を書かせた大きな動機でもあるのである。

このように五味氏の論考に対しては、ほとんど全面的に賛意を表したいのだが、異をとなえる点があるとすれば、それは同氏が、宣旨を終始「文書形式」の問題として理解しようとし、「宣旨類」を以て「支配文書」とされた点であろう。そもそも「支配文書」という概念自体がきわめて曖昧で具体性に乏しいといわなければならないが、それはここでは問わない。問題は、宣旨を「下文と奉書の中間形態の文書」としておられることである。はたして宣旨は、下文や奉書に類するような「支配文書」なのであろうか。たしかに五味氏が主として扱われた平安時代末期から鎌倉時代においては、こうした「宣旨類」は宣者と奉者以外の第三者に渡され、その第三者に対して働きかけるという意味で「支配文書」として機能していた。だがそれが、宣旨本来の有する機能であったのかどうか、この点について私は疑問を抱いている。このことは、本稿の基本的課題でもある。

つぎに挙げるべきものは、『概説古文書学』古代・中世編[22]において示された富田正弘氏の見解である。同書の「第三　公家様文書」の「一　官宣旨・宣旨・口宣案」の項の執筆を担当された富田氏は、太政官牒の作成・発布手続を詳述しながら、同氏のそれまでの研究を総合して、弁官の史が奉ずる宣旨についての新見解を提示しておられる。

詔書・勅旨および太政官符・太政官牒を以て「天皇＝太政官文書」とされる富田氏が、作成・発給手続を知るための素材として用いられたのは、つぎのような太政官牒（東南院文書一‐三〇号）である。

太政官牒東大寺

　応レ重ニ任別当一権律師法橋上人位光智事

右、大納言正三位兼行左近衛大将陸奥出羽按察使藤原朝臣顕忠宣、奉レ勅、件光智宜ニ重任一者、寺宜ニ承知、依レ宣行レ之。牒到准レ状。故牒。

　　天徳元年十二月二日　　正六位上行左少史兼算博士小槻宿祢「茂助」(自署)牒

正五位下守右中弁兼行文章博士藤原(国光)「朝臣」(自署)

富田氏は、この太政官牒の作成過程・発給手続を、以下のように説明される。

(1)天皇(この場合は村上)は、口頭で、勅を職事蔵人に伝える。これを口勅《クチヨク》という。

(2)口勅を奉った職事蔵人は、「心覚えのため」、その要旨を紙上に書き留める。これを口宣書《クゼンガキ》という。

(3)職事蔵人は陣座にいたり、これを上卿(この場合は大納言藤原顕忠)に伝える。この伝達は原則として口頭で行われるが、勅旨伝宣を確実なものとするため、職事蔵人は口宣書を上卿に手交するか、またはこれに書状を添えて上卿に送進することもある。このようにして上卿に渡される口宣書を口《ク》宣《ゼン》という。この口宣書ないし口宣の書様は、右の太政官牒の場合ならばつぎのようになる。

天徳元年十二月二日　宣旨

東大寺別当権律師法橋上人位光智

宜㆑令㆓重任㆒

蔵人頭左近衛中将藤原朝成奉

以上が奉勅の手続である。

(4)奉勅の手続を経た上卿は、陣座において、弁官局の弁および史を召し、弁に対し史をして太政官牒を作成させるよう命ずる。このとき出頭した弁・史を行事弁・行事史という。また上卿から行事弁への伝達も口頭で行われるのを原則とするが、この口頭命令を上卿宣ないし上卿宣旨といい、上卿が宣を下すことを宣下《センゲ》という。

(5)上卿宣をうけた行事弁は、これを口頭で行事史に伝宣する。このとき行事史は「心覚えのため」その要旨を紙上に書き留める。この覚え書きを宣旨《センジ》書《ガキ》という。その書様は、右の太政官牒の場合ならばつぎのようなものとなる。

応㆑令㆓重任㆒東大寺別当権律師法橋上人位光智事

右、右中弁藤原朝臣国光伝宣、大納言藤原朝臣顕忠宣、奉㆑勅、件光智宜㆑令㆓重任㆒者。

天徳元年十二月二日

左少史兼算博士小槻宿祢茂助奉

この宣旨書の特徴は、「官符・官牒の初行にある差出所と充所がないこと、本文の内容が伝宣や宣の引用にすぎず、その結びも「者」すなわち引用の意の文言で終わり、相手に働きかける施行文言がないこと等である。これは、位署の下に「奉」とのみ書かれていることが端的に示しているように、この宣旨書には(上卿等の)宣と(史の)奉しかなく、行(文書発給)のないことを意味している。宣旨書の覚書たる所以であり、伝達を目的としたものでないことを示している」(傍点早川)

(6)行事史は宣旨書を土代《トダイ》(草案)として、太政官牒の文案を作成して清書し、文案作成の責任者として行事弁と行事史が位署を加える。

(7)弁官局で作成された太政官牒は、これに宣旨書を添えて、少納言局に送られる。

(8)少納言局では、上卿の命によって外記が太政官牒の文案を宣旨書と対照検閲し、誤りがなければ少納言の命により外記が太政官印を捺す。

(9)捺印の済んだ太政官牒は、宣旨書とともに弁官局に返付され、弁官局から充所に対して発給される。

以上が富田氏の示された太政官牒の作成・発給手続の概要であるが、(5)で掲記されている史の記した宣旨書こそ、私たちがひごろ慣れ親しんできた史の奉ずる宣旨、「弁官宣旨」ではないか。富田氏はこれを、心覚えのために記した、伝達を目的としない、覚え書きであると断定し、これを土代として太政官牒が作成されるとしておられる。宣旨書が太政官牒の土代として用いられたのなら、それは当然太政官符・官宣旨(弁官下文)の土代としても用いられたはずである。ともあれこの種の「弁官宣旨」を以て、覚え書き、土代とみる観点はこれまでなかったものであって、その根拠を、この宣旨書には「宣」「奉」はあるが、相手に対して働きかける「行」がないという点に求められた富田氏の所説には、傾聴すべきものがある。さきに私は五味文彦氏の所論に触れて、宣旨ははたして「支配文書」かという疑問を呈したが、そうした疑問の発するところもまた、この点にあったのである。

ついで富田氏は、そのような性質の宣旨書が、伝達手段に転用されるにいたった経過を略述されて、つぎのようにいわれる。

> 前述のとおり、宣旨書は史が上卿宣を書き留めた覚書であり、伝達の機能を欠く文書であった。史は、正式手続きではこの宣旨書を土代として官符・官牒ないし官宣旨を作成発給するのであるが、事情によっては、官符等を作成発給する以前に、その内容を予め承知させるため、後日発給する正式官符等の充所ないしその発給によって影響を受ける当事者に便宜的に宣旨書を与えた。官宣旨の充所は官符・官牒のそれと同じ所であったが、宣旨書は官符等の充所にというより、むしろ当事者に与える点が特徴である。このようにして当事者等に給与する宣旨書が文書としての宣旨である。そして、一旦宣旨が給与されはじめると、後日発給されるべき官符等が省略され、宣旨はあたかも

はじめから一人前の文書であるかのように独立して発給されることになる(傍点富田氏)。もともと史の覚え書きにすぎなかった宣旨書が、便法として外に出されるようになった結果、それはあたかも文書であるかのように動きはじめた、という。そして「外記宣旨」もまた、同様の経過を歩んだといわれる。

このような富田氏の見解に対しても、私は全面的に賛意を表したい。賛成する理由はいうまでもなく(5)に示された宣旨書の理解にある。それは、奉勅の上宣を右中弁が伝宣し、左少史がこれを奉って記した、というものであって、これ自体はなんら他に対して働きかけるものではないからである。ただ望蜀するならば、富田氏は検討対象を氏のいわれる「天皇＝太政官文書」に限定されたため、宣旨についての理解も「弁官宣旨」と「外記宣旨」にとどまり、宣旨一般に及ばなかったことが惜しまれる。

最後に挙げるべきものは、吉川真司「奈良時代の宣」(23)である。この論考は、正倉院文書等にみられる宣の全面的解明を意図し、宣と文書との関係、宣の伝達経路などを明らかにし、さらには宣と判との関係を通じて唐と日本の官僚制の質的相違に論及した、意欲的な労作であるが、そのなかに宣旨についての論及がある。八世紀の宣などについては、本稿でも第三章において検討する予定であるので、これに関する氏の所論はそこで触れることとし、ここでは宣旨についての見解のみを紹介する。

吉川氏は、正倉院文書のなかには宣を伝える文書が存するが(氏はこれを「宣文」と称する)、これには牒型と状型の二種があったとされる。牒型とは、牒という文書様式を明記したもので、たとえばつぎのようなものである（一四‐三二八。『大日本古文書』編年巻一四‐三二八頁の意。以後本稿ではこのように記す）。

(a) 牒　経所案主
一奉写二部経料綺軸俵紙帙、今将レ給、宣到宜三早令二装潢一。

一更奉二仰給一、写二法華経一部一。宜下察レ状、欲レ奉レ令二紙作一。又経師令上儲。

　右、因八幡内侍宣、宜次官大夫応レ令レ奉レ知。

　　　四月一日奉宣雄足

これは因八幡内侍の宣を安都雄足が「奉宣」して書き記して経所案主に伝えたものである。つぎに状型は文書様式を明記しないもので、一例をあげればつぎのようなものである（一四‐三〇八）。

(b)
（端裏書）

「送二東寺安刀佐官所一」

　写一切経料紙墨筆及雑物、勘注申送。太師宣。

　　　天平宝字四年二月十日
　　　　坤宮大疏高丘比良麻呂奉

これは恵美押勝の宣を坤宮官の大疏高丘比良麻呂が奉じて書き記し、造東大寺司主典安都雄足に伝達したものである。

このような二型式の「宣文」を示したうえで、吉川氏は以下のようにいわれる。

牒型と状型は文書様式＝「牒」を記すか否かで区別されるだけであり、両者に根本的な差があるわけではない。ここで、本稿では、状型の宣文こそ平安時代の宣旨の起源だと考えていることを明らかにしておく。平安時代の宣旨は大部分が上宣を伝達するものであり、外記宣旨と弁官宣旨の二種があることは周知のところである。かかる太政官の文書と、ほとんどが写経所に関係する宣文とを比較するのは無理かも知れないが、類似点が決して少なくないのである。

第一に、形式。状型宣文には、単立文書と追書のものとがあった。一方宣旨も、文書様式は記されず(＝状)、単立のものと追書のものとがあった。

第二に、作成方法。状型宣文は、個人が発給・署名し、全文を自筆する。一方宣旨も、外記または史一人が発給・署名し、全文を自筆するのが原則と思われる。

第三に、「奉」注記。宣旨では、署名の下に小字で「奉」と記されるのが普通である。一方、先述の如く宣文にも「奉」「奉」或いは「奉宣」と注記を行うものがみられる。

第四に、宛先。宣旨には、太政官内の軽微な法令を書き置く場合(官司内文書)と他の官司・官人に充てる場合(官司間文書)がある。一方宣文でも、造寺司官人が写経所案主に充てる場合(官司内文書)と、造寺司外から伝達されてくる場合(官司間文書)があった。

このうち、第三点は全ての状型宣文に該当する訳ではなく、第四点も類似点として強調し得るか心許ない。しかし、特に形式・作成方法の類似性を見るなら、状型宣文が宣旨の起源であることを十分に論断し得ると思われる(傍点早川)。

吉川氏はこのように、宣旨は八世紀にさかのぼって存在し、氏のいわゆる状型「宣文」がその起源であると、たからかに宣言される。

宣旨の起源が八世紀にさかのぼるということについては、私は全く異論がない。なぜならばそのことを論証することこそが本稿の最大の目的であって、第五章でそれを詳しく論ずるつもりであるからである。その意味でこのことを指摘された吉川氏の先見性は、高く評価したいと思う。だが私は、「宣旨の起源」として状型「宣文」を挙示された点については賛成できない。というよりも、この吉川氏の理解は誤りであると思う。私見では、状型「宣文」の事例として掲げられている(b)は、宣旨の起源ではなく、奉書の起源とみなすべきものであるからである。

(b)は、以下のようなことを述べている。太師恵美押勝は「(造東大寺司写経所は)一切経を写すための料物としての紙・墨・筆と雑物を勘《カンガ》え注して申し送れ」(という造東大寺司写経所に対する命令)を宣した。この宣を奉った坤宮官大疏高丘比良麻呂は、その旨を記したこの文書を比良麻呂の名によって作成し、造東大寺司の安刀佐官所に送った。つまりこの文書は、上級者の意思を他者に伝達するために、下級者がその意思を奉って、下級者の名によって作成し発給した奉書なのである。奉書は施行文書でもあり下達文書でもある。だからこそ吉川氏もいわれるように、状型「宣文」は牒型「宣文」と「根本的な差があるわけではない」のである。だが宣旨と牒とは全く異なっている。牒が上申・平行・下達のいずれにも用いられる文書の様式であった(24)のに対し、宣旨は、さきに五味文彦氏と富田正弘氏の所論に関連して述べたように、牒と同じような意味での「文書様式」ではないのである。さらにいえば、吉川氏が状型「宣文」と宣旨との類似点として挙げておられる第一から第四までの特色のうち、第一のものを除いた三点は、宣旨との類似点というよりもむしろ奉書・御教書との類似点であることに注意すべきである。

第五章で明らかにするように、宣旨は八世紀にさかのぼってたしかに存在した。しかしいかなるものを以て宣旨の起源とみなすかということのためには、宣旨とはなにかを明らかにしなければならない。本稿はそのための試論である。

第三節　課題と方法

本稿の中心的な課題は、宣旨とはなにかを明らかにしたうえで、その起源を探ることである。

前節までの諸説の検討を通じて、ほぼ明らかになった主要な事柄は、以下の二点である。

第一は、宣旨は、通常私たちがいうところの「下達文書」「施行文書」ではないらしい、ということである。富田正弘氏は、いわゆる「弁官宣旨」「外記宣旨」を以て覚え書きとされた。然らば宣旨一般についても同様のことがいえるのかどうか。第二は、いわゆる「外記宣旨」「弁官宣旨」のみが宣旨ではない、ということである。五味文彦氏は、平安時代末期から鎌倉時代に宣旨に類するものが広範に存在したことを明らかにし、それらを以て「宣旨類」と名づけられた。ならばそれらに共通する性格・特色、すなわち宣旨一般の性格・特色とはなんであったのか。

このような課題を果すために、本稿は以下の三点に留意して考察を進めることにしたい。第一は、宣旨をいわゆる「外記宣旨」「弁官宣旨」のみに限定せず、広く材料を求めることである。第二は、宣旨を上宣(奉勅・非奉勅)のみに限定せず、広く「某宣」とするものをも含めて考察することである。第三は、個々の宣旨を検討するにあたっては、古文書学の初心にかえって、だれが、だれに対して、なにを働きかけたのか、ということをみきわめることである。この第三点は、従来の宣旨論が様式にこだわり、宣旨の機能に関する考察を軽視していたのではないかとの反省のうえからも、特に留意したいと思う。

そのうえでさらに、本稿ではつぎのような限定を設けることにしたい。それは考察の対象を、平安時代中期以前の宣旨にかぎるということである。その理由は二つある。

土田直鎮氏は、平安時代初期の宣旨について、以下のようなことを指摘しておられる。(25) すなわち、平安時代初期の宣旨には、中期以降の形式の整った宣旨にくらべると、異例の形をもつものが少なくない。少なくとも天長のころまでは、宣旨の形式は定まっておらず、宣旨はその成長期にあり、その制の整備されたのはつぎの時代すなわち平安時代中期に近いころのことであったと推察される、と。この点は私にも異論はない。だが、宣旨はその形式がかたまる以前においてこそ、その本来の性格をあらわす可能性があるのではないかとも考えられる。これが、検討の対象を、その形式が定まる平安時代中期以前の宣旨に限定する第一の理由である。

理由の第二は、以下のような事情に基づく。すなわち、富田正弘氏がいわれるように、ある時期以後、「弁官宣旨」が当事者もしくは関係者に対して交付されるようになる。管見によれば、「弁官宣旨」の正文が当事者・関係者の手に渡ったことを物語る、今日に残る最も古い事例は、つぎの「後三条天皇宣旨」である。

史料九　東南院文書三-六六二号

（端裏書）「万弓庄問宣旨」

応ㇾ令㆓威儀師最秀弁申㆒押取万弓郷田畠子細事

右、得㆓大和国去六月七日解状㆒偁、得㆓高市郡司但波弘高解㆒偁、件田畠百余町、元是散位藤原朝臣兼業所領也。而寄二東大寺別当一之後、最秀為二彼別当使一、推〔押カ〕二領件田畠一之間、百姓無下所二依作一之地上。空失二農業之勤一、或逃二蔵他境一、或交二雑山野一。郡司之所レ勘、全無レ所レ用者。権左中弁藤原朝臣伊房伝宣、権大納言藤原朝臣経長宣、奉レ勅、宜下仰二彼最秀一、令上レ弁二申件子細一者。

延久元年十月七日

主計頭兼左大史算博士和泉守小槻宿祢(花押〔孝信〕)奉

明らかに「弁官宣旨」の正文が東大寺に下されている。そしてこうしたことは、写本あるいは案文でならば、さらにさかのぼって行われていたことが知られる。(26) こうした宣旨の交付を「施行」「下達」とみなすならば、宣旨を以て「下達文書」とするのも理由がないとはいえなくなる。しかしこうしたことは、富田氏がいわれるようにあくまでも後出の便法であって、宣旨本来がもっていた機能ではないであろう。(27)こうした面からも、本稿での検討対象は平安時代の初期ないし中期までの宣旨に限定したのである。

(1) 一九七〇年代までの宣旨に関する学説史は、一九七九年に発刊された『日本古文書学講座』3、古代編II(雄山閣)に収められた今江広道「3 官文書　宣旨」に述べられているが、ここではそれ以後発表された論考を含めて、私なりに学説史をたどることにしたい。
(2) 相田二郎『日本の古文書』(一九四九年、岩波書店)中編第二部第一類。
(3) 佐藤進一『古文書学入門』(一九七一年、東京大学出版会)第三章第二節㈠。
(4) 黒板勝美「日本古文書様式論」(『虚心文集』六、一九四〇年、吉川弘文館)。
(5) 黒板勝美「古文書学概論」(『虚心文集』五、一九四一年、同前)。
(6) 土田直鎮「内侍宣について」(『日本学士院紀要』一七-三、一九五九年)。

(7) 土田直鎮氏はこの貞信公記逸文を宮内庁書陵部所蔵壬生本西宮記、巻九臨時一裏書から引用しておられるが、史籍集覧本西宮記ではこれを巻十三臨時一裏書に載せている。この巻を史籍集覧本で補っている故実叢書本西宮記では巻十四に収める。

(8) 鈴木茂男「宣旨考」(坂本太郎博士古稀記念会編『続日本古代史論集』下巻、一九七二年、吉川弘文館)。

(9) 新任弁官抄は、群書類従、公事部所収。保元三年ないし同四年の間に、藤原俊憲によって撰せられたとみられている。

(10) 伝宣草は、群書類従、公事部所収。

(11) 史料四の「宣令遂職解闕之莫更補彼替」を、新訂増補国史大系本は「宣レ令下遂二職解一闕上之。莫三更補二彼替一」と読んでいる。しかしそれでは意味が通じないので、「職ヲ遂ゲシメ、解闕ハ更ニ彼ノ替ヲ補スルコトナカルベシ」と読み改めた。

(12) 富田正弘「中世公家政治文書の再検討① 官符―太政官文書」(『歴史公論』一九七八年一〇月号)。

(13) 『日本古文書学講座』3、古代編II(前掲)。

(14) 土田直鎮「内侍宣について」(前掲)。

(15) この「口宣案」は、新任弁官抄では「職事書下」ともいう。本来は口頭伝達であったが、文書として記す場合はつぎのような様式となる。

　某年月日宣旨

　　如聞、其事云々。

　　　蔵人頭左中弁姓名奉

(16) 「左大史」は、九条年中行事による。史籍集覧本西宮記では「右大史」。また、「是謂二口宣一」は、西宮記では「謂二之口宣一」。

(17) 九条年中行事および史籍集覧本西宮記には、この宣旨の少しまえに、

綿伍仟屯 下大蔵

右、今月十六日踏歌庭積禄料、依レ例彼省所レ請、如レ件。

承平五年正月十四日

左大臣宣、宜レ充レ之。

左少弁大江朝臣朝綱奉

という、史料五の宣旨の二日まえの日付をもつ文書が掲げられている。これはのちに第二章で史料一七(b)として掲記し、また第四章第一節二でも再述するものであるが、この文書は官切下文と称される一種の宣旨であって、「下大蔵」は大蔵省に下行させるという意味の文言である。すなわち踏歌の節会の庭積の禄は、大蔵省が下行する。なお延喜大蔵省式諸節禄法条参照。

(18) この宣旨に用いられている「在下」は、賦役令34車牛人力条にみえる語で、集解古記は「在下、謂二下司一也」と注し、令釈も「在下、猶レ言二下司一也」とし、義解は「謂、在下者供レ事之下司也」と解している。したがってここでは、節禄の班賜にあたる大蔵省の意。

(19) 従来の宣旨論が、宣旨を、〝太政官の発給する文書〟という前提にたって理解してきたのには、理由がないわけではないと思われる。その理由としては、つぎの二つがあろう。(1)史の奉ずる宣旨が、事実他者にもたらされている事例が存すること。(2)外記や史の記す「奉」が、私文書としての奉書・御教書の「奉」と類似していること。だが(1)は、のちに詳しくみるように、後出の便法であり、また(2)は、同じ「奉」でも意味が異なっている。

(20) 清水潔「奉勅宣・上宣に非ざる宣旨」(皇学館大学史料編纂所報『史料』四一、一九八一年)。

(21) 五味文彦「宣旨類」(『日本歴史』四一七、一九八三年)。

(22) 日本歴史学会編『概説古文書学』古代・中世編(一九八三年、吉川弘文館)。

(23) 吉川真司「奈良時代の宣」(『史林』七一-四、一九八八年)。

(24) 拙稿「公式様文書と文書木簡」(『木簡研究』七、一九八五年)。

(25) 土田直鎮「内侍宣について」(前掲)。

(26) たとえば、続左丞抄、巻三に収める永承三年八月七日の「一、制二止私織綾錦一事」とする「弁官宣旨」には、「諸司七 織部 木工 大炊 三枚」という端裏書が記されている。これは書写した枚数をいうものと推定されるから、この宣旨は書写して諸司に頒布されたと考えられる。なお「弁官宣旨」が当事者・関係者に交付されたことに関しては、第四章で再び触れる。

(27) 宣旨の当事者・関係者への交付が、宣旨本来の機能によるものでないことは、その内容からも知られる。たとえば史料九は、最秀に対して直接命令を下したものではない。奉勅上宣の命令の内容は「最秀に仰せて件の子細を弁申させる」ことであって、最秀に対して「仰せる」ことが命令されたのである。上卿と最秀との間にあって「仰せる」立場にある者は、いうまでもなくこの上宣を奉った史である。すなわちこの奉勅上宣は弁官(史)に対する命令なのである。

第二章　故実書にみられる宣旨

従来の宣旨に関する学説が、多かれ少なかれ依拠してきた書は、伝宣草と新任弁官抄であった。そこで本稿でも、個々の宣旨を考えていくための前提として、これらの書にいうところの宣旨がどのようなものであるかを、ひととおりみておくことにする。伝宣草は鎌倉時代末から南北朝のころに成った書であり、新任弁官抄は藤原俊憲が保元のころに著した書である。

第一節　伝宣草にみられる宣旨

まず、伝宣草にみられる宣旨の検討を通じて、そこでの「下外記」「下弁官」「下諸司」などの語がどのような意味のものであるかを確認することからはじめたい。

伝宣草の構成を紹介すると、この書は上、中、下の三部から成っている。上は「下外記部」とし、「親王巡給事」以下「除服事」までの二四項[1]について、勅命が外記にいたるまでの手続を示す。中は「下内記部」とし、「叙階事」以下「神位記事」までの五項[2]について、やはり勅命が内記にいたるまでの手続を示す。これに対して下は、はじめに「下弁官部」として「僧正」以下「御願寺」までの九項について勅命が弁官にいたるまでの手続を示すことは上、中と同じだが、ついで「下両局」として「諸社怪異」を挙げ、さらにそのあとに「諸宣旨事」と「諸宣旨目録」とを記している。その概要は以下に示すとおりである。

「諸宣旨事」は以下のような事項を記す。

一下外記宣旨

「停止朝賀事」以下一三七項目を列記する。

一下弁官宣旨

「元日節会装束使申雑物修理用途事」以下三〇〇項目を列記する。

一下中務省宣旨

「詔書事」以下五項目を列記する。

一下内記宣旨

「宣命事」以下一一項目を列記する。

一下式部省宣旨

「文官叙位下名」以下一〇項目を列記する。
一下兵部省宣旨
「武官叙位下名」以下一二項目を列記する。
一下弾正宣旨
「禁色事」以下五項目を列記する。
一下検非違使宣旨
「禁色事」以下九項目を列記する。
一蔵人方宣旨
「補蔵人頭事」以下三一項目を列記する。
一藤氏長者仰下事
「勧学院別当事」以下三項目を列記する。
一大弁宣事
「官文殿使部事」「三局史生為庁直抄符事」の二項目を記す。
一下近衛事
「昇殿事」の一項目を記す。

また「諸宣旨目録」は、はじめに「外記　官　中務　内記　式部　兵部　弾正　検非違使　近衛」と、官司名を記したうえで、以下のような事項を記す。

一外記

一下官事

「准御斎会事」以下三六項目を列記する。

一下中務事

「祭主事」以下九五項目を列記する。

一下内記事

「相撲除目事」「補次侍従事」の二項目を記す。

一下式部事

「神位記事」以下四項目を列記する。

一下兵部事

「文官停任事」以下五項目を列記する。

一下弾正事

「武官停任事」以下一〇項目を列記する。

「禁色事」以下五項目を列記する。

一下検非違使事

「闘乱殺害輩追捕事」以下六項目を列記する。

一下近衛事

「昇殿事」「上皇御随身事」の二項目を記す。

摂関雑事目録

「小朝拝事」以下一四五項目を列記する。

これで知られるように、下に収める「諸宣旨事」と「諸宣旨目録」は、内容のうえで明らかに重複している。それぞれについて列記されている項目は、概して「諸宣旨事」の方が多く「諸宣旨目録」の方が少ないが、このような重複記載が生じたのは、伝宣草の編者が同書を編するにさいし、その時期に伝来していた類似の書から、それぞれ別箇にこの部分を引き写したためであろう。このことは「諸宣旨事」と全く同一のものが独自に伝来し、続群書類従、公事部に公卿宣下抄として収載されていることからも推測される。それはともかくとして、伝宣草が「下外記部」「下内記部」「下弁官部」(それに「下両局」と、「諸宣旨事」「諸宣旨目録」の、二つの異なる部分から成ることは明らかである。この両者の相違は、前者が、勅命が蔵人を経て上卿に達し、これがさらに外記・内記・弁官等に達するまでの間に用いられる文書の様式を示したものであるのに対し、後者が、事柄によりその宣旨をどこに下すかということを事例を挙げて示したものである、というところにある。

そこでまず、「下外記部」「下内記部」「下弁官部」の記述からみることにする。

「下外記部」は、さきにも述べたように、「親王巡給事」以下二四項目について、勅命が外記に達するまでの間の手続を記述する。その記述のしかたは、一項目につき一通ないし二通の文書を示すという方法で行っている。一例を挙げればつぎの如くである。

史料一〇　伝宣草、上

(a)文保元年三月四日　宣旨

正五位下清原真人仲方

宜レ任二助教一。

正五位下清原真人頼光

宜レ任二直講一。

蔵人頭左近衛権中将藤原実次奉

追啓。

助教中原師世辞退替候也。

(b)口宣一紙
　清原仲方同頼光等任官事
右、職事仰詞内々奉レ入、如レ件。
　　三月四日　　左衛門督判
　大外記局
追仰。
　助教中原師世辞退替候也。

(a)は職事蔵人もしくは蔵人頭から上卿に伝えるもので、一般に口宣案または職事仰詞と称されているものである。鈴木茂男氏が指摘しておられるように、(3)これは本来は口頭伝達であったものである。そして職事蔵人もしくは蔵人頭から上卿に伝えられていることから明らかなように、この案件は勅命に出づるものである。(b)は鈴木氏が口宣案送状と名づけられたもので、職事蔵人もしくは蔵人頭から受けた口宣案を、上卿が外記局に送付するさいに作られ、口宣案に副えて送られたものである。したがっていわゆる「外記宣旨」は、鈴木氏がいわれるように、こののちに外記によって作られることになる。
　またつぎのような例もみられる。

史料一一　伝宣草、上

(a′)献上

宣旨

刑部卿藤原朝臣種範申請、因二准先例一、以二男文章生正六位上藤原朝臣行親一、奉二方略試一事。

仰、依レ請。

右、宣旨、可下令二下知一給上之状、如レ件。

正和四
八月廿一日　　左大弁資名上

謹上　左衛門督殿

(b′)宣旨

刑部卿――――――方略試事。

仰、依レ請。

右、宣旨、可レ被二下知一之状、如レ件。

八月廿一日　　左衛門督判

大外記局

この場合の(a′)も口宣案であるが、蔵人頭が書状（折紙）にしたためて上卿に伝えている点が、(a)と異なっている。(b′)も(b)とやや異なり、口宣案を送る状ではなく、上卿が宣旨の内容を書いた書状を外記局に送ったものである。鈴木氏はこの種のものを上卿書下と称しておられるので、それを踏襲することにする。いわゆる「外記宣旨」がこののちに外記によって作られることは、まえと同じである。

「下外記部」はこのように

天皇 ──→ 蔵人 ──(a)→ 上卿 ──(b)→ 外記局

という勅命の伝達経路のうちの、(a)と(b)において用いられる文書を挙示したものである。但し項目によっては(a)を省略し、(b)の文書のみを挙げるものもある。ともあれこれによって、「下外記部」の「下」とは、

上卿が外記局に下す

の意であることが確認できる。

つぎの「下内記部」も同じである。「神位記事」を例として記す。

史料一二　伝宣草、中

(a)元慶〔応〕元年七月二日　宣旨

近江国沙々貴社

宜㆑奉㆑授㆓正二位々記㆒。

蔵人頭宮内卿藤原成隆奉

(b)口宣一枚

沙々貴社神位記事

右、奉レ入如レ件。

七月二日　春宮大夫判奉

大内記局

(a)は蔵人頭から上卿に送られた口宣案、(b)はそれに副えて上卿から内記局に送られた口宣案送状である。

「下弁官部」に記すものも同様である。一例を挙げる。

史料一三　伝宣草、下

(a)嘉暦二年七月一日　宣旨

権律師実性

宜レ令レ任二権少僧都一。

権大僧都覚宝

宜レ令レ叙二法印一。

蔵人頭左大弁兼中宮亮藤原資房奉

(b)口宣一枚

権少僧都実性法印覚宝任叙事

右、仰詞内々奉レ之〔入〕。可下令二下知一給上之状、如レ件。

七月一日　　右大将判

右中弁殿

(a)は蔵人頭から上卿に送られた口宣案、(b)はそれに副えて弁官に送られた口宣案送状である。いわゆる「弁官宣旨」は、このののちに史によって作られることになる。

このように伝宣草の「下外記部」「下内記部」「下弁官部」は、

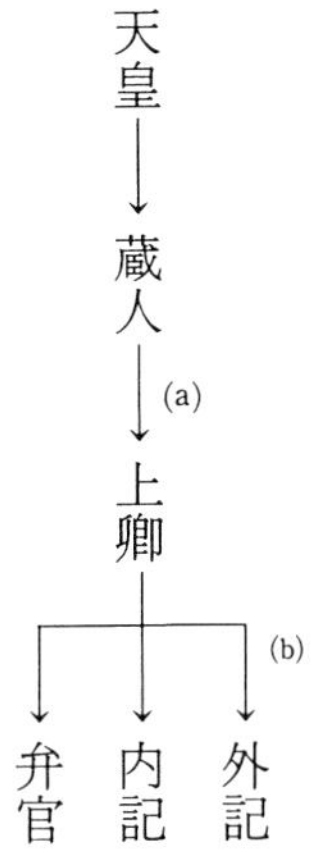

の勅命の伝達経路のうちの、(a)と(b)において用いられる文書を掲記したものであった。そしていわゆる宣旨は、こうした手続ののちに作成される。しかもそのなかには、史料一一の(b′)、史料一三の(b)のように、外記および弁官に対し「下知」することを命じているものがある。したがって従来の宣旨論の多く

が、(1)宣旨とは勅命を伝達するものであり、(2)内記が下達文書を作成し発給する機関でない以上、外記と弁官が関与するものが宣旨であって、(3)したがって宣旨は外記および弁官が「下知」し発給する下達文書である、と解してきたのも、無理からぬところがあったといわなければならないであろう。こうした見解の当否の判定は、本稿全体を通じて行うこととして、ここではつぎの二点を確認しておくこととする。

(1)「下外記」「下内記」「下弁官」の「下」とは、その宣旨を、上卿が、外記・内記・弁官に下すという意味のものである。すなわち宣下の意である。

(2)ここで用いられている宣旨の語は、「外記某奉」「史某奉」という署を記すいわゆる宣旨ではない。(a)口宣案に記す宣旨は天皇の勅命そのものを指し、(b)上卿書下に記す宣旨も蔵人から上卿に伝えられた勅命そのものを指す。

これらを確認したうえで、つぎに「諸宣旨事」と「諸宣旨目録」をみることにする。すでに述べたように、「諸宣旨事」では下外記宣旨、下弁官宣旨、下中務省宣旨、下内記宣旨、下式部省宣旨、下兵部省宣旨、下弾正宣旨、下検非違使宣旨、蔵人方宣旨、藤氏長者仰下事、大弁宣事、下近衛事のそれぞれについて、該当する項目を記し、「諸宣旨目録」でも外記、下官事、下中務事、下内記事、下式部事、下兵部事、下弾正事、下検非違使事、下近衛事のそれぞれについて該当する項目を記している。とすればこの両者が記す「下――宣旨」「下――」とは、すべて上卿が下す宣下の意と解さなければならない。「諸宣旨事」と同一内容のものが独自に公卿宣下抄という書名で伝来したのも、そのためであったろう。つまり上卿は宣旨を外記・内記・弁官に下すのみでなく、外記や弁官を介さずに、中務省、式部省、兵部省、弾正台、検非違使、近衛府に下したのである。相田二郎氏がいわれたように、上卿は宣旨を「各所」に伝えたわけである。そこで本稿では、以後、上卿の宣下を受けて外記・弁官・諸司などが書き記した宣旨、すなわち様式のうえで年月日の下に「外記某奉」「史某奉」「某司判官某奉」「某司主典某奉」と記す宣旨を、下外記宣旨、下弁官宣旨、下某司宣旨（下諸司宣旨）等と称することにしたいと思う。というのは、これまでのように鈴木氏が命名された「外記宣旨」「弁官宣旨」の名称を用いると、それはあたかも外記・弁官が下す宣旨、外記・弁官が発給する宣旨であるかのように誤解される恐れがあるからである。かといって「外記奉宣旨」「史奉宣旨」とすると、(4) 外記の場合はよいが、史の場合は、上宣を弁が伝宣して史が奉ずるいわゆる「弁官宣旨」と、つぎに述べる大弁の宣を史が奉ずる大弁宣との区別がつかなくなる。その点、下外記宣旨、下弁官宣旨、下某司宣旨ならば、上卿がそれらの機関・官司に対して直接下した宣を、それを奉った者が記した宣旨ということになって、上宣と宣旨との関係も明確に表現できると思う。そのような意味から、本稿では以後、下外記宣旨、下弁官宣旨、下某司宣旨（下諸司宣旨）という表現を用いることにする。(5)

さて再び伝宣草の記述にもどろう。つぎに注目したいのは、「諸宣旨事」のなかに「蔵人方宣旨」と「大弁宣事」が含まれていることである。

まず「蔵人方宣旨」からみると、これには「上卿不レ承〔奉カ〕レ之、職事直下知也。而近〔代脱カ〕職事動失而有下下二上卿一事上。仍為二存知一注之」という興味深い注記が付せられている。すなわち蔵人方宣旨は上卿を経ないで職事蔵人がただちに下知すべきものであるのに、近ごろの職事はややもすれば失して上卿に下すことがある。だからそのことを承知させるために記すのだ、という。そして「補蔵人頭事」以下の三一項を列記したのち、「此外猶繁多也、可二尋注一」としている。つまり勅命が上卿に伝達されず、職事蔵人から直ちに当事者・関係者・関係機関に下される宣旨が存在するのである。たとえば「御鷹飼事」は「蔵人奉レ勅、仰二検非違使一」というように、職事蔵人が奉った勅はただちに検非違使に伝達されることになっている。宣旨を発する主体は決して上卿のみではなかったし、外記ないし弁官を経るもののみが宣旨であったわけではないことを示す、端的な事例ともいえよう。

つぎに「大弁宣事」をみると、ここには、

官文殿使部事

三局史生為二庁直抄符一事

の二項目が挙げられている。この二項目に該当する宣旨こそ清水潔氏が奉勅宣でも上宣でもない宣旨として指摘されたものに当り、[6] 類聚符宣抄、巻七に「補二抄符庁直文殿等一史生使部事」として九例を挙げている。そのうちの一例は史料六として第一章に掲げておいたが、それを含めて宣者と奉者を示せば、左の如くである。

長保元年二月五日宣旨
　参議左大弁藤原忠輔宣　左大史多米国平奉
寛和二年七月五日宣旨
　参議左大弁大江斉光宣　左大史大春日良辰奉
永観三年四月一日宣旨
　左大弁藤原為輔宣　左大史大春日良辰奉
寛和二年九月廿九日宣旨
　左大弁大江斉光宣　左大史大春日良辰奉
永観三年正月十三日宣旨
　左大弁藤原為輔宣　左大史大春日良辰奉
永延二年五月十六日宣旨
　左大弁藤原懐忠宣　左大史大春日良辰奉

永延三年五月廿一日宣旨
　左大弁藤原懐忠宣　　　左大史大春日良辰奉
長徳二年十一月廿六日宣旨
　左大弁源扶義宣　　　左大史多米国平奉
長徳元年十二月廿八日宣旨
　参議左大弁平惟仲宣　　　左少史物部邦忠奉

宣者を「参議左大弁」と記す例もあり、また左大弁は参議を兼任するのを通例とするから、そう記していなくても参議であった者も含まれるが(右のうち参議でなかった者は藤原懐忠のみ)、しかしこれらは参議としてではなく、弁官局の長官である左大弁として宣したものであり、それを史が奉って記したのがこれらの宣旨である。これもまた宣旨を発する主体が上卿のみではなかったことを示す事例といえよう。そのうえさらに注目しなければならないのは、これら宣旨の内容である。これらはみな、左右弁官内に置かれている左右抄符・庁直・文殿という機関の役職である抄符預(史生を以て任ずる)・庁直(史生を以て任ずる)・文殿使部(使部を以て任ずる)を任命するさいに用いられたものである。その意味ではこれらは、弁官という一つの官司内の庶務に関する宣旨であるということになる。そうした庶務についての命令を、弁官内の最上級者が宣し、これを史が奉っているのである。とすれば他の官司においいても同様のことが行われた可能性、すなわち省なり職なり寮なりの一官司内の庶務について長官が命令を宣し、下僚がそれを奉った宣旨を記したという可能性もあるのではないか。少なくとも宣旨は今後そうした観点からも検討する必要があることを、これらの大弁宣は指し示しているといってよい。なお大弁宣が、古くは伝宣草がいう二項目についてのみでなく、広く弁官内の庶務一般に用いられたと推定されることについては第四章で触れる。

ともあれ伝宣草の記述の検討を通じて、つぎの二点がほぼ明らかにされたといえよう。

(1)「下外記」「下弁官」「下諸司」等の「下」は、上卿が下すという意味のものである。上卿は蔵人から伝えられた宣旨(勅命)を、外記・弁官のみでなく、直接諸司にも下した。したがって外記・弁官を経るもののみが宣旨なのではない。

(2)宣旨を下す主体は上卿のみではない。蔵人方宣旨のように、勅命を蔵人が、上卿に経《フ》れずに直接下す場合もあるし、大弁宣のように、一官司内の上級者がその官司内の庶務について宣し、下級者がこれを奉ずる場合もあった。

第二節　新任弁官抄にみられる宣旨　付、西宮記・九条年中行事

新任弁官抄は、保元年間に権左中弁藤原俊憲が撰した書であるから、伝宣草より約二〇〇年以前のものである。この書は表題から明らかなように、新たに弁に任じた者の心得を、俊憲の体験をもとに記したものであるから、宣旨のことだけが書かれているわけではない。宣旨については、冒頭の弁官拝任のときの拝賀と吉書奏の記述のなかで触れられている。その記述は、以下のようなものである。

史料一四　新任弁官抄

(a)上卿下㆓宣旨㆒書状躰

献上

宣旨

内蔵寮申請臨時公用料事

仰、依㆑請。

右、宣旨、早可㆑被㆓下知㆒之状、如㆑件。

月　日　　中納言ム

右少弁殿

この(a)は、さきにも述べたように、上卿から弁に送られる上卿書下であるが、新任弁官抄はこれに続く文で上卿消息とも称している。またさらに続けて「如レ此諸司請奏、仰依レ請、若仰云々、下ニ給上卿一。即以ニ此文一称ニ宣旨一。他文皆傚レ之」とも述べている。つまり宣旨とは、職事蔵人から上卿に下された「仰ス、請フニ依レ」とか「仰ス、云々」という勅命のことをいうのだという。この点は伝宣草の場合と同じである。ついで、

史料一五　新任弁官抄

(b)上卿下ニ給宣旨一時、弁請文躰

謹給預

宣旨

内蔵寮申請某事

右、宣旨、可ニ下知一之状、謹所レ請、如レ件。

月日　　右少弁姓名請文

を載せる。この(b)は弁官が上卿に差出した請文《ウケブミ》であって、伝宣草には載せていなかったものである。そしてそのあとに、

史料一六　新任弁官抄

(c)下レ史書状躰

宣旨　藤中納言

内蔵寮申請臨時公用料事

仰、依レ請。

右、宣旨、早可レ被ニ下知一之状、如レ件。

月　日　　右少弁判

大夫史殿

(d)史返事躰

宣旨　藤中納言

内蔵寮申請云々

右、宣旨、可ニ下知一之状、謹所レ請、如レ件。

月　日　　右大史小槻永業請文

を載せる。(c)は弁から史への宣旨の送状(鈴木茂男氏は弁官書下と称している)、(d)はそれに対して史が差出した請文《ウケブミ》である。そして「弁伝宣」「史奉」の下弁官宣旨は、このとき書かれるわけである。

さてその宣旨の施行・下達について、第一章でも触れたように、新任弁官抄は「職事下㆓上卿㆒、々々下㆑弁、々下㆓大夫史㆒、或六位史、随㆑事、史成㆓宣旨㆒頒下也」と述べている。これによれば、下弁官宣旨そのものが頒下されるように解される。しかし同書の「宣旨官符加判事」では、「下㆓諸国諸司㆒符、加㆓草名㆒。牒㆓諸寺㆒符、加㆓朝臣二字㆒、不㆑注㆑名、如㆓大臣㆒。年中恒例諸宣旨、右少弁所㆓加判㆒也」と、年中恒例の諸宣旨には弁が加署すると述べている。弁が加署する宣旨といえば、官宣旨すなわち弁官下文しかない(のちに触れる西宮記・九条年中行事にいう「大宣旨」は上宣を弁が奉ずるのであって加署ではない)。またこの文章が官符・官牒とともに宣旨の加判について述べるものである以上、「年中恒例諸宣旨」は官宣旨のことと解さざるをえない。とすると、職事から上卿へ、上卿から弁へ、弁から史へと下された宣旨を施行する文書すなわち下達文書は、官宣旨(官宣旨の発生する以前は太政官符・太政官牒)であったということになる。富田正弘氏が、下弁官宣旨は史が覚え書きとして記したものであり、これを土代として太政官符・太政官牒が作成されたと述べられたことは[7]、こうした点からも支持されるべきもののように思われる。

以上が新任弁官抄の記述から知られることであるが、ついでながらつぎに、西宮記と九条年中行事に記されている宣旨についてもみておくことにする。

史籍集覧本西宮記では、巻十二臨時一に(A)「諸宣旨」の項を、巻十四臨時二の後半と巻十五臨時三の前半に(B)「宣旨事」の項を収める。[8] 後者の巻十四と巻十五に分載されている(B)「宣旨事」は、史籍集覧本と同じ系統の写本である前田尊経閣所蔵の大永本西宮記第四冊に収める「第二巻」では連続して書写されているから、本来は続くものとみてよい。

この(A)「諸宣旨」の項と(B)「宣旨事」の項は、その構成も内容もきわめて類似していて、三つの部分から成っている。第一は、伝宣草所収の「諸宣旨事」「諸宣旨目録」と同じように、上宣の下される官司別に該当する宣旨の項目を記した部分である。挙示された項目もほぼ両者共通している。第二は、事項別にその事項がどのような手続を経て下達されるかを記した部分で、ここでは上宣によるもののみでなく、内侍宣などによるものも含まれ、また太政官符で施行されるとする類のものもみられるが、ここでも(A)・(B)両者が挙示する事項はほぼ共通し、記述内容もほとんど違いがない。第三は、宣旨の書様を示した部分で、ここでも共通して大宣旨、小宣旨、口宣、国宣旨の四種を挙示している。このように(A)「諸宣旨」と(B)「宣旨事」は構成も内容もほぼ同じなのだが、それにもかかわらず記述のしかたが異なっている。たとえば第一の部分で、(A)「諸宣旨」は「下外記宣旨」「下官宣旨」「下中務宣旨」「下内記宣旨」「下式部宣旨」「下兵部宣旨」「下弾正宣旨」「下検非違使宣旨」というように上宣を下す対象官司ごとにこの順で記述するが、(B)「宣旨事」では、まず、

依㆓内外諸司・諸所々・諸寺・諸人・僧俗等申請㆒、所㆑下宣旨、其色目不㆑可㆓計書㆒。権任計歴、親王

源氏事、位禄・季禄等、惣給二官符・宣旨等一事、皆悉以下二弁官一也。

というように、多くの庶事は弁官に下すのであると述べたのちに、「太政官外記局」「中務省」「内記局」「式部省」「兵部省」「弾正台」「検非違使」というように上宣を下す対象官司別に記述している。いまひとつ例を挙げると、四つの宣旨の書様を示した第三の部分では、(A)「諸宣旨」でのそれは、

国宣旨

左弁官　下某国

応三早令二弁進一某物事

右、ム言々々、国宜下承知、不上得二闕怠一。

年月日　史姓尸名

ム弁姓朝臣ム

というように、単なる書式が示されるにすぎないのに、(B)「宣旨事」では、つぎにみるように、本文・年月日・位署等を残した文書がそのまま示されている。こうしたことは、かつて推測したように、(A)を収める西宮記と(B)を収める西宮記はもともと別本の西宮記であって、後者は前者の稿本であったという事情から生じた相違であろうと考えられる(9)。

さて、第一・第二の部分の記述には興味深いものが多いが、それらのうち必要なものは第四章第一節

三の下諸司宣旨の項でみることにして、ここでは(B)「宣旨事」の第三の部分に示されている四つの宣旨の書様(挙示されている宣旨の数は六)に注目することにしたい。というのは、それと全く同じものが九条年中行事の巻末にも収録されていて、しかもそこに特殊な書様の宣旨がみられるからである。以下に掲げるものは、両者を対照して字句を修正してある。またこのうちの(e)は、さきに第一章において史料五として掲げたものである。

史料一七　史籍集覧本西宮記、巻十五、また九条年中行事

(a)絹二千疋　下大蔵　綿一万屯
　右、今月十九日新嘗会親王已下五位以上禄料、彼省所レ請、如レ件。
　　承平六年十一月十六日
右大臣宣、宜レ充レ之。
　　　　右中弁藤原朝臣在衡奉
　　　宣旨表、史加ニ名字一也。

(b)綿伍仟屯　下大蔵
　右、今月十六日踏歌庭積禄料、依レ例彼省所レ請、如レ件。
　　承平五年正月十四日

左大臣宣、宜レ充レ之。

左少弁大江朝臣朝綱奉

謂ニ之大宣旨一（九条年中行事は「是謂ニ大宣旨ニ」）

(c)
右弁官　下左右京

夫卅人職別十五人

右、運ニ今月十八日始修内裏御修法装束料一、依レ例掃部寮所レ請、如レ件。両職承知、以ニ調傜銭一雇充。

承平七年九月十八日　　左大史檜前忠明

少弁源朝臣相識

謂ニ之小宣旨一（九条年中行事は「是謂ニ小宣旨ニ」）

(d)
左大史尾張宿祢言鑒仰云、大弁平朝臣時望伝宣、右大臣宣、今月十九日新嘗会親王公卿諸大夫以上禄、宜下以ニ大宰府所レ進絹仟捌佰漆拾疋、但馬国所レ進佰参拾疋、大宰府綿捌仟漆佰弐拾屯、出雲国弐仟参佰屯等一、在下充行上。但親王公卿等禄、宜下以ニ阿波国所レ進、在下充行上之者。

承平六年閏十一月二日　　（大蔵）少録中臣国継奉

(e)
左大史坂上経行仰偁、大弁平朝臣時望伝宣、右大臣宣、今日踏歌庭積禄綿、以ニ大宰府所レ進内一、在下充行者。

承平五年正月十六日　（大蔵）少録麻績幹時奉

謂㆓之口宣㆒（九条年中行事では「是謂㆓口宣㆒」）

(f)右弁官　下大和国

応㆔早令㆓運進㆒供御日次外相撲料氷四駄事

右、得㆓主水司解㆒偁、件氷国々申㆓請消失之由㆒。謹検㆓所㆑遺之氷㆒、啻大和国也。望請、因㆓准先例㆒、被㆑下㆓宣旨㆒、充㆓用相撲料㆒者。大納言藤原朝臣扶幹宣、宜㆘下㆓知国宰㆒、早令㆗運進㆖者、国宜㆓承知、依㆑宣行㆑之。仍須㆔毎日卯刻以前、全令㆓運進㆒。用途有㆑期、不㆑得㆓闕怠㆒。

承平七年七月廿三日　右少史十市部宿祢春宗

左少弁大江朝臣朝綱

是謂㆓国宣旨㆒（九条年中行事同じ）

大宣旨と称されている(a)と(b)は、年月日までを記した文書の後《オク》に宣旨が記されている。しかもその宣旨では、上宣を弁が奉じてこれを記している。これによって上宣が弁官に下された場合に作られる宣旨には、史が奉ずる通常の下弁官宣旨のほかに、弁が奉ずる宣旨も存したことが知られよう。実は(a)(b)の年月日までの文書は、諸司(a)(b)の場合は大蔵省)の申請に基づき、弁官が立案し作成した文書で、官切《カンキリ》下文《クダシフミ》ともいうのだが、それを裁可する上宣は弁が奉ずるのが例である。この点については、第四章で詳しく検討することにしたい。ともあれこの種のものを西宮記と九条年中行事が大宣旨と称しているのは、史ではなく弁が上宣を奉じているためであろうと思われる。つぎに小宣旨と称されている(c)は、様式からみれば弁官下文すなわち官宣旨である。だがこれの通常の官宣旨と異なる点は、官宣旨の事実書(本文)に上宣が引用されていないことである。通常の官宣旨では、奉勅もしくは非奉勅の上宣を引くのを例とする。それゆえ一見したところでは、(c)は、上卿の裁可を経ずに、弁官が独自に立案・作成し発給した官宣旨であるかのようにみられる。だが事実はそうではないようである。この種の官宣旨は(a)(b)の様式の宣旨に基づいて作成されたらしく、したがってその背後にはやはり上宣すなわち上卿の裁可が存在したらしい。この点についても第四章において、官切下文に関連して詳しくみるつもりである。これを小宣旨と称している理由はさだかではないが、官宣旨の事実書に上宣のことがあらわれないためでもあろうか。

　つぎに口宣とされている(d)と(e)は、上卿が宣し、弁がこれを史に伝宣し、そして史が奉じた下弁官宣旨を、さらに史が大蔵省に仰せ、その史の仰詞《オホセコトバ》を、それを受けた大蔵少録が奉じて書き記した宣旨である。これまでみてきた故実書がいう下諸司宣旨は、上宣が直接当該官司に下されるものであった。それに対し(d)と(e)では、上宣が弁官を経由して大蔵省に達している。上宣の諸司への伝達には、このような方法もあったのである。これを口宣と称しているのは、史の仰詞が口頭で伝えられたためであろうか。

最後の国宣旨とされている(f)は、古文書学がいうところの通常の弁官下文すなわち官宣旨である。主水司からの申請を上卿が裁可し、それを上宣として弁官に下して立案・作成させたものである。これを国宣旨と称するのは、充所が大和国であるからであろう。

以上この節では、新任弁官抄と西宮記・九条年中行事にみられる宣旨を概観してきたが、新任弁官抄からは下弁官宣旨を施行し下達するために作成される文書は、本来は太政官符・太政官牒、官宣旨が誕生してからは官宣旨であったらしい、ということをみた。また西宮記・九条年中行事が例示する宣旨の書様によって、上宣を弁が奉ずる宣旨が存すること、上宣の諸司への伝達には、上宣を直接に当該官司に下すことのほかに、下弁官宣旨を奉じた史が仰詞によって口頭で当該官司に仰せるという方法があり、このときにも史の仰を受けた官司の官人が宣旨を書き記していることなどを知ることができた。宣旨には、まことに多様なものがあったのである。

(1) 伝宣草、上「下外記部」の冒頭の目録では二六項目を列記するが、そのうちの「六位雑々」と「御匣所別当事」は本文にはない。
(2) 伝宣草、中「下内記部」の冒頭の目録では六項目を列記するが、そのうちの「叙階者名字相違事」は本文にはない。
(3) 鈴木茂男「宣旨考」(前掲)。以下本章で鈴木氏の見解に言及するものは、すべてこの論考による。
(4) 今江広道氏は「宣旨」(前掲)において、いわゆる「弁官宣旨」と官宣旨を区別するため、前者を奉者の官名をとって「左(右)大(少)史奉宣旨」と称してはいかがか、といわれる。

(5)　ここに述べたような理解のもとに、本稿にさきだってすでに私はこうした表現を用いている。拙稿「起請管見」(関晃先生古稀記念会編『律令国家の構造』、一九八九年、吉川弘文館)など。

(6)　清水潔「奉勅宣・上宣に非ざる宣旨」(前掲)。

(7)　富田正弘「官宣旨・宣旨・口宣案」(日本歴史学会編『概説古文書学』古代・中世編、前掲)。

(8)　故実叢書本西宮記はこれらを史籍集覧本を以て補い、巻十二臨時一を西宮記巻十三、巻十四臨時二を西宮記巻十五、巻十五臨時三を西宮記巻十六として収載する。

(9)　拙稿「壬生本『西宮記』について」(高橋隆三先生喜寿記念会編『古記録の研究』、一九七〇年、続群書類従完成会)。

第三章　「宣」と「宣旨」

この章では、宣旨にかならず用いられる「宣」「奉」などの語の意味と用法を概観し、そのうえで「宣旨」の語義を考えることにする。検討の素材として用いるものは、令条と正倉院文書である。令条にみられる「宣」については、第一章で紹介したように、今江広道氏が検討しておられ[1]、また正倉院文書にみられる「宣」についても土田直鎮氏の論考があり[2]、さらに近年発表された吉川真司氏の論文では刮目すべき数々の新事実が指摘されている[3]。したがってこの章で述べることのほとんどはこれら三氏の所論と重複することになるが、八世紀における「宣」のありかたをみないでは宣旨論としての首尾を欠くことになるので、私なりの関心からその概略を述べる。

第一節　令条にみられる用例

はじめに、令条にみられる用例から検討する。令条には、宣およびその語をともなう熟語として、

「宣」「宣旨」「宣行」「奏宣」「宣伝」などが、奉およびその語をともなう熟語として「奉」「奉行」「奉詔」「奉勅」などがみられる。「宣伝」はみられるが、「伝宣」はない。

「宣」はまず、公式令1詔書式条にみえる。

詔書。云々。咸聞。

年月御画日

中務卿位臣姓名宣

中務大輔位臣姓名奉

中務少輔位臣姓名行

とあるのがそれで、これについて令集解の諸注釈は、「宣」とは詔書を中務卿が中務大輔に宣することで、中務大輔はこれを「奉」じて中務少輔に伝える。中務少輔の「行」とは、太政官に送付してそれを施行せしめることである、と説いている。上級者である卿が「宣」し、下級者の大輔がこれを「奉(ウケタマハル)」のである。おそらくこれが「宣」「奉」の原義であって、宣旨にみられる宣・奉もここに由来するものとみられる。「宣」はまた、軍防令19有所征討条にもみえる。征討に発する兵士が三〇〇〇人以上の場合は、その出発にあたり、侍従が使者として「宣勅慰労」するという。この場合も、「勅」すなわち天皇の意志を宣するのである。

「宣旨」の語は、職員令2太政官条の大納言の職掌と、同3中務省条の中務卿の職掌にみえる。だがそれについての令集解の諸注釈の解釈は、かならずしも一定していない。2太政官条では讃記のみが引用されているが、その讃記は、公式令1詔書式条の詔書を「誥」することすなわち宣布することを「宣旨」というのだとしている。また3中務省条では古記が「宣、々出也。旨、詔勅旨也。為㆓(一カ)一事㆒為㆑非也」といって、この「宣旨」は熟語ではなく、「宣㆑旨」と読んで、詔・勅の旨を宣《ノ》り出すことと解しているのに対し、義解・穴記は上述の軍防令19有所征討条に依拠して、侍従が命を宣するのが「宣旨」であるとしている。もっともいずれも天皇の意志を宣することが「宣旨」であるとすることでは、変りはない。

つぎに「宣行」は、宮衛令5未宣行条と公式令74詔勅宣行条にみえる語だが、宮衛令5の義解はこれを、詔書が中務省から太政官に送付されることと解している。つまり上に公式令1詔書式条でみた「宣、奉、行」の過程を示す語と解している。また「奏宣」は、職員令2太政官条の少納言の職掌と考課令9大納言最条にみえる語である。令集解の諸注釈は特に解釈を付していないが、天皇の意志を問い(=奏)、天皇の意志を宣する意であることは、大納言と少納言の職掌からみて明らかなことである。宣をめぐる語の最後に「宣伝」がある。後宮職員令4内侍司条の尚侍の職掌としてみえるもので、尚侍(長官)は「奏請、宣伝」するが、典侍・掌侍には「奏請、宣伝」の権限はないとする。これも明らかに天皇の意志を宣《ノ》べ伝えることである。このようにみてくると、令条において用いられている「宣」およびその語をともなう熟語は、みな天皇の意志すなわち勅命にかかわる語として用いられているといってよいであろう。

「奉」とその語をともなう熟語の場合も同様である。「奉詔」「奉勅」はいうまでもないことであるし、上述の詔書における「宣、奉、行」も勅命にかかわって用いられる語であった。ただ「奉行」のみ、若干用法を異にしている。たとえば公式令13符式条に例示されている太政官符の書止は「符到奉行」であるが、この「奉」字はかならずしも勅命にかかわるものではない。奉勅上宣を施行する太政官符ならば勅命にかかわるものといえるが、上宣を施行する太政官符や、太政官以外の諸司が発給する符の場合は、上級官司の命令を下級官司は「奉《ウケタマハ》リ行へ」という意味の施行文言であるにすぎない。

第二節　正倉院文書の用例

前節に述べたような令条の「宣」「奉」の用例をみた眼で八世紀の諸史料をみると、そこには全く別の世界が展開している。

八世紀の宣に関する史料の宝庫は、いうまでもなく正倉院文書である。これに続日本紀、類聚三代格・令集解等の法制史料、さらに平城宮などからの出土木簡が加わるが、なんといっても正倉院文書が圧倒的多数の素材を提供してくれている。

その正倉院文書は、周知のように、東大寺造営のために設置された造東大寺司という一官司の、しかもそのなかの一組織である写経所関係の文書群である。そしてそれを大ざっぱに分類すれば、以下のように分けることができる。

(イ)造東大寺司と、他の官司、他官司の官人、東大寺などとの間に授受された文書あるいはその案。

(ロ)造東大寺司と、その内部に設けられた写経所・造石山院所などとの間に授受された文書およびその案。

(ハ)造東大寺司の写経所という一機関内で記された文書・帳簿あるいはその案。

(ニ)紙背が利用されたためにたまたま伝わった一次史料としての、中央官司関係の文書や国衙上申文書。

さて、「宣」「宣旨」などの語はこのうちの(イ)・(ロ)・(ハ)においてみることができるが、その量はきわめて多い。実例をいちいち挙示するのは煩雑でもあるので、全体としての傾向と問題点をできるだけ整理して述べることにしたい。

一　宣した者の多様性とそれをめぐる問題

正倉院文書にあらわれる宣をみてまず驚くことは、宣した者に各種さまざまな者があることである。このことについては、さきに土田直鎮氏が、奈良時代の文書には「―宣」とか「宣旨」の語が数百個み

えるとされたうえで、

而して、宣を下した人としては僧俗男女多種多様であり、俗人では、男は大臣から下は史生まで、女は内侍から女孺に至り、僧では道鏡以下僧綱・凡僧があり、尼も大尼公から沙弥尼に至る。

と述べておられるが、まさにその通りである。以下、概略を述べる。

①宣には「内宣」「内裏宣」とするものがある。

土田直鎮氏が指摘しておられるように、宣には「内宣」「内裏宣」とするものがある。同氏はまた、内裏宣は弘仁年間のものを最後として、以後はみられなくなるとも述べておられる。管見では正倉院文書中に、内宣とするもの一〇例、内裏宣とするもの八例を数えた。それとは別に「内裏令旨」とするものが一例ある。これらについては、のちにその伝達経路について検討するので、ここでは、内宣・内裏宣はいずれも、広い意味での勅命、すなわち天平期ならば天皇聖武ないし皇后(のち皇太后)光明子の命令を、その後は孝謙(称徳)女帝の命令をいうとみられることを指摘するにとどめる。

②宣には官司・機関の宣がある。

宣のなかには「某司宣」として、個人名を記さないものがある。これは法制史料などにもみられ、職

員令27鼓吹司条集解伴記の引く「和銅二年六月十二日右大弁官宣」はその早い例である。以下、「和銅六年官宣」(考課令63応考之官条集解令釈)、「養老四年正月一日弁官口宣」(儀制令8祥瑞条集解令釈・古記)、「養老五年官宣」(考課令59内外初位条集解令釈)、「神亀三年民部省口宣」(出雲国風土記)、「(天平五年)九月一日(節度使)口宣」(天平六年出雲国計会帳)、天平勝宝七歳七月五日「太政官宣」(延暦交替式)、天平宝字元年十月十一日「太政官宣」(同)、「勝宝九歳左弁官口宣」(古語拾遺)、「右弁官宣」(三代格十四・二十、宝亀十一年十一月二日太政官符所引)などがみられる。

正倉院文書においても、つぎのようなものをみることができる。煩を避けて『大日本古文書』編年の巻・頁のみを注する。

中務省宣(四-二五九・二六〇)

文部省(=式部省)宣(一四-二〇八)

玄蕃寮宣(四-一八二)

春宮坊政所宣(八-三七〇、一一-一七〇、二四-二七二)

右は令制官司あるいは令制官司内の機関の宣。

司口宣(七-四八一)

政所宣(三-六四三、四-八七、一〇-一二一)

奈良政所宣・奈良司宣（五-二四八・二四九・二五〇、一五-二二四・二二五）

右は皇后宮職写経司と、造東大寺司およびその政所の宣。奈良政所・奈良司は、造石山院所からみて造東大寺司をそう称したもの。

仁王会装束司宣（一二-二九一）

装束忌日御斎会司口宣（一五-二八）

右は臨時に置かれた官司の宣。

寺家口宣（四-二四九）

右は東大寺の寺家としての宣。

③個人の宣は多種多様である。

個人の宣すなわち某宣は、移・牒等の文書にその内容が引用されている場合もあるが、多くはつぎのようなかたちで記されている。

某宣により経典の写経を行った。

某宣により経典を某所に貸した、または某所から借りた。

某宣により写経生らに紙・筆・墨・浄衣等を支給した。

某宣によって写経生らに布施を支給した。

そしてたしかに、土田氏がいわれたように、その数はかなりの数にのぼり、そしてまた宣を発した者は多種多様である。俗人の男では大臣から史生まで、俗人の女では内侍・命婦から女孺まで、僧では良弁・慈訓・道鏡等の僧綱から一般の僧まで、尼では「大尼公」「尼公」と称される者から一般の尼までに及ぶ。しかしこれをその者の所属する場所・機関によってみると、つぎの二種に大別することができる。

(A)造東大寺司に所属する者がその内部に対して発した宣

(B)外部の者が、造東大寺司に対して、あるいは造東大寺司に所属する機関(写経所など)に対して発した宣

これらの個々の事例について検討することはあまりにも煩雑であるので、ここではいっさい省略するが、大体の傾向としては以下のようなことが指摘できるのではないかと思われる。

(1)のちにみるような某宣の伝達経路の知られる事例を除いては、多くの某宣は帳簿類においてみられる。それらは写経所において記されたものであって、その記主は一般に造東大寺司の下級官人ないし経師等である。

(2)それらの帳簿類では、(B)部外者の宣は概ね「某宣」と記される。

(3)(A)造東大寺司内部の者の宣も「某宣」と記されるが、記主の政治的地位によって、上司のものにつ

いては「某宣」、同僚以下のものについては「某状」「某口状」などと、書き分ける傾向がみられる。

なお、個人の宣の多様性に関連して、今江広道氏の見解に対する私見を述べておく。第一章で紹介したように、今江氏は、正倉院文書にみられるような種々雑多な個人の宣が、奈良時代末から平安時代の初期にかけて史料上から姿を消すのは、桓武朝における律令遵守の政治方針により、下級官人などの宣に規制が加えられたためであると推定しておられるが、それはいかがなものであろうか。残存する史料の性質の違いによって、みかけ上姿を消したのにすぎないのではなかろうか。正倉院文書は、造東大寺司写経所という一部局内の日常の政務について書き記された文書群である。だが八世紀末以後には、これに匹敵する文書群は全く残されていない。律令制官司が官司ごとに保有していた文書は、その悉くが湮滅してしまっている。平安時代の文書のなかでの唯一の例外は、小槻氏壬生官務家に伝来した弁官関係文書を、同家が編集した類聚符宣抄が残されていることであろうが、それとても文書を収載するさいに選択の手が加わっていて、弁官局の日常の政務の全容を知るには程遠いものといわざるをえない。それに、造東大寺司内であれほど日常的にゆきかっていた宣が、急速に消滅したとは考えがたいことであろう。もし九世紀の一官司の日常政務をトータルに伝える文書群が残存していたならば、正倉院文書と同じような状況が現出するのではなかろうか。

④某宣には真の命令者が某以外の者である場合がある。

吉川真司氏が指摘しておられることであるが、某宣には、その真の命令者が某以外の人物である場合がある。但し同氏がその証として示された事例は適切なものとはいいがたいので、はじめにそのことについて述べておく。

吉川氏が挙示されたのは、つぎの文書である(吉川氏が用いられた記号は①・②であるが、ここでは(a)・(b)に代えてある)。

史料一八　瑜伽論請返帳(一一―七三)

(a)奉請経事

右、奉三色々紙写二維珂論一。随レ将レ奉レ写、不レ過二今時一令二奉請一。今状注申送。

尼公宣。

天平勝宝元年九月八日主典葛井連根道

付二従国島一。

(b)東大寺写経所謹奏

瑜伽論六巻第一二三四五六巻者「以天平勝宝二年七月十六日依レ員奉レ返已訖使山口人成」

右、依二葛井根道今日宣一貢進如レ前。但表紙色未二仰給一。不レ得二装潢一。謹奏。

天平勝宝元年九月八日玄蕃頭従五位上　王

これについて吉川氏はつぎのようにいわれる。

(a)は、写し終った瑜伽論を内裏に奉請(＝貢進)せよとの尼公の宣を、造東大寺司主典の葛井根道が写経所に伝えたもの。これを承け、既に写し終えていた六巻を進上した送り状の控えが、(b)である。(中略)さて、史料(a)(b)で注意すべきは、以下の三点である。第一に、同じ内容の命令が、(a)では「尼公宣」、(b)では「葛井根道宣」と表現されている点。これは言うまでもなく、尼公→根道→写経所、の経路で宣が伝達されたためである。つまり、宣の伝達が行われた場合、伝達した人物も宣者として現われることがあると言える。

つまり吉川氏は(b)でいう「葛井根道今日宣」は(a)の文書そのものをいうと認定して、(a)の真の宣者は尼公であるのに、それが(b)では伝達者の宣となっているとみられたわけである。しかしそれは無理であろう。旧稿でも述べたように、(4) 写経所でのこのときの瑜伽論一〇〇巻の書写は、底本を僧綱所から「奉請」(借用)して行われた。(a)の「尼公宣」は、冒頭に「奉請経事」と記していることから明らかなように、その「奉請」(借用)についてのものである。そして、ここでは掲記するのを省略したが、(a)のまえに記されている東大寺写経所啓によれば、写経所は即日僧綱所に対して経巻の「奉請」(借用)を申し入れている。それはこの「尼公宣」に基づいて行われたものとみるべきであろう。それに対して(b)では、「葛井根道今日宣」によって写経所は書写済みの六巻を内裏に「貢進」している。「奉請」の語は借用の意にも貸出しの意にも用いられるが、あくまでもそれは経巻の貸借について使用される言葉であって、「貢進」を意味する語ではない。それに、(b)の「但表紙色未二仰給一」の文からも知られるように、そもそもこの書写は尼公の背後にある内裏の命令によって行われたのであるから、書写したものを内裏に送ることを表現するには「貢進」の語こそがふさわしい。これを吉川氏のように奉請＝貢進と解すると、内裏へ貸出す意となってしまう。それゆえ、旧稿で述べたように、(b)の書写終了分をすみやかに進上せよという内容の「葛井根道今日宣」は、(a)とは別に指示された事柄であるとみるのが妥当と思われる。なおまた吉川氏は(a)の文書を以て宣旨の祖型とみておられるが、それについての私見も異なっている。この点については本章の付説「奉書の起源について」で触れる。

　このように吉川氏が挙示された事例は適切なものとはいえないのであるが、しかしそれにもかかわらず同氏がいわれるように、真の命令者が某以外の人物である某宣が事実存するのである。私が知りえた事例を二つ紹介しておく。

史料一九　呉原生人薬師経奉請文（一二-二）

薬師経百巻卌弖花軸、六十弖梨軸、並黄紙及表綺緒十弖新翻者

綵帙十枚町方錦縁、地赤、着二緋裏一

以前、依二次官佐伯宿祢勝宝三年六月八日宣一、奉請如レ前。付二台舎人江沼道足并敦賀石川等一。

天平勝宝三年六月八日呉原生人

(異筆)「判、令レ請。主典紀朝臣」

(又異筆)「同日奉返了」

この文書の語るところは、概略つぎのようなことである。造東大寺司次官佐伯今毛人は、経巻の出納事務を担当する写書所に対して、某所(これはあとで明らかになるように宅西堂)に薬師経百巻を奉請(貸出し)することを命ずる宣を下した。この宣をうけて写書所領の経師呉原生人は、この経巻を貸出すことの証としてこの文書を作成して、造東大寺司の裁可を求めた。その裁可を示すのが「判、令レ請。主典紀朝臣(池主)」という司判である。経典は紫微中台舎人の江沼道足と敦賀石川の二人に付されて某所に送られたが、その日のうちに返却された。

このように薬師経百巻の奉請(貸出し)は次官佐伯今毛人の宣によって行われたのだが、その宣に相当する文書が残されている。その文書は、佐伯今毛人自筆の、しかも全文朱書というめずらしいものである。かつまたこの文書の内容および様式には、注目すべき事柄がある。

史料二〇　造東大寺次官佐伯今毛人薬師経奉請文(一二-一)

薬師経百巻若无者、以二観世音経一、満二其員一之。

右、今時不レ過、早速奉ニ請於宅西堂一。
板野命婦宣、如レ前。
　　六月八日
　　　次官佐伯宿祢今毛人

注目すべきことの第一は、史料一九でいうところの「次官佐伯宿祢勝宝三年六月八日宣」とは、文書として記された史料二〇をいうものであったという事実である。つまり「宣」と書かれているからといって、その語から連想されるような口頭伝達であったとはかぎらないのである。この点については次項で述べたい。第二は、この文書によれば、薬師経百巻の宅西堂への奉請(貸出し)を命じたのは板野命婦であったということである。板野命婦がそう宣したことの背後には、天皇孝謙もしくは太上天皇聖武あるいは皇太后光明子の意向があったのであろうが、それはともかくとして、直接の命令者が板野命婦であったことは明らかである。それを史料一九では佐伯今毛人の宣と記している。某宣の真の命令者は某以外の者であったのである。第三に注目すべきことは、この文書の様式と機能である。この文書には、いわゆる公式様文書の様式名称は記されていない。しかしその実質は、次官佐伯今毛人が板野命婦宣を奉じて造東大寺司の下部機構である写書所に対し、経巻の奉請(貸出し)を命じた施行文書・下達文書である。とすれば、「同じ書状でも差出者が直接出すのではなく、その侍臣、右筆が主人の意を奉じて出す書状を総括して奉書《ホウショ》という」[5]という定義を拡張解釈して、上級者の意を下級者が奉じて他者に対して出す文書を奉書と解することが許されるならば、史料二〇の文書は、その機能面からみると、奉書の原型であるとみなすことができることになる。この点についても、本章の付説「奉書の起源について」でいま一度触れることにしたい。

もう一つの例を挙げる。

史料二一　大臣禅師牒（五―五二八）

合経三百五十余巻

右、奉㆓大尼延證宣㆒偁、勅偁、件経、令㆑奉㆓請於東大寺㆒者。承㆓知此旨㆒、寺使至検度。故牒。

天平神護元年五月六日付大隅公足

大臣禅師

史料二二　検仲麻呂田村家物使請経文（五―五二八）

検仲麻呂田村家物使

合経三百五十八巻大尼延證宣

右、依㆓大臣禅師今月六日宣㆒、附㆓散位正八位上上村主馬養㆒、令㆑奉㆓請於東太寺㆒、如㆑件。

天平神護元年五月九日内竪従八位上勲七等葦屋倉人嶋麿

藤原仲麻呂(恵美押勝)は、生前自第の田村第において私的に写経事業を行っていた。そのため東大寺・造東大寺司をはじめ諸所から、底本に用いる経典を借用していた。天平宝字八年の変により仲麻呂が敗死すると、田村第内の財物を検収する検仲麻呂田村家物使が任命されたが、この使の調査対象には借用中の経巻や、仲麻呂が新たに書写させた経典が含まれていた。ここにいう三五八巻はそのようにして検出された新写の経典をいうものと思われる。

さて史料二一は、大尼延證が、それらの経巻は東大寺に奉請せよ(貸し与えよ)という勅を宣し、これをうけて大臣禅師道鏡が発給した、検仲麻呂田村家物使宛の施行文書としての牒である。「右」以下の文は、つぎのように読む。

右、大尼延證ガ宣ヲ奉《ウケタマハ》ルニ偁《イハ》ク、勅ニ偁ク、件ノ経、東大寺ニ奉請セシメヨ、トイヘリ。此ノ旨ヲ承知シ、寺使至ラバ検《カンガ》ヘ度《ワタ》セ。故《コトサラ》ニ牒ス。

寺使は経巻を受取りに行く東大寺の使者(実は造東大寺司官人)である。そしてこの牒をうけて、検仲麻呂田村家物使の葦屋嶋麿が、経典三五八巻とこの牒に副えて東大寺に差出した文書が史料二二である。経巻を東大寺の使者である造東大寺司写経所領上馬養に付して東大寺に奉請した(貸し与えた)ことを報告したものである。

この事例についても、史料二二にいう「大臣禅師今月六日宣」が、紙に書かれた史料二一の牒そのものを指す点にまず注目しなければならないが、その「大臣禅師宣」を出させるにいたった直接の命令者は大尼延證であり、さらにこれの真の命令者は「勅」すなわち天皇であったのである。

以上の二つの事例から知られるように、某宣とされているものの真の命令者は、某以外の人物である場合がある。逆にいえば、某宣とあるからといって、その命令が某自身から出たものであるとはかぎらないのである。そしてこのようなことは、かなり広く行われていたことなのではなかろうか。たとえば勅すなわち天皇の意志は、概ね某宣の形式で伝達される。「奉勅」「勅𠑊」としてその伝達者を明記しているものを正倉院文書にみると、男官・僧も存するが、その多くは内侍・命婦・女孺などの女官もしくは史料二一のように尼である。したがって、それと明記せずに単に女官宣・尼宣とするものも、実はその真の命令者は天皇もしくは皇后であるという場合が、圧倒的に多かったものと推定される。つまり女官宣・尼宣のほとんどは、事実上の奉勅であったとみられる。

二　宣と口頭伝達と文書

正倉院文書中にみられるおびただしい数の某宣の多くは、口頭伝達であったとみられる。もっともそのことを確実に示す事例は乏しいのだが、常識的にみても、造東大寺司の内部で、あるいは写経所の内部で、長官の宣、次官の宣、判官の宣、主典の宣などによって、紙を支給した、筆を支給した、布施を支給したなどというような日常的な政務にかかわる宣は、口頭伝達であったとみるのが自然であろう。また史料一八(a)の尼公宣などは、この宣が尼公により口頭で行われたことを推測させるよい例である。これをうけて書き記した葛井根道は、瑜伽論を「維珂論」と記し、また文章も和文に近い。根道は耳で聴いた尼公の宣を記したものとみられる。またつぎの例のように、宣が明らかに口頭伝達であったことを示すものもある。

史料二三　唐東人等解(五-五三五)

唐東人等解　申後日有レ欠可レ報レ物事

花机褥弐枚大

右、為二三月十五日花厳会一、請二花机褥一。同列人丈マ益人、不レ申レ司而窃持二入於正倉一。司勘問即宣云、事既不レ明。若後日於二勘計一、件褥有レ欠者、将レ償。云、状記而進者。東人等无二申述一。仍後日有レ欠者、依レ数進納申了。仍注レ状、以解。

天平神護二年三月十六日唐東人

丈マ益人

花厳会で使用した花机褥二枚を、唐東人の同僚の丈部益人が、造東大寺司に申告せずにひそかに正倉に返納してしまった。その返納が事実であるかどうか、造東大寺司にはわからない。そこで造東大寺司は東人と益人を勘問して、つぎのように宣した。「本当に返納したのかどうかわからない。もし後日正倉の収納物を勘計するさいに件の褥に欠があったならば、償《ツグノ》うべきである」と。またいうには、「その旨を記して進《タテマツ》れ」と。自分たちに弁解の余地はない。それゆえ後日に褥の欠が発見されたならば欠の分だけ進納すると申しあげた。よってそのことを文書として記して進上する、というのがこの解の内容である。司の宣は勘問の場での口頭による命令である。

それでは某宣と記されているもののすべてを口頭伝達とみなしてよいかというと、かならずしもそうではない。そのような危惧をいだかせる理由の一つに、宣とともに「口宣」とするものが多数存することが挙げられる。もっとも「口宣」なるものがどのようなものであったかは明らかではないのだが、もしこれが文字通りの口頭伝達であったとすると、それと区別して記される宣は、異なる性格のものであった可能性があることになる。それに、経生に紙を支給した、筆を支給したというような日常的な政務ならばともかく、その貸借に「奉請」という語を用いるほど貴重な経典を出納するような場合は、後日の証としてそのことを書き記した文書が必要となるであろう。事実すでにみたように、史料一九にいう「次官佐伯宿祢勝宝三年六月八日宣」は文書として記された史料二〇をいうものであったし、史料二二にいう「大臣禅師今月六日宣」も牒という様式の文書として記された史料二一をいうものであった。このように史料上に宣と記されているものが、実は文書を指すということは、吉川真司氏が一一例を挙示してすでに指摘されたことであるが、そのうちの興味深いもの三例を紹介しておくことにする。

史料二四 経疏出納帳（三ノ五五三）

高僧伝一帙十巻、帙裏、納小櫃、

右、依二玄番〔蕃〕宮七月廿一日宣一、付二秦浄麻呂一、令二奉請一、如レ前。

天平勝宝□〔三年〕七月廿一日

〔別筆〕「以二九月九日一返納了。収呉原生人」　呉原

造東大寺司が蔵する高僧伝一帙十巻を、玄蕃頭兼写経司長官市原王の宣によって奉請した（貸出した）。その出納の実務責任者は写書所領の経師呉原生人で、市原王の許へ経典を届けたのは経生秦浄麻呂である。この経典は九月九日に返納された、ということを記したものである。この「玄番〔蕃〕宮七月廿一日宣」は、呉原生人に口頭でも伝達されたのかも知れないが、市原王の自筆文書としても残されている。左に示すのがそれである。

史料二五 市原王高僧伝奉請文（二五ノ三七）

高僧伝

右、一部之内、已〔己〕欲二奉請一。

廿一日市原

「己《オノレ》、奉請セムトス」、すなわち市原王は個人的に奉請したい（借用したい）としてこの文書を提出したのである。

史料二六　納櫃本経検定并出入帳（二四―一六八・一八三）

華厳脩慈分一巻雑十三帙内、右経、奉請、安宿宮宣、中山寺。

知鬼室虫万呂使粟田種万呂。（別筆）「返了」

天平勝宝元年十一月三日他田水主

不増不咸〔減〕経一巻雑五十九帙内、右、依二安宿王宣一、奉二請中山寺一。知鬼室虫万呂。使粟田種万呂。

（別筆）「返送了」

天平勝宝元年十一月三日他田水主

これも、安宿宮（安宿王、長屋王の男）の宣により二種の経巻を中山寺に奉請した（貸出した）、出納責任者は経師他田水主である、というものだが、これに該当する文書も残されている。

史料二七　安宿宮請経文（二四―六〇六）

安宿宮奉請　本経三巻 華厳脩慈分一巻 不増不咸〔減〕経一巻 観音輪経一巻
右、為レ用二本経一、暫間奉請。
十一月三日貴室虫麻呂

「二部経奉請、(水主筆ナルベシ)使栗田種麻呂　同日他田水主」
「返送了(異筆)」

この文書は、安宿王の意をうけて、貴室(鬼室)虫麻呂が記し、造東大寺司に宛てて差出された書状である。すなわちまごうかたなき奉書である。貴室虫麻呂は天平勝宝四年正月十四日の安宿王家牒(三-五五九)にも「奉事木工大属従六位下貴室虫万呂」という位署を加えているから、安宿王家の知家事でもあったのであろう。そういう立場にある者が、主人の意をうけてこの書状をしたためたのである。奉書という所以である。それはともかく、史料二六にいう「安宿宮宣」「安宿王宣」がこの書状をいうものであることは疑いのないことである。安宿王は同時に観音輪経一巻の奉請も申し出ていたが、造東大寺司はこれを所持していなかったらしく、後日の証として残されたこの書状では、貸出されなかったこととして抹消してある。

またつぎのような例もある。

史料二八　天平勝宝四年写経所写経出納帳(一二-三一〇)

□□□□□(観普賢菩薩)行法経一弓合九巻

右、依㆓次官佐伯宿祢并主典□□□(阿刀連)宣㆒、奉㆓請慈訓師之所㆒。使興福寺僧□□(朗叡)。

検出呉原生人

已上経、以二六月一日一奉レ返已訖。　収生人

これも経巻の出納簿の記載であって、観普賢菩薩行法経一巻を含む九巻の経典を、次官佐伯今毛人と主典阿刀酒主の両名の宣により慈訓師の許に奉請した(貸出した)ことを、写書所領の呉原生人が記録し、それの返納されたことを生人自身が確認して、その旨をも記したものである。これと直接に関係するのが、つぎの文書である。

史料二九　興福寺僧慈訓請経文(一二-二九八)

(異筆、以下同ジ)「奉請経十二巻」

「止」虚空蔵菩薩神呪経一巻

「止」虚空孕菩薩経二巻　以上三巻雑経第七帙

、千眼千辟観世音菩薩陁羅尼神呪経二巻「請」

、観世音菩薩秘密蔵神咒経一巻「請」

、観世音菩薩如意摩尼陁羅尼経一巻「請」

、観自在菩薩如意心陁羅尼呪経一巻「請」以上五巻雑経第卅七帙

、十一面観世音神呪経一巻「請」以上一巻雑経第卅九帙

、虚空蔵菩薩問仏経一巻「請」以上一巻雑経第卌帙

、観普賢菩薩行法経一巻「請」以上一巻雑経第卌三帙
、虚空蔵菩薩能満諸願最勝心陁羅尼求聞持法一巻「請」以上一巻雑経第五十六帙

右。　　天平勝宝四年五月廿三日使僧朗叡興福寺

（酒主筆）
「符　経所

右、自二慈訓師所一、奉請如レ件。司判、依レ請。宣二施行一之。

次官佐伯宿祢「今毛人」（自朱署）　　主典阿刀連酒主」

（生人筆）
「以二六月一日一返訖。　　収生人」

経典一二巻のうち、「止」とするものを除き、合点と「請」の書入のあるもの九巻は、史料二八の「合九巻」に一致する。すなわち慈訓は朗叡を使者としてこの文書を持たせ、造東大寺司に経典一二巻の奉請（借用）を申し入れたのである。造東大寺司はこれを承認したという司判を下し、文書の後《オク》に経所に対して司判の施行を命ずる造東大寺司符を記入して、これを経所に下した。その司符に位置を加えたのは次官佐伯今毛人と主典阿刀酒主の二名であったが、その司符を指して史料二八では加署者の名により「次官佐伯宿祢并主典阿刀連宣」と称している。したがってこれは、宣が文書を指す事例であるとともに、宣が司判をいう事例でもあるのである。

このことに着目して斬新な見解を提起されたのが、吉川真司氏である。同氏は宣が判をいう事例を一六例挙げられ、また二名連記の宣二六例も判とみなしてさしつかえないとされたうえで、庶務の口頭伝達が文書行政から離れて存在したのではないことを指摘し、そうした認識に立って唐の判と日本の宣＝判との比較論を展開し、日本の律令官僚制の特質の解明に新たな光をあてることに成功したのであった。この点に関する同氏の所論には全く異論はないので、本稿ではこれ以上の言及は避けることにする。

三　外部からの宣の伝達

ここでは、造東大寺司職員以外の部外者の宣が、造東大寺司および写経所に伝達される場合の、その経路について検討する。それは、平安時代初期の宣旨について、たとえば上宣がどのような経路で八省その他の諸司に伝達されるかをみる場合の、参考となると思うからである。

(1)　内宣・内裏宣の伝達

まず部外者の宣であることが明白な、内宣と内裏宣について一瞥する。一例のみの内裏令旨を含めて、伝達経路を知ることのできるすべての例を挙げる。

①天平十九年四月十二日法花寺政所牒(九-三六三)

意味がややとりにくい牒だが、以下のように解する。法花寺政所は六巻抄七巻を大倭国掾佐伯今毛人の口宣によって写経司に送るが、大尼公が宣するには、内裏令旨は「この経典は題書するにしたがって内裏に奉請せよ(貸出せ)」といっている。この旨すみやかに施行されたい。とすると内裏令旨の伝達経路はつぎのようになる。

内裏令旨 ──→ 大尼公 ──→ 法花寺政所 ──牒──→ 写経司

②天平廿年十月三日法華寺三綱牒(三―一一七)

法華寺三綱は「去九月卅日内宣」を奉じて、写一切経司に対し、経巻の奉請(借用)を申し入れる。この経路は左の如し。

内宣 ──→ 法華寺三綱 ──牒──→ 写一切経司

③天平勝宝三年四月写書所残物等進送文(一一―五〇五)

写書所は、「内裏天平勝宝三年四月四日宣」により、写経用途の残物等を内裏に進納する。

内裏宣──→写書所

④天平勝宝四年二月廿六日造東大寺司牒(一二−二一九)

造東大寺司は、「法花寺にある梵網経疏三部を書写してすみやかに内裏に進《タテマツ》れ」という内裏宣を奉じて、法花寺三綱に経巻の奉請(借用)を申し入れる。

内裏宣──→造東大寺司
　　　　　　　牒↓
　　　　　　法花寺三綱

⑤天平勝宝六年閏十月十九日外島院牒(一三−一一二)

外島院は、内裏宣により、鑑真が進上し造東大寺司が管理している「阿弥陁浄土一鋪」像を見たいという理由で、造東大寺司に奉請(借用)を申し入れる。

内裏宣──→外島院
　　　　　　牒↓
　　　　　造東大寺司

⑥天平勝宝七歳五月廿七日勘経使写経奉請文(一三−一四四)

前欠文書。大安寺において経典を勘正するため、勘経使は内宣を奉じて造東大寺司に経巻の奉請(借用）を申し入れる。

内宣 ──→ 勘経使 ←── 造東大寺司

⑦天平勝宝七歳八月十六日元興寺三綱牒（四-七一）

これは元興寺三綱が造東大寺司に宛てて差出した返抄の牒である。元興寺三綱は僧綱所から、「内宣により一切経九五巻を（造東大寺司から）奉請（借用）し、今日中に寺人に持たせてそれを法花寺中島院に奉請（貸出し）せよ」との「今日十五日牒」を受けた。この返抄の牒は、その僧綱所牒の旨を遂行したことを造東大寺司に報告したものである。

内宣 ──→ 僧綱所 ──→ 元興寺三綱 ──（牒）──→ 造東大寺司

⑧天平宝字二年八月九日山階寺三綱牒（一三-四八二）

山階寺三綱は、内裏宣により千手千眼経五〇巻の転読を命ぜられたので、造東大寺司に借用を申し入れる。

内裏宣――→山階寺三綱
　　　　　　　　　　牒
　　　　　　　　←――
　　　　　　　　造東大寺司

⑨天平宝字六年四月類載石山院解案(一五-四五六)所引の「大徳宣」

良弁大徳は、内裏宣により大千手菩薩像のすみやかな造立を命ずる。

内裏宣――→大徳――→造石山院所

⑩天平宝字六年六月七日法師道鏡牒(五-二三八)

全文道鏡の自筆。道鏡が「今月六日内宣」を被《コウム》って、東大寺一切経司所に宛てて発給した牒である。すなわち内宣の施行を命ずる下達文書としての牒。

内宣――→道鏡――→東大寺一切経司

⑪天平宝字七年奉写二部法華経料雑物納帳(五-三九六、一六-三三七)

造東大寺司写経所は、内裏宣により、石山院大般若経書写の料紙の残物を、二部法華経書写の料紙に転用する。

内裏宣――→写経所

⑫天平宝字七年三月十日「法師道鏡牒」(五-四〇二)

⑩と同じく内宣の施行を造東大寺司に対して命ずる下達文書であるが、文書の様式名は記されていない。

内宣──→道鏡──→造東大寺司

⑬天平宝字八年十一月廿八日経所解(五-五〇三)

経所は「内裏今月廿七日宣」によって、経師の布施物支給を造東大寺司に申請する。

内裏宣──→経所

⑭天平神護元年四月五日僧綱牒(五-五一九)

この僧綱牒は、「造東大寺司写経所領の上馬養を使者として派遣し、藤原仲麻呂が存命中に東大寺から借用していた経論等の類を、捜り求め取らせることにする」という内宣を、殖槻寺と前山寺の三綱に伝達した牒である。その案が造東大寺司に伝えられたのは、上馬養が使者となったことによるのであろう。

内宣──→僧綱──→二寺三綱

⑮天平神護三年四月廿四日奉写御執経所移(五-六五九)

⑯天平神護三年七月十三日奉写御執経所牒(五-六六八)

⑰神護景雲二年正月卅日奉写一切経司移(一七-一〇四)

⑱神護景雲二年閏六月二日奉写一切経司移(五-六九七)

右四通のうち⑮・⑯は「造東大寺司并三綱所」宛、⑰・⑱は「造東大寺司」宛。また⑮は内裏宣、⑯・⑰・⑱は内宣。奉写御執経所は称徳女帝が平城宮内(あるいは内裏内か)に設置した写経所で、のち改名して奉写一切経司となる。これらはいずれも内裏宣・内宣の施行文書としての移・牒という性格の文書で、造東大寺司・東大寺三綱所に経巻の奉請(借用)を申し入れたもの。

内裏宣 ——→ 奉写御執経所 ——→ 造東大寺司
内宣　　　　奉写一切経司　　　東大寺三綱所

すでに述べたように、内宣・内裏宣は広い意味での勅命とみられるものであるが、それの造東大寺司への伝達には、おおまかにみて二つの場合があったことがわかる。一つは①・②・⑤・⑥・⑦・⑧のように、内宣・内裏宣が外部の組織・機関に下された結果として、その組織・機関から造東大寺司に伝達される場合で、造東大寺司の側からみれば間接的な伝達といえる。いま一つは③・④・⑨・⑩・⑪・⑫・⑬のように、内宣・内裏宣が直接造東大寺司に伝えられる場合で、これには⑨の大徳、⑩・⑫の道鏡のように伝達者の個人名が明示されるものとそうでないものとがある。⑮・⑯・⑰・⑱は組織・機関を介しての伝達ではあるが、奉写御執経所・奉写一切経司の特殊な性格からみて、この所・司は内宣・内裏宣を外に対して伝達する機能をも有していたと考えられるから、直接的な伝達に類するものとみることができる。

宣の伝達経路を考える場合に重要なのは、このうちの直接的な伝達である。そこでつぎには、「仰」と「宣」、「令旨」と「宣」との関係を通じて、これをみることにする。

(2)　「仰」と「宣」、「令旨」と「宣」

正倉院文書の初期の写経目録、経疏出納目録などには、しばしば「仰」と「宣」、「令旨」と「宣」が対になってあらわれる。まず一、二の例を示す。

①天平三年写経目録(七-五〜三二)

この写経目録は、天平三年から同九年十一月にいたる間に、皇后宮職写経司で書写された経巻を記した目録であるが、そのなかの天平八年の項につぎのような記述がみられる(七-二五)。

随求即得陁羅尼経　大仏頂経　并複為一巻　三通写
竹幕紙 廿一張 二分切用　中菩薩像画　水精軸
右書、自レ内仰、　大進宣。

意味するところいささか明瞭を欠くが、これらの経巻等は「内ヨリノ仰」によって書写した、そのことを写経司に「宣」した(命令した)のは皇后宮職大進文部赤麻呂である、というのであろう。「内ヨリノ仰」は天皇(聖武)もしくは皇后(光明子)の仰とみるべきであろうから、「大進宣」はそれを伝え宣したことを意味するものと思われる。

②天平十一年四月廿六日写経司啓(二-一六七)

これは経巻七七七巻の書写に要した紫紙・用紙と残った紙を皇后宮職に報告した啓であるが、その後《オク》に別筆でつぎのような文章が書き加えられている。

紫紙二百卌張賜二北家一。奉二令旨一、如レ右。　大進八束宣

令旨を奉って紫紙の残りのうちから二三〇張を藤原氏北家に賜わった、そのことは「大進八束」が宣した、というものだが、「大進八束」は春宮大進藤原八束(北家房前の第三子でのち真楯と改名)をいうものと思われる。続日本紀、天平神護二年三月丁卯条の真楯の薨伝によれば、真楯は天平初年に「起二家春宮大進一」とされているからである。とするとこの令旨は皇太子阿倍内親王の令旨で、それを北家の人物で春宮大進であった藤原八束が皇后宮職写経司に「宣」した(命令した)ということになる。その意味ではこの「大進八束宣」も、皇太子の令旨を伝え宣したという意味のものといえる。

以上の二例は、写経所が皇后宮職に所属していた時期のものであるが、写経機関が金光明寺写一切経所となった期間の史料にも、「令旨」と「宣」が対になって記されている例がしばしばみられる。気づいたものを挙げる。

③天平十五年写経論疏充本用紙帳（八-三六五〜三七〇）
依令旨　進膳令史宣（天平十五年十二月）
依令旨　茨田宣（天平十五年九月）
依令旨　進膳令史宣（天平十五年九月）
依令旨　長官宮宣（天平十五年九月）
④天平十六年阿刀酒主経師写功帳（八-四六六）
依令旨　進膳令史宣（天平十六年五月）
依令旨　茨田少進宣（天平十六年六月）
⑤天平十五年間写経疏目録（八-三七〇）・天平勝宝二年間写経疏注文（一一-一七〇）
依令旨　式部卿宣（天平十六年九月）
依令旨　長官王宣（天平十六年八月）
⑥天平十六年間本経充旧帳（二四-二七六〜二八〇）――一部⑤と重複――
依令旨　長官宮宣（年月日不記）
依令旨　式部尊宣（年月日不記）
⑦天平十七年写経所解（二-四五六）

依令旨　　長官宮宣(天平十七年六月)

つぎのもののように、「令旨」と「奉令旨」が対になってあらわれるものもある。

⑧天平十七年間写経疏未請注文(八‐五八二)

依令旨　　奉令旨市原王(天平十七年十一月)

以上のように、「令旨」と「宣」が対になって記されるのは、天平十五年から同十七年までの間であって、以後はこのような記載はあらわれない。

さて公式令6令旨式条の規定によれば、令旨とは皇太子および三后(皇后・皇太后・太皇太后)の意志を伝達する場合に、春宮坊・中宮職等の官人が作成する公文書をいうとされるが、上掲の令旨の諸例がはたしてそうした文書に記されたものであったかは疑問であって、むしろすべて口頭で伝えられたものとみてよい。

ところで天平十年代の後半には、令旨を発する者が三名いた。そしてその三名にはそれぞれ官司が付属していた。

皇后　　藤原光明子　皇后宮職

皇太夫人　藤原宮子　　中宮職

皇太子　　阿倍内親王　春宮坊

がそれである。したがって単に「令旨」とのみ記されている場合には、それがこの三名のうちのだれの意志から出たものであるかを、いちおうたしかめてみる必要があるように思われる。

上掲の諸例によれば、「令旨」の対としてあらわれる「宣」を下したものに、茨田少進、進膳令史、式部卿、長官宮の四人がいる。これらはそれぞれ

茨田少進　皇后宮職少進茨田枚麻呂(6)

進膳令史　春宮坊進膳(7)監令史高屋赤麻呂

式部卿　知太政官事兼式部卿鈴鹿王

長官宮　金光明寺写一切経所長官市原王

をいうものであるから、茨田少進が宣したのは皇后の令旨、高屋進膳令史が宣したのは皇太子の令旨とみられそうであるが、事はそれほど簡単ではない。なぜならば進膳令史高屋赤麻呂は、写一切経所の発給文書に長官市原王とともに位署を加えていることからわかるように、春宮坊官人であるとともに同写経所の職員でもあったからである。茨田少進についても、確証はないがその可能性が大きい。

このような事情から、個々の令旨がだれの発したものかを比定する作業は放棄せざるをえないのであるが、そうしたこととは別にここで注目しておきたいのは、令旨を伝え宣した者のなかに式部卿鈴鹿王が含まれていることである。これらの文書は、だれの命令によって写経を行い、またそのためにいかほ

どの料紙・筆・墨等を充給したかということを、写経所の下級官人(阿刀酒主・韓国人成・田辺足麻呂等)が記録したものであるから、長官市原王・進膳令史高屋赤麻呂(それに茨田少進もか)は写経所の部内の上司であるが、鈴鹿王は部外者である。つまり写経所の内部からみると、令旨はいったん写経所の上司に伝えられ、その上司によって写経所内に宣し伝えられる場合と、部外者に伝えられた令旨が直接写経所内に宣し伝えられる場合があったことになる。

以上は金光明寺写一切経所の時期のことであるが、天平二十年に造東大寺司が設置され、写経所がその下部機構となって以後は、いかがであったであろうか。この点を、「奉宣」「承宣」の語を手がかりとしてみることにしたい。

(3)「奉宣」と「承宣」

正倉院文書にあらわれる「奉宣」「承宣」などの語と宣の伝達経路との関連については、吉川真司氏も着目され、「請宣」「奉旨」「奉事」「奉」「承」などを含めて三二一の事例を検出したうえで、多くの場合、写経所への直接の指令を行うのは造寺司官人で、それ以外の者の宣はかれらを介して写経所に伝達されること、造寺司官人への宣の伝達には、女官・尼ルート、坤宮官ルート、僧・一般官人ルートの三つのルートがあったこと、などを明らかにされた。吉川氏の見解は委曲を尽していてほとんどつけ加えるべきものはないのであるが、部外者の宣が造東大寺司・写経所に伝えられるときに作成される文書について多少の私見を記しておきたいので、以下に若干の事例を示すことにする。

史料三〇　天平勝宝二年装潢受紙墨軸等帳（一一―一六五）

（天平勝宝三年）
八月廿三日自二政所一納穀紙一百八十張廿張凡紙料充二装潢能登忍人一。

右、依二飯高命婦天平勝宝三年八月廿二日宣一、所レ奉レ写料。

奉宣仰石川朝臣　　他田水主

三嶋

呉原「生人」（自署）

「石川朝臣」は石川豊足で、このとき造東大寺司判官であった。「奉宣仰石川朝臣」は「宣ヲ奉《ウケタマハ》リテ仰セルハ石川朝臣」と読むべきものと思われる。すなわち判官石川豊足は飯高命婦の宣を奉って、写経所の領である経師他田水主らに仰せて下知したのである。すなわちこれは、部外者の宣はいったん造東大寺司官人に伝えられ、写経所へはかれらを介して伝達されるという、吉川氏が指摘された事例の一つである。いま一つ、同様の例を挙げる。

史料三一　天平勝宝七歳経疏出納帳（四―九四）

如意輪陁羅尼経一巻黄紙及表紫檀軸綺緒、宮一切経内者。

右、依㆓伊豆内侍天平勝宝五年六月四日宣㆒、奉㆓請神栄師所㆒。使斐阤益君。

知呉原生人

奉宣次官佐伯宿祢

このような場合、宣を奉った造東大寺司官人は、その宣を施行する文書を作成して写経所に下達することがあった。つぎに示す安都雄足牒は、その例である。この牒は、吉川真司氏が牒型「宣文」の例として示され、本稿でも第一章で同氏の見解を紹介したさいに掲記したものだが、いま一度示すことにする。

史料三二　安都雄足牒（一四‐三二八）

牒　経所案主

一奉写二部経料綺軸俵紙帙、今将㆑給、宣到宜㆔早令㆓装潢㆒。

一更奉㆓仰給㆒、写㆓法華経一部㆒。宜㆘察㆑状、欲㆑奉㆑令㆓紙作㆒。又経師令㆖儲。

右、因八幡内侍宣、宣次官大夫応㆑令㆑奉㆑知。

四月一日奉宣雄足

この牒は、因八幡内侍の宣を「奉宣」した造東大寺司主典安都雄足が、その宣を写経所案主に下達するために作成した、施行文書・下達文書としての牒である。文章が漢文として整っていないのは、因八幡内侍宣が口頭で伝えられ、雄足はそれを耳で聴いたまま記したためであろう。

このように、このとき宣を奉った雄足は、牒という様式の下達文書を作成して写経所にその宣を伝達した。だがそれ以外に、もっと簡便な様式の文書で下達する場合もあった。本稿がこれまでに挙示してきた事例のなかからそうしたものを求めれば、史料一八(a)と史料二〇がそれである。史料一八(a)は主典葛井根道が尼公宣を奉って記し、それを写経所に下達したものであり、史料二〇は次官佐伯今毛人が板野命婦宣を奉って記し、やはりそれを写経所に下達したものである。その意味でこれらは、史料二〇についで関説したように、広い意味での奉書といえる。

これらは、造東大寺司官人に口頭で伝えられたと思われる「奉宣」の事例であるが、「奉宣」の事例をさらに探ると、「宣ヲ奉ル」の意には変りはないが、こうしたものとは異なるケースが存することに気づく。それは、宣を発した者の所属する機関・官司の官人が「奉宣」し、施行文書を作成して造東大寺司に伝達するというケースである。こうした場合には「承宣」とすることもあるが、「奉宣」「承宣」した者が、「宣」した者の直属の部下である点が、さきに挙げた例と異なっている。

史料三三　「紫微内相宣」(四-二七四)

千手千眼経千巻

新羂索経十部二百八十巻

薬師経百廿巻
料紙六千五百張 斐五千五百張 麻紙一千張 且。
右、奉二内相宣一、宜下仰二造東大寺司主典安都雄足一、令中奉写上者。謹奉宣、如レ件。
天平宝字二年七月四日紫微少疏池原君粟守

紫微内相藤原恵美押勝(仲麻呂)の「造東大寺司主典安都雄足に仰せて件の経典を書写させよ」という宣を、紫微中台の下僚である少疏池原粟守が「奉宣」して、その旨を安都雄足に伝達するために作成したのがこの文書である。上級者の命令・意向を近侍者がうけて他者に対して伝達するために作成された文書であることを重視するならば、この文書もまた奉書・御教書であるといえる。それゆえ『大日本古文書』のように、これを「紫微内相宣」と称するのは不適当である。またちなみにいう。このとき少疏池原粟守が内相宣を手控えとして書き記したと仮定してみよう。それはつぎのようなものとなったはずである。

内相宣、宜下仰二造東大寺司主典安都雄足一、令中奉写上者。
天平宝字二年七月四日少疏池原君粟守奉宣

これこそがまさしく宣旨である。安都雄足に「仰セヨ」と命ぜられたのは、ほかならぬこの宣を「奉宣」した池原粟守なのである。

もう一つ、例を挙げる。

史料三四　奉写御執経所請経文（五―三〇八）

奉写　御執経所

応㆓奉請㆒十住断結経一部十巻

右、被㆓内典司尚書従五位下奈良女王宣㆒偁、為㆓御覧㆒、上件経、従㆓東大寺㆒奉㆓請内裏㆒。今依㆓宣旨㆒、差㆓使竪子丹比小家㆒、令㆓奉請㆒、如㆑前。

天平宝字六年十二月廿一日承宣日置浄足

これは「承宣」の例である。史料三三と同じく文書の様式名を記していないが、内典司尚書奈良女王の宣（これは事実上の奉勅の宣である）を、奉写御執経所の下僚の日置浄足が「承宣」し、その旨を造東大寺司に伝達するために作成し施行された下達文書である。したがってこれもまた広い意味での奉書・御教書といえるが、奉写御執経所およびその後身の奉写一切経司が発給したこの種の文書には、移または牒の様式を用いたものがある。

そのほか、これに類する文書は多いが、ここでは省略する。

「奉宣」「承宣」の語を手がかりとして知りえたことは、以下のようなことであった。造東大寺司からみて部外者の者が同司に対し宣を伝える場合には、①その宣が造東大寺司官人に直接伝えられる場合と、

②宣を発する者が所属する機関の下僚に伝えられ、これをうけた下僚が文書を作成して造東大寺司に伝達する場合とがあった。②の場合に作成される文書は、後世いうところの奉書・御教書に相当するものであるが、①の場合にその宣が造東大寺司官人からさらに写経所に伝達されるときにも文書が作成されることがあり、この文書も奉書・御教書に擬せられる。これを図示すればつぎのようになる。

① 部外の命令者 →（宣・口頭）→ 造東大寺司官人（奉宣） →（下知・下達・口頭または奉書発給）→ 写経所

② 部外の命令者 →（宣・口頭）→ 下僚・近侍者（奉宣・承宣） →（伝達・奉書発給）→ 造東大寺司

この二つの宣の伝達経路は、のちに詳しく述べる上宣の伝達経路と重なりあう。いまかりに「部外の命令者」を上卿に置きかえれば、①は上宣が直接諸司に下されるケース、すなわち下諸司宣旨となる。同様に②の「部外の命令者」を上卿に、その者の属する組織・機関を太政官に置きかえれば、上宣が外記もしくは弁官に下される下外記宣旨・下弁官宣旨となり、それをさらに文書によって他の機関・組織に伝達するときは、下弁官宣旨ならば太政官符・太政官牒・官宣旨を作成して下達するのである。すなわちそれは、史料三三・三四のような文書の発給と同じである。つまり、国政機関としての太政官機構における上宣の伝達と施行文書・下達文書発給のシステムは、八世紀の造東大寺司を介してみたものと、同じなのである。このことは、造東大寺司のみでなく、一般の令制諸官司にもあてはまることであろう。

四　宣旨の語義

この節の最後に、八世紀に「宣旨」という語がどのような意味の言葉として使用されていたかをたしかめておくことにする。

管見によれば、「宣旨」の語の史料上の初見は、朝野群載、巻二十一、凶事に収める天平九年六月の典薬寮勘文である。疱瘡の治療法を「宣旨」に依って勘申したもので、その結果は類聚符宣抄、巻三に収める、この病気の治療法を西海道を除く六道諸国に指示した天平九年六月廿六日太政官符に盛り込まれているから、この「宣旨」は太政官もしくは弁官のものであったことがわかるが、どのような方法もしくは様式のものとしてこの「宣旨」が出されたかは、不明とするほかない。

さて、正倉院文書には「宣」とともに多数の「宣旨」の語をみることができるが、しかしそれらはみな「宣ノ旨《ムネ》」と解すべきもので、後世の宣旨《センジ》のような特定の意味内容をもつ語であったとは、とうてい考えられない。たとえば史料三四にみえる「依㆓宣旨㆒」は、奈良女王の宣の旨により、の意であって、これと史料二一の「承二知此旨一」との相違を認めることは困難であろう。後者の「此旨」もまた、大尼延證の宣の旨の意であるからである。天平十七年正月七日玄蕃少属秦道成状(二五-一三一)のように「中納言尊宣」を指して「宣旨」とも「宣語旨」ともいう例、天平十五年間写経疏目録に「天平勝宝二年三月一日玄蕃頭王宣」(八-三七〇)、天平勝宝二年間写経疏注文に「天平勝宝二年三月一日長官王宣」(一一-一七二)と記すものを、天平勝宝二年八月六日写書所解では「勝宝二年三月一日仰給旨」(一一-三六三)と記している例、天平宝字五年二月廿二日奉写一切経所解(一五-二八)のように「装束忌日御斎会司今月廿日口宣」を「宣状」とする例などもみられる。またつぎのようなものもみられる。天平勝宝二年六月の写書所解は四通の草案が残されている(一一-二八〇~三〇〇)。かりに(A)・(B)・(C)・(D)とすると、(A)での書止文言のなかの「依二去年六月仰給旨一」は、(B)・(C)・(D)では「依二去年六月宣旨一」と書きかえられている。こうした例からみても、正倉院文書にみられる「宣旨」の語は「宣ノ旨」の意のものであって、特定の概念をもつものではなかったことが知られよう。なお付言すれば、正倉院文書にみられる「宣旨」の用法には、右のように「依二某年某月某日宣旨一」というものはあっても、後世のように「某年某月某日宣旨偁」とする例は皆無である。このこともまた、「宣旨」の語が特定の概念や特定の様式の文書を意味する言葉ではなかったことの証左といえよう。

結局、八世紀の史料にみられる「宣旨」は、単に「宣ノ旨」を意味する語でしかなかったといえよう。

それは太政官符の旨をいう「符旨」、牒の旨をいう「牒旨」、移の旨をいう「移旨」などと、同様の言葉であった。ついでながら延暦七年三月五日五百井女王家符案(『平安遺文』三号)では、五百井女王の「命」を指して「命旨」といっている。これも同じ用法である。そのような「宣旨」の語が、いつごろから、どのようにして、特定の概念をもつ語に転じたのか、あるいは転じなかったのか。この点は次章以下でみることにしたい(8)。

(1)　今江広道「内侍宣・口宣案」(『日本古文書学講座』3、古代編II、前掲)。以下本章で今江氏の見解として言及するものは、すべてこの論考による。

(2)　土田直鎮「内侍宣について」(前掲)。以下本章で土田氏の見解として言及するものは、すべてこの論考による。

(3)　吉川真司「奈良時代の宣」(前掲)。以下本章で吉川氏の見解として言及するものは、すべてこの論考による。

(4)　拙稿「公式様文書と文書木簡」(前掲)。

(5)　佐藤進一『古文書学入門』第三章第二節㈣(前掲)。

(6)　竹内理三・山田英雄・平野邦雄編『古代人名辞典』(一九五八～七七年、吉川弘文館)は、茨田枚麻呂を中宮職少進とする。その根拠は天平十七年四月十八日付の前欠の大粮申文(二‐三九九)の位署にその名がみえ、『大日本古文書』がこの申文を「中宮職ノ解ト認メラル」としたことにあるが、これは以下のような理由により、誤りである。(1)中宮職の大粮申文は、天平十七年四月十四日付のものが別に存する(二‐三九八)。一つの官司が翌五月料の大粮を二度請求することはありえないから、この前欠の申文は中宮職以外の官司のものである。(2)少進茨田枚麻呂とともに加署している者に「従八位下守少属川原蔵人假」とする者がいるが、これは川原蔵人凡のことで、この人物は天平十八年三月十六日付の皇后宮職牒案に「従七位下行少属川原蔵人凡」という位署を加えている(九‐一三九)。以上の二点により、茨田枚麻呂は皇后宮職少進とすべきである。

(7) 進膳監は大宝令での名称で、養老職員令では主膳監。

(8) 本稿では、本文に記したように、八世紀の史料にみられる「宣旨」の語は、「符旨」「牒旨」「移旨」などと同じように「宣ノ旨《ムネ》」と解すべきであるとした。しかし同じ「旨」を有する語でも、「勅旨」と「令旨」はやや特殊なようである。もちろんこれらも「勅ノ旨」「令ノ旨」と解してさしつかえない場合もあるが、しかし一方では公式令に勅旨式・令旨式があって、特定の様式の文書をも意味する。史料上にあらわれる「勅旨」「令旨」にはそのいずれであるかを決めがたいものが多いが、さしあたりここでは、「勅旨」「令旨」を、「符旨」「牒旨」「移旨」(そして「宣旨」も)などとは区別しておくことにする。

〈付説〉奉書の起源について

一

第三章において、私はしばしば奉書・御教書に言及した。八世紀の文書のなかに奉書・御教書ないしそれと同じ機能をもつ文書が存するなどということは、これまでの古文書学では全く顧られなかったことである。綸旨・院宣に代表される奉書・御教書は、平安時代にいたって書札すなわち私文書から生まれたとみられているからである。(1)だが史料二七として掲げた安宿宮請経文は、明らかに奉書・御教書である。そう断定するのがいい過ぎならば、少なくとも奉書・御教書の機能を有した文書であるといってよい。なぜならば、この文書は、安宿王家の家政に従事する貴室虫麻呂が、主人安宿王の意を体して記し、虫麻呂の名によって造東大寺司に差出した書状であるからである。そこでこうした事例を他に求めながら、奉書・御教書の起源についての私見を述べておくことにしたい。

二

はじめにやはり、従来の古文書学がいうところの奉書・御教書の定義をたしかめておくことにしたい。

まず相田二郎『日本の古文書』(2)からみると、この書では最初に書札様文書一般について、平安時代中期まで行われていた私文書としての消息書状は、それ以後、差出者本人が記して出す直状《ジキジョウ》としての消息書状と、「高い地位にある者が、自から直接出すべき消息書状に代へて、側近に奉仕する者に意を伝へて、之を文書に書かしめるもの」すなわち「奉仕者が、上位の者の意を奉じて出す文書」としての「奉書御教書」との二種に分かれるにいたったと述べたうえで、後者を総称して奉書といい、それには、蔵人が天皇の仰を承って出す綸旨、院司が上皇・法皇の仰を承って出す院宣、その他の皇族の仰を側近者が承って出す令旨、だいたい三位以上の公卿もしくはこれに準ずる者の仰を家司などが承って出す御教書などがあった、とする。

つぎに佐藤進一『古文書学入門』(3)でも、以下のようにいう。奈良時代の私文書としての状・啓には、大別して六つの様式のものがあったが、そのなかには後世の書状様式に連なるものがあった。しかしそうした私人の書状であっても、地位身分の高い者は直接自ら筆をとらずに、侍臣に認《シタタ》めさせるということが行われるにいたった。これは単に侍臣に代筆させるという意味ではなく、侍臣が主人の意を奉じて、侍臣の名で書状を認めるという体裁をとるものである。これの差出書の部分には主人の意をうけて筆をとった侍臣の名が書かれるが、多くの場合その下に奉という字を小さく書く。これはウケタマワルと読んで、主人の意をうけたまわったことをあらわしたものである。このように同じ書状でも差出者が直接出すのではなく、その侍臣、右筆(祐筆)が主人の意を奉じて出す書状を総括して奉書《ホウショ》という。平安時代には、三位以上の人の奉書はこれを敬して御教書と称された。そして三位以上のなかでもさらに特殊な地位身分の人の出す奉書には種々の名称が付せられ、天皇の場合には綸旨、上皇の場合には院宣、皇太子・三后以下、親王・内親王の場合は令旨と称された。

日本歴史学会編『概説古文書学』古代・中世編(4)でも簡潔につぎのように述べる。「書札のうち、事実上の発信者が自ら差出人として発するものを直状《じきじょう》といい、事実上の発信者の意を奉った者が形式上の差出人となって発するものを奉書《ほうしょ》と呼ぶ。すなわち、奉る者の書状が奉書である。そして、三位ないし参議以上(公卿)相当の貴人の仰を伝える奉書を御教書と呼ぶ」。そのうえで、仰の主体による固有の名称があったとして、上皇・法皇の場合は院宣、天皇の場合は綸旨、皇太子・三后・親王等の場合は令旨、摂政の場合は摂政御教書、検非違使別当の場合は別当宣、氏長者の場合は長者宣・是定宣、知行国守の場合は国宣、諸院家寺社の場合は諸家御教書といったとする。

このように、今日の古文書学における奉書・御教書の定義には、全く揺れがない。それは、上級者の意を奉じた侍臣・側近者がそれを文書として書き記し、侍臣・側近者の名によって他者に差出したものである。この定義を確認したうえで、もう一度史料二七をみてみよう。くりかえしていうことになるが、この文書は、造東大寺司から本経三巻を奉請(借用)したいという安宿王の意を体して、安宿王家の家政に携わる貴室虫麻呂が書き記し、貴室虫麻呂の名によって造東大寺司に差出されたものである。しかも受取った造東大寺司の側も、史料二六にみられるようにこれを「安宿宮宣」「安宿王宣」と認識していて、表面上の差出者である貴室虫麻呂の命令だとはみていない。これはさきの定義にぴったり一致するではないか。史料二五として掲げた市原王高僧伝奉請文が市原王みずからが書き記して造東大寺司に提出した直状であるのに対して、史料二七の安宿宮請経文はやはり奉書であるといわざるをえない。奉書は、平安時代以降に発生した文書様式であったのではなくて、このように八世紀から存在した文書様式なのである。ならば正倉院文書のなかにはどのような類例が存するか。つぎにこの点をたしかめることにしたい。

三

史料三五　天平十八年写経料銭経師布施等注文案帳(九-一九八)

進上紙卌六張、此成二一巻一。端不レ切計レ高、如二官計一、数二一枚一、五十許。

「(異筆)前件紙、如二所レ申状一、令レ打欲レ得。今以レ状謹啓。若无二駆使丁一、使レ用二之造丈六院銅守優婆塞等一。佐伯若子之宣、如レ件。

二月廿七日葛野古万呂状

」

上　写経所

これは吉川真司氏が、「宣旨のような文書」「個人の文書で宣を伝えるもの」すなわち氏のいわゆる「宣文」として掲げられているものの一つで、かつ「宣旨の起源」と考えておられる状型「宣文」である[5]。しかしこれは、奉書もしくは奉書と同じような機能をもった文書とみるべきである。実は同氏が「宣文」として挙げておられる二〇例のうちの多くのものは、氏のいう状型・牒型を含めて、同様の性質の文書なのである。

史料三五の前半は、写経所から金光明寺造物所に提出された上申である。いささか難解だが、意をくんでつぎのように解してみた。「進上する紙は四六張で、これを以て一巻としたい。紙の端は切らずに高さを計《はか》り、官計(法定規準をいうか)の如くに一枚を数えれば五〇張ばかりとなる」と。これに対する回答が異筆で同じ料紙に書入れられた葛野古麻呂の状である。その回答はつぎのようなものであった。「この紙については、申し出のとおりに打たせ、紙を得ることにしたい。この旨、状を以て啓する。もし駆使丁がなければ、これには造丈六院銅守の優婆塞等を用いてよい、という佐伯若子の宣があったので、これを伝える」。この啓もしくは状は、写経務所に送られた。

これで了解されるように、「佐伯若子之宣」は異筆の葛野古麻呂状によって写経務所に伝達された。「佐伯若子」は大養徳少掾佐伯今毛人であって、このとき金光明寺造物所の官人でもあった。葛野古麻呂はその下部組織である写経所の領であったらしい。つまり今毛人と古麻呂は上司と下僚の関係にあったのである。したがって古麻呂の状は、上司の意をうけて古麻呂が記し、写経務所に宛てて差出した、奉書と同じ機能をもった状とみなければならない。本稿ではこのようなものを、かりに奉書類と呼ぶことにする。

史料三六　市原王状(二四-五六二)

一、測法師疏

右、承二尼公宣一云、第一巻写并本、以二明日一且奉二請内裏一者。宜レ照二此旨一。若今日不レ敢、夜

必欲レ令レ写。

一、国師御馬速去。知寺官、東門令レ奉レ入。

(天平二十一年)二月廿五日市原

市原王の自筆の状すなわち直状であるが、前半は尼公宣をうけてこれを伝達するためのものである。

市原王は尼公の近臣・側近者ではないが、「第一巻写アハセテ本、明日ヲ以テカツガツ内裏ニ奉請セヨ」

という尼公宣の背後には天皇もしくは皇后があるから、尼公と市原王との関係は上位者と下位者になぞらえられる。これも奉書様の状である。

史料三七　「坤宮官紙墨筆及雑物送文」（一四-三〇八）

(端裏書)
「送二東寺安刀佐官(雄足)所一」

写一切経料紙墨筆及雑物、勘注申送。太師宣。

天平宝字四年二月十日

坤宮大疏高丘比良麻呂奉

これは吉川氏が状型「宣文」の典型として示されたものだが、第一章ですでに述べたように、むしろ典型的な奉書とみるべきものである。太師恵美押勝の意をうけて、坤宮官の大疏高丘比良麻呂がこの文書を作成し、端裏書にあるように東大寺安刀佐官所に送付したのである。比良麻呂の署名の下に「奉」とあるのも、後世の奉書での同様の書様に連なるものである。

以上、さしあたり三例をあげたが、正倉院文書にみられる奉書類は、史料二七のようなものよりも、史料三五・史料三六・史料三七のように、下位者が上位者の宣を引用して他者に伝達するという形式のものが多い。同様の例をこれまで本稿が扱った事例で示せば、史料一八(a)・史料二〇・史料三三・史料三四がある。このうち尼公宣を造東大寺司主典葛井根道がうけて記した史料一八(a)は、奉書類の文書であるかそれ以外の文書であるか(それ以外の文書の場合は宣旨ということになろう)を慎重にみきわめる必要があるものであるが、「今状注申送(今、状ヲ注シテ申シ送ル)」という送付の文言があることからみて、すでに述べたように奉書と判断される。これに対し史料二〇は板野命婦の宣を造東大寺司次官佐伯今毛人がうけてこれを伝達し、史料三三は紫微内相の宣を紫微少疏池原粟守がうけてこれを伝達し、史料三四は内典司尚書奈良女王の宣を日置浄足がうけて伝達したものであることが、それぞれ一見して知られるものである。ところが史料三二をみると、これらと同じように因八幡内侍宣を安都雄足が奉って書き記し、それを経所案主に伝達したものでありながら、ここでは「牒」という文書様式の名称を記している。とすれば、こうした下位者が上位者の宣を他者に対して伝達する奉書様の文書は、公式令に定める文書様式とも無関係ではないことになる。

四

個人の差出す牒が下達文書として用いられ、それが奉書と無関係なものではないということは、かつて五通の道鏡自筆の牒を示しながら述べたことがある。(6) すなわち五通のうち四通は「牒」という様式名を記し一通はそれを記さないが、いずれも下達文書であって、しかもそのうちの一つは大尼延證が宣した勅を伝達する牒(史料二一がこれに当る)であり、また二通は内宣を伝達する牒(第三章第二節三(1)の

⑩・⑫がこれに当る)であった。つまりこれらの三つの牒は、道鏡が女官もしくは尼を介して勅を奉り、道鏡みずからが書き記して下達した、奉書としての牒であったわけである。

このような眼で正倉院文書をみると、そのような奉書としての牒がきわめて多く存在することに気づく。私が知りえたなかで時期の早いものとして、つぎのようなものがある。

史料三八　造物所自所々来書帳(九―二〇八)

牒　造物所

紙三百十九張十九張裏并端継料

右、令レ継ニ打堺一、欲レ得ニ其堺法一者。今追将レ奉レ送。石川大夫宣。(マ、)和以牒。

(天平十八年カ)十一月十二日奉令史小野国方

「真人」(自署)

春宮大進石川豊人の宣を、金光明寺造物所の令史小野国方(令史という官職名からすれば、春宮坊の職員でもあったか)がうけてこの牒を作成し、造物所に伝達したものである。自署「真人」は造物所の史生田辺史真人のことで、この牒を受領したことを示す自署であろう。

こうした奉書としての牒で興味深いのが、やや時期の降る奉写御執経所の一群の請経文である。これらは造東大寺司に経巻の奉請(借用)を申し入れたものであるが、さきに史料三四として示したように、宣を伝達する奉書様文書として、文書の様式名を記さないものが多い（五-四三三、四三四、四四一、四四六、四五一、四五三、四五六、四五九、四六二、四六八、四六九、四七〇、四七二、四七八、一六-四四一、四五一、四五二、四五六、四六三、四六七など）。ところが天平神護元年から同三年にかけては、内容のうえではそれまでの請経文と全く変るものではないのに、「奉写御執経所移造東大寺司」という移の様式名をもつもの（書止は「以移」）があらわれる（一六-四三五、四三六、四四三など）。しかも造東大寺司の側では、様式名を記さない請経文も「移」とする請経文も区別せずにこれを「牒」「牒旨」と呼んでいる。つまり奉書としての牒のほかに奉書としての移もあったのであるが、それを受領した側はおしなべてこれらを牒として意識していたのである。

ところで、上級者の宣を下級者がうけ、それを文書に記し載せて他者に対し発給する奉書様文書の様式として、牒だけではなく移も用いられたのだとすれば、牒・移以外にも用いられたものがあるのではないか。このように設問したとき、ただちに想い起すのは上宣を施行する太政官符であり太政官牒・官宣旨である。つぎの奉写御執経所請経文をみられたい。

史料三九　奉写御執経所請経文（五-四六二）

奉写　御執経所

提違経

右、被二錦部命婦一〔宣脱〕偁、件経、速請二於東大寺山階等寺一者。仍差二内竪八清水城守一、令二奉請一如レ件。
事依二勅旨一。不レ可二延緩一。

天平宝字七年十一月廿四日乾政官史生因幡国造田作

主典志斐連麻呂

すでにみたように、この種の請経文の実質は牒であるから、発給者の位署は移式を準用して年月日の下とその次行に記されている。しかもこの文書には、「事勅旨ニヨル。延緩スベカラズ」という施行を命ずる文言が記されている。ということは、「錦部命婦(宣)」を上宣にかえ、様式を符に改めて太政官符とし、年月日と発給者の位署の位置を符式の如くに改めて弁と史が加署したならば、ただちに奉勅上宣官符に転ずるわけである。その意味で、奉勅・非奉勅の上宣官符もまた、広い意味での奉書類の文書であったということができる。

奉書は、決して平安時代の中期以降にあらわれた文書様式ではない。八世紀にはやくもその様式の文書は存在していた。またそれはかならずしも私文書から生まれたものではない。上級者の宣を、下級者が奉って文書を作成し、符・移・牒の様式の文書として下達・発給するというように、公式様文書とも無関係なものではなかったのである。

（1） 従来の古文書学では、天皇の意志を伝える奉書を綸旨、院の意志を伝える奉書を院宣、三位以上の者およびこれに準ずる者の意志を伝える奉書を御教書として区別するが、綸旨をも御教書と称することは平安・鎌倉期の記録に散見する。たとえば平戸記寛元三年二月七日条参照。

(2) 相田二郎『日本の古文書』(前掲)では、中編第三部第二「書札様文書平安時代末期以後」において奉書・御教書について記述する。

(3) 佐藤進一『古文書学入門』(前掲)では、第三章第二節㈣に公家様文書としての綸旨・御教書の項、同第三節㈢に武家様文書としての御教書・奉書の項を設け、奉書・御教書の一般的定義は前者において行われている。

(4) 日本歴史学会編『概説古文書学』古代・中世編(前掲)では、第三の三の㈡に御教書の項を設け、奉書・御教書について記述する。富田正弘氏の執筆。

(5) 吉川真司「奈良時代の宣」(前掲)。

(6) 拙稿「公式様文書と文書木簡」(前掲)。

第四章　九世紀・一〇世紀の宣旨の個別的検討

この章では、九世紀・一〇世紀の個々の宣旨について、その形式や様式ではなく、その内容にたちいって、だれがなにをどこへ伝えたのかを弁別することを通じて、宣旨を類別することにする。はじめに、なぜそのように個々の宣旨の内容にたちいって検討する必要があるのかという理由を述べておく。

私が、宣旨とはそもそも、太政官が発給する太政官符や太政官牒・官宣旨などと同じような意味での施行文書・下達文書であるのか、という疑問を強く抱くようになったのは、第一章に史料二として掲げた朝野群載、巻十二、内記に収める「奉位記宣旨書様」の存在を知ったときである。これを再び記せば、つぎのような様式の宣旨である。

奉位記宣旨書様

位行某納言兼某官姓朝臣名宣、奉レ勅、宜レ令レ作下件某叙二某位一之位記上者。

年月日　従五位上行大内記兼某国介姓朝臣某奉

これは伝宣草等のいう下内記宣旨の雛型すなわち様式を示したものであって、「位行某納言兼某官姓朝臣名」が上卿であるから、これは奉勅の上宣の宣旨である。そしてその内容は、「件某」を「某位」に叙する位記を作成させよという勅が出され、この勅を上卿の「位行某納言兼某官姓朝臣名」が奉って宣し、それを内記の「従五位上行大内記兼某国介姓朝臣某」が奉った、というものである。ところでここで注意しておかなければならないのは、位記を作成するのはほかならぬ内記の職掌であるということである。したがって天皇の「某を某位に叙する位記を作らしめよ」という命令は、「内記に伝達して作らしめよ」の意であり、その命令を上卿「某納言」が奉って宣したのである。だれに対して宣したかといえば、それはいうまでもなく位記作成の任にあたる内記に対してである。そしてその宣を「大内記某」が奉ったのである。つまり「大内記某」は受命者であって、その受命者がこの宣旨を記すのである。もし宣旨が施行文書・下達文書であるとしたならば、受命者の「大内記某」は、どこに対し、だれに対し、これを施行し、下達するのであろうか。もしかりに施行し下達する必要があったとしても、その対象は他の官司ではありえず、考えられることは自分の同僚・下僚である他の内記(内記の定員は大内記・中内記・少内記各二人)に通知することくらいであろう。しかしそれは、一般的な意味での施行・下達とはいえない。つまり、宣旨として記されたこの文書は、受命者の内記が書き記した内記どまりの文書なのである。

もう一つ、いわゆる内覧宣旨の場合をみよう。

ある人物に対して内覧の任を与えるときには、通常二種類の宣旨が作られた(但し史料上それが確認できるのは藤原道長以後)。これを一般に内覧宣旨という。その典型を左に掲げる。

史料四〇　朝野群載、巻七、摂籙家

(a)権大納言源朝臣師忠宣、奉レ勅、太政官所レ申之文書、先触ニ権大納言藤原朝臣一可ニ奉行一者。

康和元年八月廿八日　　大外記兼博士主税権助播磨介清原真人定俊奉

(b)権左中弁源朝臣俊賢伝宣、権大納言藤原朝臣顕光宣、奉レ勅、官中雑事、宜下触ニ権大納言藤原朝臣道長一奉行上者。

長徳元年五月十一日　　左大史小槻宿祢奉[1]

(a)は藤原忠実のときのもの、(b)は藤原道長のときのものである。そして(a)が下外記宣旨、(b)が下弁官宣旨である。なお付言すると、藤原忠実の日記殿暦の康和元年八月廿八日条には、「今日被レ下ニ内覧宣旨一。於ニ枇杷殿一有ニ此事一。大外記定俊持ニ来宣旨一。召ニ定俊於対西面一、自見ニ宣旨一」と記されているから、(a)の下外記宣旨はたしかに当事者である忠実の許にもたらされ、忠実みずからがこれを「見」ている。しかし忠実は、この宣旨を受領したとは記していない。

さてここでは、宣旨の内容に注目したい。(a)の下外記宣旨は、「太政官」が申すところの文書は(天皇が見るよりさきに)忠実に見せて奉行せよ、という勅を、上卿権大納言源師忠が奉って宣し、これを大外

記清原定俊が「奉」じたものである。ここでいう「太政官」は、広義の太政官のなかの少納言局(外記局)であって、ここを経由する文書はすべて外記局の所管である。ということは、(a)は、外記局が取扱う文書は天皇よりさきに忠実に見せよ(これが内覧である)という命令を、ほかならぬ外記に命じたものなのである。したがって「奉行スベシ」と命ぜられたのも外記である。つまり外記は受命者なのであり、その受命者が、受けた命令を奉ってこの宣旨を書き記している。そしてまたここには、その命令を内覧の当事者である藤原忠実にどのような方法で伝達するかについては、全く言及されていない。

受命者が外記であって内覧の当事者ではないということは、藤原道長の内覧のときの(a)に相当する日本紀略長徳元年五月十一日条の記事をみることによって明らかとなる。そこには「仰二外記一云、太政官所レ申文書、先触二権大納言藤原朝臣道長一可二奉行一者」と記されている。(a)に相当する内容のことが、上卿から外記に仰せられたのである。当事者の道長に伝えられたのではない。このときも仰をこうむった外記は(a)のような文書を書き記したであろうが、その文書の内容はあくまでも外記に対する命令を記述したものである。

同様のことは(b)下弁官宣旨についてもいえる。(b)は、「官中」の雑事は(天皇に知らせるよりさきに)道長に知らせて奉行せよ、という勅を、上卿の権大納言藤原顕光が奉って宣し、これをうけた権左中弁源俊賢が伝宣し、それを左大史小槻奉親が「奉」じたものである。ここにいう「官中」の「官」とは、いうまでもなく弁官をいう。広義の太政官内の別局としての庶事受付機関、すなわち諸司の行政事務報告の上申を「受」け、太政官符・太政官牒・官宣旨等を作成・発給して行政命令を諸司に「付」す機関としての弁官である。(b)は、弁官が扱うそうした「雑事」を天皇よりさきに道長に知らせて(これが内覧である)奉行せよ、というのである。したがってこの(b)の場合も、その命令は弁官に対して下されたのであり、それを「奉」じた史は受命者である。(a)で外記が上宣を直接「奉」じているのに、(b)では弁が伝宣した上宣を史が「奉」じているのは、「太政官」すなわち少納言局(外記局)が大臣・納言・参議からなる国政審議機関に直属する下部機関であるのに対し、弁官はそれから相対的に独立した広義の太政官内の別局であったからであって、上宣はまず弁官の官長(官長は、長官と、長官の任務を代行できる次官を併せていう語)である弁に宣せられ、これを弁は史に伝宣するという手続がとられる。この点はのちに述べるように、上宣が直接八省に下される場合も同じである。それはともかくとして、この(b)の場合も、弁官に下された奉勅による上宣の命令が、内覧の当事者である道長にどのような方法で伝達されるかについての言及は全くない。

以上にみてきたことから明らかなように、内覧宣旨といわれる(a)・(b)二つの文書の述べるところのものは、いずれも、内覧を行うことになる当事者(道長・忠実)にそのことを命じたものではない。内覧宣旨は、太政官において庶政を担う外記局と弁官局に対する命令を、それぞれの受命者が書き記したものである。この点は「奉位記宣旨」すなわち下内記宣旨の場合と同じである。したがってこのような手続を経て作られ、またこのような内容の盛り込まれた宣旨を、太政官符・太政官牒・官宣旨などと同列の施行文書・下達文書とみなすことは、とうていできない。それにもかかわらずこれまでは、施行文書・下達文書さらには支配文書とみられてきた。個々の宣旨について、その内容にまでたちいって検討しなければならない理由は、ここにある。

なおこの章では宣を上宣のみにかぎらず広くとり、その伝達と、そのとき記された宣旨について検討するが、便宜上、上宣とそれ以外の宣とを区別して考察することにする。

第一節　上宣の伝達

ここでは、奉勅と非奉勅を問わず、上宣がどのようにして伝達され、またそのときどのような文書が記され、そして上宣はどのように「施行」されたかをみる。

一　下外記宣旨の内容とその「施行」——上宣の伝達㈠——

九世紀・一〇世紀に記された下外記宣旨は、今日、類聚符宣抄・別聚符宣抄・政事要略・朝野群載などに数百点残されている。あまりに多量なので、そのすべてに言及するのはとうてい不可能であるが、その記述内容すなわち上宣の内容によって分けると、つぎの二種類に大別することができる。

A上宣の内容が外記の職務・職掌にかかわるもの。あるいはそこまで限定されないまでも、その内容の及ぶ範囲が少納言の職務・職掌、納言・参議等の職務・職掌にとどまるもの。要するに太政官の全組織から弁官を除いた「太政官」の職務・職掌の範囲内におさまるもの。これをA類とする。

B上宣の内容が、外記・「太政官」の職務・職掌の範囲を超え、外記・「太政官」以外にもかかわりを有するもの。したがって外記・「太政官」以外の官司・機関に対して伝達することを必要とする内容のもの。これをB類とする。

(1)　A類下外記宣旨

まず、上宣の内容が外記・「太政官」の職務・職掌のみにかかわるA類下外記宣旨をみる。

史料四一　類聚符宣抄、巻六

右大臣宣、施薬院告朔帳、承前之例、収㆓於弁官㆒。自今以後、宜㆑改之収㆓於太政官㆒者。

弘仁四年正月一日　少外記船連湊守奉

これは施薬院告朔帳について、弁官から「太政官」への管掌の変更を指示した上宣である。したがって受命者は「太政官」の外記で、その外記が奉って書き記したのがこの宣旨である。但し内容からみて、同一内容の上宣が弁官にも下されていなければならないが、その内容は他の官司には全く関係のないものである。

史料四二　類聚符宣抄、巻六

朔及旬日朝座政応レ申ニ中納言一事

右大臣宣、身不レ堪レ上ニ於朝座一。因已廃レ政。於レ理不レ穏。宜下件日之政、申ニ中納言一、莫上闕ニ常例一者。

弘仁四年正月廿八日　少外記船連湊守奉

弘仁四年正月には藤原園人が右大臣で一上《イチノカミ》(最上席の公卿)であったが、その下に大納言がおらず、中納言に藤原葛野麻呂・巨勢野足・藤原縄主の三名がいた。「政」は外記が申す政であるが、それを朝座で上卿として聴き決裁するのは、従前は原則として左右大臣もしくは大納言で、中納言はそうした資格をもたなかったから、[2] 右大臣藤原園人が病気で朝座に出席できないと、朔政・旬日政を行うことができなくなる。そうした好ましくない事態を回避するために出されたのがこの上宣で、中納言にも上卿として政を聴く資格を与え、外記に対し中納言に政を申すべきことを園人自身が指示したものである。それゆえこの上宣は、右大臣園人の個人的な宣としての性格の強いものであるが、その受命者はいうまでもなく外記であって、外記はこれをさらに他司に対して伝達する必要はない。

史料四三　類聚符宣抄、巻六

応二検収一使司所レ進文記事

右、被二右大臣宣一偁、凡厥文記、本備二遵行一。若有二失錯一、何足二准拠一。而今掌客文記、錯誤者多。此是外記不レ加二検察一所レ致也。自今以後、諸使文記、宜下細披検、而後収置、即彼収帳録中検人名上、若有二失錯一、随レ事科附〔者脱〕。

弘仁六年正月廿三日　　大外記豊宗宿祢広人奉

使司の文記すなわち復命報告書はのちのちの準拠とすべきものであるのに、今回渤海使掌客が提出した文記には錯誤が多い。それは外記が受領したさいに検察を加えなかったためである。今後は、諸使の提出してきた文記は、外記がこまかく検討してそののちに収置し、収置したことを記録する帳簿には検収した外記の人名を記録しておくこととせよ。後日失錯が発見されたならば、その外記を処罰する。以上が上宣のいうところである。外記のみを対象とした命令である。

史料四四　類聚符宣抄、巻六

中納言兼左近衛大将藤原朝臣宣、奉レ勅、自今以後、渤海使者来着消息、所在国司言上之日、宜下参議已上共会、案二検承前記文一、預定中供客諸事及執事人等上。不レ得二臨レ時屢奏一。漏失之状者、宜二外記

等存レ意挙聞一。〔者脱〕

弘仁九年四月五日　　　大外記船連湊守奉

前半は参議以上の議政官にかかわる命令で、後半は外記に対する命令。所在の国司から渤海の使者が来着したという報告があったならば、その日のうちに参議以上が会合して、過去の記文を参考にしてあらかじめ供客の諸事や執事人等を決めておき、使者の入京後にいちいち天皇に奏上するようなことをするな。公卿等があらかじめ決めたことに遺漏があるようなことがあれば、外記等は留意してその旨を挙聞せよ、という。「太政官」にかかわるものとして外記が受命した。

史料四五　類聚符宣抄、巻六

大納言藤原朝臣宣、凡所レ行官符、即承知之符、可レ下二所司一。而頃年之間、或忘不レ行、遂令二雑務稽留、諸使擁滞一。此官史闕怠之所レ致也。自今已後、外記存レ意、不レ副二承知一、莫レ関二踏印一。〔者脱〕

弘仁十年六月十九日　　　少外記宮原宿祢村継奉

はじめの「所レ行官符」は、下文に「諸使擁滞」とあるから、諸国へ太政官符を下すことをいうものとみられる。「諸使」は諸国から上京する四度使などをいう。「承知之符」とは、諸国に下した太政官符の内容にかかわりをもつ在京諸司すなわち「所司」に対してその旨を通告する太政官符のことで、たとえば某国のその年の田租を免除する旨の太政官符がその国に下されたとすれば、そのことは当然民部省にも通告されなければならない。このとき発せられるのが承知の官符で、その場合は民部省が「所司」すなわちその政務にかかわりのある官司ということになる。こうしたことを念頭においてこの宣旨を読むと、上宣はつぎのようなことを命じていることがわかる。諸国に対して太政官符を下す場合には、承知の太政官符を所司に下すべきである。ところが近年そうしたことを忘れて行うことがないため、諸司の政務はとどこおり、諸国から上京した使者はいつまでも任国に帰れない事態となっている。これは弁官の史が闕怠したことによって生じたものである。今後外記はこのことに留意して、史が承知の官符を副えずに諸国に下す官符の請印を申請するようなことがあるならば、内印を踏印してはならない。

内印(外印も)の踏印にかかわるのは、少納言と外記である。上宣の内容からみて、弁官の史にも以後承知の官符を副えよと命ずる上宣が下されたものと思われるが、この宣旨に記されている上宣は外記に対する命令である。

史料四六　類聚符宣抄、巻十

権中納言藤原朝臣宣、史生之中、簡下堪二勘勾一者一人上、十箇日許、令レ勘二侍従厨家公文一。〔者脱〕

弘仁十三年正月廿日　　大外記永世宿祢公足奉

広義の太政官の史生には、少納言―外記に所属するもの(令制一〇人)と、左右の弁官に所属するもの(令制各一〇人)があり、通常前者は太政官史生、後者は左史生・右史生と称された。この宣旨の史生は太政官史生をいう。上宣は、その史生のなかから一人をえらんで、侍従厨家の公文を勘《カンガ》えるため派遣すべきことを命じたもの。この上宣を受命した外記は、史生の人選を行うことになる。

史料四七　類聚符宣抄、巻六

右大臣宣、弁官於二太政官候庁一申レ政之時、処分已訖、共可二称唯一者、五位以上、不レ得二更立一。但特被二指問一及有レ所レ申者、不レ在二此限一。其外記并史帯二五位一者亦同焉〔者〕。

弘仁十三年四月廿七日　　大外記坂上忌寸今継奉

外記に下された上宣ではあるが、前半はもっぱら弁の所作についてのことで、外記に関しては末尾で触れているにすぎない。おそらく同一内容の上宣はまず弁官に下されたのであって、末尾の「其レ外記アハセテ史ノ五位ヲ帯スル者《ヒト》モマタ同ジ」としたことによって、外記にも下されたのであろう。

史料四八　類聚符宣抄、巻六

右大臣宣、依二公卿意見一、所レ施庶政、可レ順二時令一。宜下存二此意一、政有レ逆レ時、外記申聞上〔者脱〕。

天長元年十一月十六日　　大外記宮原宿祢村継奉

この宣旨は、類聚三代格、巻七、公卿意見事に収める天長元年八月廿日太政官符(公卿意見を施行する官符)に対応するものである。その第三条につぎのように述べる。

一順二時令一事

右、同前奏状《(右大臣奏状)》偁、人主発レ号施レ令、必奉二天時一。十二月得二其時一、則陰陽和而終始成也。伏望、政化所レ施、不レ違二時令一、則風雨応レ候、災害不レ生者。依レ奏。

この意見を奏上した右大臣藤原冬嗣自身が、「政、時ニ逆フコトアラバ」申聞せよと外記に命じた上宣。

史料四九　類聚符宣抄、巻八

中納言藤原朝臣愛発宣、頃者、給二新国司一任符、多後二装束程一。不レ守二法制一之所レ致也。自今已後、弁官入二請印牒一之日、先具勘知、随問弁申、不レ可二遺漏一者。

承和四年七月廿七日　少外記秋篠朝臣五百河奉

「任符」(籤符とも)は新たに国司を任命した旨を国府に通知する太政官符で、新任国司が携えて下向する。「装束程」は新任国司が任国にいたるまでの準備期間もしくは猶予期間で、假寧令13装束假条に近国二十日、中国三十日、遠国四十日と定める。「弁官入二請印牒一」というのは、弁官が諸司に対して発給する文書の請印のため、弁官から少納言に差出される牒で、延喜太政官式に「凡左右弁官、各録下入奏并請印文書及請二進駅鈴伝符一色目上、牒二送少納言一。少納言外記、録下入奏請印及請二進駅鈴伝符一訖之状上、牒二弁官一」とし、さらに「其式如レ左」として「弁官牒二少納言一式」と「少納言牒二弁官一式」、すなわちそれぞれの牒の様式を定めている。

さて上宣はつぎのようにいう。このごろ新任国司に給う任符の発給が、しばしば装束の程よりもおくれることがある。これは法制を守らないために生じたことである。今後は、弁官が任符の請印を求める牒を少納言局に差出したときには、少納言・外記はつぶさに勘知して、違法があれば質問して弁官に弁申させ、遺漏のないようにせよ。上宣は少納言局すなわち少納言・外記に対する命令である。

史料五〇　類聚符宣抄、巻六

右大臣宣、民部省毎年五月七日所㆓勘申㆒諸国大未進帳小未進帳、着㆓見任国司功過㆒。至㆑可㆓褒貶㆒、堪㆑為㆓証験㆒。宣㆑令㆔弁官入㆓外記㆒。立為㆓永例㆒者。（左大弁王面奉㆓上宣㆒了。）

承和九年九月廿二日　　大外記山代氏益奉

民部省が勘申する大未進帳・小未進帳については未詳とせざるをえないが、朝野群載、巻二十八、諸国功過に収める「主計大勘文」のようなものであろうか。民部省ではなく主計寮の勘申だが、功・過が記されている。ともあれそれは国司の勤務評定をするさいに役にたつから、今後は弁官から外記に送らせるようにせよ、と上宣はいう。この宣旨には「左大弁王、マノアタリニ上宣ヲ奉リ了ンヌ」という注記がある。類聚符宣抄に多数みられるこの種の注記は、同書の編纂にあたって書き加えたものではなく、それぞれの宣旨にもともと記されていたものとみられるから、このとき参議左大弁正躬王も直接上卿右大臣源常から口頭でこの上宣を奉ったのである。すなわちこれは、同じ上宣が外記と弁官とに下された例である。もっとも左大弁正躬王が大外記山代氏益と同じように宣旨を作成した（もしくは史に宣旨を作成させた）かどうかはわからない。もし作成した（作成させた）とすれば、この時期ではつぎのようなものであった可能性が大きい。

右大臣宣、……立為二永例一者。

年月日　　左大弁正躬王奉

これは下弁官宣旨としては全く異型だが、この時期にはこうした異型のものがしばしばみられるのである。この点については第五章で述べる。ともあれ史料五〇の宣旨にいう上宣を、外記は外記として奉り、弁は弁として奉ったということに、疑いの余地はない。

史料五一　類聚符宣抄、巻六

被二右大臣宣一偁、就二庁座一聴レ政参議已上、須三外記毎日記録、一月二度進二蔵人所一。事依二勅語一。不レ可二疎漏一者。

仁和二年七月三日　　大外記大蔵善行奉

庁座に出席した参議以上の公卿の人名を毎日記録し、毎月二度蔵人所に報告すべきことを外記に命じた上宣である。それを奉った外記がこの宣旨を記した。なおこの宣旨のように、「事依二勅語一」としてこの上宣が奉勅の上宣であることを示す例は、しばしばみられる。

史料五二　類聚符宣抄、巻六

勘解由使

請下被レ下二宣旨一借行上天長格抄一部卅巻事　在二外記曹司一

右、謹検二案内一、使司依二太政官去年五月四日符旨一、修二撰交替式一。而件式所レ載官符、其文多レ疑、案拠成レ煩。如今彼本官符等、皆在二件書中一。望請、被レ下二宣旨一、暫借行、正二其紕繆一、将レ遂二撰定一。但事畢之後、即将二返納一。

延喜十二年六月九日　　主典英保時幹

判官壱志作範

大納言藤原朝臣忠平宣、宜下依二彼使借申一、借中行件格抄上者。

同年八月廿三日　　少外記伴久永奉

これはこれまでみてきたものとは違って、勘解由使が申請のために提出した文書(このような形式の文書を当時「奏」あるいは「請奏」といった)の後《オク》に宣旨が書き記されたものである。勘解由使はこう申請した。延喜十一年五月四日の太政官符により交替式(いわゆる延喜交替式でその正式の名称は「内外官交替式」)を修撰することが命ぜられたが、使司のもっている交替式(先行の延暦交替式・貞観交替式をいう)に載せる官符には疑うべき点が多い。如今《イマ》、そのもとの官符などは外記曹司が所蔵する天長格抄にみな収載されている。そこで宣旨を下していただき、外記曹司から同書を貸出してもらい、紕繆を正し撰定の業を遂げることにしたい。作業終了後にはすぐ返却する。この申請に対する上宣の回答は、勘解由使の申請にしたがって貸してやれ、というものである。すなわち勘解由使の申請のいう「被レ下ニ宣旨一」は、勘解由使に対して宣旨を下され、の意ではなく、天長格抄を所蔵している外記に対して宣旨を下され、の意であったわけである。外記はその上宣を奉ってこの宣旨を記した。それゆえこの種の上宣の場合は、申請を許可したということを勘解由使にも伝達する必要があるが、しかしこの上宣そのものはあくまでも外記に対する命令である。

なおこの宣旨の後《オク》には、さらにつぎのような注記が加えられている。

同十四年九月十日、且返ニ奉廿五巻一。史生物部吉門。

十六日、依レ数返奉了。勘解由主典秦貞興。

延喜十四年九月に、二度に分けて三十巻すべてが返却されたというものである。この注記は、「返奉」という言葉遣いといい、勘解由主典の名がみえることといい、外記ではなく勘解由使が加えたものである可能性が大きい。そしてもしそうだとすると、この文書の動きについてはつぎの二つの場合が想定できることになる。第一は、この文書は宣旨が書き加えられたのちに勘解由使に手渡され、勘解由使官人による注記は、勘解由使庁で行われたとみること。第二は、この文書は宣旨が書き加えられたのちも外記の手許に保管されており、返却された都度後日のための証として使者の勘解由使官人に記入させたとみること。この二つは、いずれも可能性のあるものであるが、八世紀に造東大寺司で行われていた同様の事例を勘案すると、第二の場合の方が可能性が大きいと思われる。すなわち造東大寺司では、他所から経巻の奉請(借用)の申し入れがあると、その請経文の後《オク》に司判と貸出しの責任者の名を記し、その返却については、年月日、持参した使者の名、受領責任者の名を注記するのが例であって、証拠文書ともいえる請経文が相手側に渡ることはないからである。ただ造東大寺司ではそうした注記を造東大寺司官人もしくは写経所官人が記したのに対し、史料五二の文書では使者の勘解由使官人に記入させている点が異なっている。

以上、多数の事例のなかからわずか一二例を抽出して述べてきたにすぎないが、これらに共通することは、

上宣は、外記に対して命令を下したものである。受命者である外記は、その上宣の内容を書き記し、受命の年月日と自署を加え、名の下に「奉」と記した。しかしその上宣の内容は外記・「太政官」の職務にかかわるもので、他に対して働きかける必要のないものであったから、上宣による命令は外記が履行すれば完結してしまう。つまり外記どまりのものである。したがって書き記された宣旨は、施行文書でも下達文書でもない。

ということであった。

このような性質ないし特色をもつA類下外記宣旨は、九世紀・一〇世紀のものだけでも、多数残されている。しかしそれらに盛り込まれた上宣の内容は、いうまでもなく共通している。それは、外記ないし「太政官」の職掌・任務にかかわるものであるということである。そしてそうしたもののなかには、一時的な命令のみでなく、「自今以後」(史料四一・四三・四四・四五・四九)「立為二永例一」(史料五〇)といって、永続的な効力を期待したものも含まれていた。

(2)　B類下外記宣旨

つぎにB類下外記宣旨、すなわち上宣の内容が外記・「太政官」以外の官司・機関にかかわるものであるため、それらの官司・機関に対し伝達することを必要とする下外記宣旨について検討する。この類のものは、形式のうえでさらに二種に分けることができる。

(イ)上宣に「仰二某司一」の文言があり、某司に仰せることを外記に命じたものであることが明示されているもの。

(ロ)上宣に「仰二某司一」の文言はないが、内容からみて他司に伝達する必要のあるもの。

以下(イ)・(ロ)それぞれについて、若干の例を挙げながらみていく。

(イ) 上宣に「仰二某司一」の文言のあるもの

史料五三　類聚符宣抄、巻六

右大臣宣、少納言依レ例所レ奏請印官符、理須乙候下御二南大殿一時上即奏甲。而比来怠慢、至レ廻二御北大殿一乃奏、遂煩二聴覧一、甚乖二道理一。自今以後、仰二少納言一、莫レ令二更然一。〔者脱〕

弘仁五年七月廿日　　大外記豊宗宿祢広人奉

少納言が例によって官符の請印を天皇に奏するのは、本来は天皇が南大殿(南殿すなわち紫宸殿をいうか)に出御したときをみはからって奏すべきものである。ところがこのごろ少納言は怠慢で、天皇が北大殿(仁寿殿か)を廻っている途中で奏し、天皇の聴覧を煩わせ、はなはだ道理に乖いたこととなっている。今後は、少納言に仰せて、このようなことのないようにさせよ、というのが上宣である。少納言に仰せることを命令されたのは外記で、外記はそれを奉ってこの宣旨を書き記したのだが、どのような方法で外記は少納言に仰せた(伝達した)かは明らかではない。ただ以下に挙げる諸例から推せば、おそらく口頭伝達であったと思われる。なおこの事例について付言すると、少納言と外記は同じ「太政官」の構成員であって、上級官職と下級官職という関係にある。つまり外記にとって少納言は他司の者ではない。とすればA類下外記宣旨が用いられてよさそうであるのに、外記から少納言に仰せることが命ぜられている。このように、上宣が同一組織内の下級官職に対し、上級官職へ仰せることを命ずる事例の存することにも、注意しておく必要がある。

史料五四　類聚符宣抄、巻四

大納言正三位兼行右近衛大将良岑朝臣宣、択㆘定献㆓山陵㆒荷前日時㆖解文、所司理須㆓預定早進㆒。而期促卒申、不ㇾ便ㇾ行ㇾ事。自今以後、宜㆘仰㆓弁官并中務省等㆒、雖ㇾ定㆓遠日㆒、十二月五日以前、為ㇾ例令㆖進者。

天長六年十二月十三日　　大外記嶋田朝臣清田奉

上宣は、荷前の日時を勘定する解文は、所司があらかじめ早めに進上すべきものであるのに、近頃では期日が迫ってからあわてて提出している。そのため荷前の政務を行うのに支障をきたしている。今後は、弁官・中務省等に仰せて、択んだ日が離れていても、十二月五日以前を期限として勘文を進上させるようにせよ、という。したがってこの上宣を受命した外記は、弁官と中務省にこのことを伝達する必要がある。弁官に伝える必要があるのは、通常所司に日時勘文の提出を命ずるのは弁官だからであり、中務省に伝える必要があるのは、日時勘文は中務省被管の陰陽寮が作成するものであるからである。また荷前の行事そのものにも、弁官と中務省がかかわっている（延喜太政官式）。

さてその弁官と中務省への伝達について、この宣旨にはつぎのような注記が付されている。

即日宣㆓告右大史高丘宿祢潔門、中務大甫安倍吉人朝臣㆒訖。

この注記こそ、初期の宣旨の意味を解く鍵であるといわなければならない。外記は上宣を奉ってみずからが命ぜられた事柄を史料五四のような文書すなわち宣旨として記したが、弁官と中務省へそれを伝達するとき、この文書すなわち宣旨を「下達」したのではないのである。そうではなくて、弁官への伝達には右大史高丘潔門に対し、中務省への伝達には中務大輔安倍吉人に対し、外記は「宣告」したのである。「宣告」とは、文字通り口頭伝達であったとみてよい。このようにして上宣は、外記による「宣告」という方法によって、目的とする官司に伝達すなわち施行されたのであった。

なお、さきに私は類聚符宣抄にみられるこの種の注記について、それらは同書編纂のさいに付せられたものではなく、各宣旨にもともと記されていたものとみてよいと述べたが、この史料五四の注記などはそのことを確認させてくれるものである。「即日」とある以上、「宣告」したのは上宣を奉ってこの宣旨を記した大外記嶋田清田以外には考えられず、したがってこの注記を施した人物も清田以外には考えられない。すなわちこの注記は、上卿の命令を履行したことを後日の証として残すために、受命者みずからが宣旨の料紙に書き加えたものである。ついでながら類聚符宣抄のこの種の注記の特徴を、なお二点付記しておく。第一の特徴は、この種の注記はB類下外記宣旨に最も多く付せられていることである。まずA類下外記宣旨にはこの種の注記は全くない。しかしそれは当然のことで、すでに述べたようにA

類下外記宣旨の上宣は外記・「太政官」以外には及ばないもの、したがって他司に対して伝達する必要のないものであったから、そもそも「宣告」「召仰」の事実がないのである。つぎに、B類下弁官宣旨にも同種の注記が存するが、その例は格段に少ない。というよりも私のみたかぎりでは、巻七に収める康保二年二月十七日美濃国司解の後《オク》に記された下弁官宣旨に注記されたものが、唯一の例である。これは単なる偶然ではなく、B類下弁官宣旨のもつ本来の性格によるものと思われる。特徴の第二は、B類下外記宣旨のこの種の注記は一〇世紀の後半からあらわれなくなるということである。類聚符宣抄には延暦九年(七九〇)五月十四日の内侍宣を初例として、寛治七年(一〇九三)正月十九日の宣旨にいたるまでの三〇〇年間の宣旨が収められているが(他に太政官符・太政官牒・官宣旨など)、この種の注記をもつ最も新しい宣旨は貞元二年(九七七)正月五日のものである。これはB類下外記宣旨における上宣の伝達方法に、なんらかの変化が生じたことを示すものであるのかも知れない。

史料五五　類聚符宣抄、巻六

応レ令レ選二進召使等一事

右、被二大納言清原卿宣一偁、今所レ直召使等、或容皃短乏、或年歯衰老、朝庭儀式、因レ之闕違。非三只式部選貢乖二憲法一、抑亦外記等所二疎略一。宜下自今以後、仰二式部省一、選二択壮年端皃者一、従レ闕令上レ進。以為二恒例一。若所レ貢非二其人一、外記又従二勘却一者。

天長八年四月十五日　　少外記山田宿祢古嗣奉

召使《メシツカイ》は「太政官」の召使で、喚使とも書く。散位寮の散位の一部が輪番で外記局に直し、官人を召集する場合などにその呼出しの任にあたり、また外記の指揮のもとに諸朝儀の雑事に従事する。令外官として設置された時期は未詳だが、その初見は和銅四年十月(続日本紀)。延喜式部式によれば、式部省が散位の年三十九以下の容儀ある者一〇人を選定する。その召使に容貌のよくない者、年老いた者がいて役にたたないのは、式部省の選びかたが悪いためだけでなく、外記にも責任があるのだから、①式部省に壮年端貌の者を選ぶように仰せよ、②もしふさわしくない者が貢されたら外記をも勘却する、と命じたのがこの上宣である。受命者の外記は、上宣を奉ってこの宣旨を書き記した。この場合外記がどのような方法で式部省に伝達したかは未詳である。しかし外記がこの宣旨を、式部省に下達するための文書として書いたのではなく、受命者の立場で書き記したことは間違いない。

史料五六　類聚符宣抄、巻六

諸家難義惣七巻、数内、大学博士御船宿祢氏主通㆓九経難義三巻㆒、故助教刈田首種継通㆓三伝難義一巻㆒、諸儒評論九経難義一巻㆒、故治部卿安倍朝臣吉人通㆓三史難義一巻㆒、同前氏主通㆓陰陽難義一巻㆒。

右大臣宣、宜㆑令㆘付㆓所司㆒行㆖。但転写了後、其正本収㆓外記㆒者。

承和九年五月廿六日　　大外記山代氏益奉

「難義」はおそらく御船氏主・刈田種継・安倍吉人が記述した注釈書をいうのであろう。上宣による命令は、①その七巻を所司に「付《サッ》」けて行わしめること、すなわち転写したうえで学生にそれを学習させること、②転写終了後はその正本を外記局に収納すること、の二点である。①を履行するためには所司すなわち大学寮もしくは大学寮を管する式部省にその旨を伝達する必要がある。はたしてこの宣旨に付せられた注記は、

即召二仰式部少録清村是嶺一訖。

という。すなわち外記は式部少録を「召」して(召喚して)上宣の旨を「仰」せたのであって、ここに書き記された宣旨を与えたのではない。宣旨はあくまでも外記が受命者の立場で書き記したのである。

以下も同様の例である。

史料五七　類聚符宣抄、巻九

美努連清名年十六

右人、故明経得業生全人之男也。早亡二其父一、単子独共。被二左大臣宣一偁、宜下仰二大学寮一、准二都朝範一預中食口上者。

承和十四年正月廿九日　大外記朝原良道奉

史料五八　類聚符宣抄、巻九

蔭孫都宿祢文憲年廿

右人、故少外記広田麻呂之男也。被㆓大納言藤原朝臣良房宣㆒偁、宜㆘仰㆓大学寮㆒令㆗充㆑食習学㆖者。

承和十四年六月九日　　大外記朝原良道奉

二通とも学生の食口についてのもので、上宣によって外記が命ぜられたことは、表記の人物を食口に預らせる旨を大学寮に仰せること。史料五七の注記に、

同日仰㆓大学少属丈部宮成㆒了。

とある。宣旨そのものは外記が上宣を受命した旨を記したものであるにすぎない。

史料五九　類聚符宣抄、巻四

被㆓右大臣宣㆒偁、紀内親王薨之由、今日奏聞既訖。宜㆜仰㆓弁官㆒、始㆑自㆓今日㆒、令㆛神祇官献㆚御贖物㆙者。

仁和二年六月廿九日　　大外記大蔵善行奉

紀内親王は桓武皇女で、薨じたとき三品。御贖物は通常六月一日から八日までの間と、十二月一日から八日までの間の年二回、神祇官が天皇に献ずる呪物であるが(延喜四時祭式)、毎月の御贖物もあった(延喜臨時祭式)。この宣旨のものは、近親者の薨による臨時のものであろう。それを神祇官に献じさせるよう弁官がとりはからうべきことを、外記から弁官に仰せよとこの上宣は命ずる。そのようなまわりくど

いことをしなくとも、上宣を弁官に下すか、直接神祇官に下したらよさそうに思われるのに、上宣の諸司への伝達ルートには、このような上卿↓外記↓弁官↓神祇官というのもあったのである。この宣旨に記された「即日仰二告当直左少史凡春宗一訖」という注記によれば、外記から弁官への伝達は当直の左少史に口頭で行われている。したがってこの宣旨も、外記が受命者として記したものであって、それ自体はなんら他に対して働きかけるものではない。

史料六〇　類聚符宣抄、巻九

学生大初位下大江朝臣南紀

中納言従三位藤原朝臣山蔭宣、奉レ勅、件人、宜下仰二式部省一令上奉二文章生試一者。

仁和二年十月十九日　少外記紀有世奉

史料六一　類聚符宣抄、巻九

学生藤原西生

右、大納言平朝臣伊望宣、奉レ勅、件人、宜下仰二式部省一令上奉二文章生之試一者。

天慶二年六月三日　大外記三統宿祢公忠奉

右二通、いずれも文章試に関するもの。式部省が行う文章生の課試すなわち省試に、表記の学生を受験させるべきことを、奉勅の上宣が命じたもので、外記に対してはその旨を式部省に仰せることが命ぜ

られている。その結果史料六一の注記にあるように、

同日召二式部大録葛井清鑒一仰了。

という行為が必要となる。外記は式部大録を召喚して口頭で仰せている。仰せることは下達だが、文書としての宣旨は下達文書ではない。なおこの種の上宣は、外記を介さず、直接式部省に下されることもあったが、それについてはのちに下諸司宣旨の項で触れる。

こうした「仰二某司一」という文言をもつ上宣を記した下外記宣旨も類例が多数あるが、最後に他官司の官人の上申文書の後に記《オク》された宣旨の例を挙げる。

史料六二　類聚符宣抄、巻八

大蔵少丞清原常松謹言

請レ被下免二本任放還一之宣旨下中式部省上状

右、常松去二月十四日任二掃部允一。而沈二重病一、未レ向二任官一之間、去四月廿八日遷二任大蔵少丞一。望請、宣旨下二式部省一、被レ免二件責一。今注二事状一、謹言。

延喜十一年五月十五日　大蔵少丞清原常松

右、被二右大臣宣一偁、件人、去二月十四日任二掃部允一。而詔後依二身病一、未レ到二彼寮一之間、去四月廿八日遷二任大蔵少丞一。宜下仰二式部省一、莫上レ令レ責二本任放還一者。

同年六月十三日　　大外記菅原利蔭奉

上宣は外記に対し、常松の掃部允としての本任放還を責めることのないよう式部省に仰せよ、と命じている。上宣そのものは外記に対する命令であるから、

仰二式部少録安野逸群一了。

という注記が語る方法で、外記はその命令を履行している。式部少録に仰せたことは下達だが、文書としての宣旨は受命の記録であって、下達文書ではない。なおこの例では、つぎの点にも注意すべきである。すなわち、清原常松は太政官に「宣旨ヲ式部省ニ下ス」ことを請うている。しかし事実は、上宣が外記に対して下され、外記がこれを式部少録に仰せている。つまり清原常松の申文のいう「宣旨下二式部省一」の実態は、外記が式部省官人に上宣の旨を仰せることなのであって、文書としての宣旨が式部省に下されることではないのである。

以上、上宣のなかに「仰二某司一」の文言のある諸多の下外記宣旨の事例のなかから、一〇例をえらんでみてきたが、これらの宣旨はいずれも、外記が上宣の旨を「某司ニ仰ス」ことを命ぜられたという内容のものであって、A類下外記宣旨の場合と同じく、受命者は上宣を奉った外記であった。その外記が上宣の旨をそのまま記したこれらの宣旨は、いわば上宣を記録したものであって、上宣を施行・下達するために作成された文書ではない。上宣の旨の施行・下達は、類聚符宣抄の各宣旨に付せられた注記が

物語っているように、某司官人に対し外記が口頭で伝達するという方法で行われた。したがって外記が記した宣旨は、外記の手許に残されたままなのである。

この項の最後に、外記が上宣によって「仰二某司一」と命ぜられた場合の某司、すなわち仰せる対象の、知りえたものを挙げておく(巻数は類聚符宣抄のもの)。

1 「仰二少納言一」(史料五三)
2 「仰二弁官一」(史料五四・五九など)
3 「仰二中務省一」(史料五四など)
4 「仰二式部省一」(史料五五・五六・六〇・六一・六二その他多数)
5 「仰二大学寮一」(史料五七・五八など)
6 「仰二民部省一」(巻六、万寿二年十二月廿九日宣旨など)
7 「仰二(兵部省一)」(巻四、康保四年五月廿八日宣旨など)
8 「仰二左右馬寮一」(巻三、天暦二年五月七日宣旨など)
9 「仰二両府一(左右兵衛府・左右近衛府)」(巻四、仁和三年十一月五日宣旨)
10 「仰二左衛門陣一」(巻六、天徳三年四月十三日宣旨)
11 「仰二大歌所一」(巻七、仁和元年二月廿五日宣旨)

太政官の直接的な管轄下にある省・寮・府のみでなく、式部省の管する大学寮、令外官司の大歌所が含まれていることに注意を要する。とくに大学寮の場合には、惣省の式部省を介さずに直接外記の仰が達している。

なおまたこのことに関連して、もう一つ触れておかなければならないことがある。それは、令制のたてまえでは、太政官が諸司に対して発する行政命令の伝達機関は弁官であったということである。それなのにこれらの宣旨によれば、外記が仰せるという形態をとって、上宣が弁官を介さずに諸司に伝達されている。このことはいうまでもなく、太政官における政務の形態の変化に対応して生じたものである。橋本義則氏は、八世紀末より公卿の内裏侍候が進行し、その結果公卿聴政の場が、太政官曹司庁から独立して内裏近辺に設けられた太政官候庁に移り、かくして太政官曹司庁での聴政とは区別された外記政が成立した過程を明快に論証されたが、(3)外記ルートによる上宣の諸司への伝達も、こうした公卿聴政の場と形態の変化に対応するものとして位置づけられなければならない。すなわち、この変化の過程において、令制のたてまえでは議政官組織の秘書局であった外記局に、行政事務執行機関としての機能が付与されるにいたったのである。外記が受命した上宣を諸司に対して仰せるという形態をとって下達・施行したのは、そうした機能が外記局に付与されたことの結果として可能となったものとみなければならない。だが外記局は、令制のもうひとつのたてまえとして、行政命令の執行を命ずる公文書の発給機関ではなかった。それの発給機関はあくまでも弁官であった。上宣の諸司に対する伝達が、文書によってではなく、受命した外記が仰せるという形態で行われなければならなかった理由は、この点にある。外記局は、一面で権能を拡大しながら、なお令制のたてまえとしての枠組のなかにとどまっていたといえようか。

(ロ) 上宣に「仰二某司一」の文言のないもの

上宣には「仰二某司一」の文言はみられないが、しかし上宣の内容からみて受命した外記は諸司に伝達することを要するB類下外記宣旨も多数存在する。そして類聚符宣抄に収めるこの種の宣旨にも、多くの場合伝達した事実を記した注記が施されている。そのうちの一〇例を挙げる。

史料六三　類聚符宣抄、巻四

被二右大臣宣一云、中務省択申奉二荷前一事、今月廿三日可レ行者。而彼日当二国忌一。因レ茲更令三陰陽寮勘二申自余吉日一。寮勘申云、除二件日一之外、皆有レ可二忌避一、無二可レ用之日一。宜下雖レ当二国忌之日一、依二陰陽寮択定一、廿三日行上レ之。〔者脱〕

元慶七年十二月十八日　少外記大蔵善行奉

史料五四のところで述べたように、荷前の奉幣には弁官と中務省(それに少納言・外記も)が関与する。

中務省が勘申した十二月二十三日は光仁の国忌に当るので、再度陰陽寮に勘申させたところその日以外に吉日はないということなので、陰陽寮の勘申の如く二十三日に荷前の奉幣を行え、というのが上宣の内容である。外記はその命令を奉ってその旨を宣旨として記したが、この上宣は弁官等へ伝達する必要のあるものである。この宣旨に付せられた注記は、

即仰二左大史丸部百世一了。

という。弁官への伝達は外記が左大史に仰せることによって行われているのであって、この宣旨を与えたのではない。

史料六四　類聚符宣抄、巻十

式部少録時原利行

大蔵少録大原氏雄

右、大納言兼右大将宣、件等人、宜レ奉レ向二二条院一者。

仁和元年十二月十日　少外記菅原宗岳奉

二条院は退位した陽成の居所。上宣は、そこへ表記の二名を出向させよと命ずる。受命した外記はその旨を二名が所属する式部省と大蔵省に伝達しなければならない。この宣旨に付された注記はつぎのようにいう。

仰二式部少録善淵邦彦、大蔵少録秦広瀧等一了。

伝達すなわち下達は、外記が二省の官人に仰せるという方法で行われた。

史料六五　類聚符宣抄、巻九

中納言在原行平卿宣、文章得業生越前少掾藤原春海、擬レ奉二策試一。宜レ令二少内記三善清行問一レ之者。

仁和二年五月廿六日　大外記大蔵善行奉

文章得業生試の問頭博士を三善清行に行わせよ、というのが上宣の命令だが、その試は式部省が行うものであるから、この旨を同省に伝達する必要がある。そこで付せられた注記は、

同月廿七日仰二式部少録善淵邦彦一了。

という。但し三善清行への伝達が外記から行われたか、外記の仰を受けた式部省から行われたかは未詳。たぶん後者であろう。

史料六六　類聚符宣抄、巻四

右大臣宣、東西両寺国忌之日、聴下外記等不レ列二式部一、直入着座上。立為二恒例一者。

仁和二年六月廿八日　少外記紀有世奉

東寺と西寺で行われる国忌の斎会にさいしては、従前外記は、式部省に参集したのちに斎会の場に赴いていたのであろう。それを改めて、直接斎会の場に赴くようにせよ、というのがこの上宣の命令であ

る。したがって上宣そのものは外記の行動について命じたものであるから、内容のうえではA類下外記宣旨に属する。しかし従来のいきさつがあるから、式部省にもその旨通告しておく必要がある。そこで、

即仰二式部大録香山弘行一了。

という注記が記されることになる。式部省への伝達が外記の仰によって行われたこと、書かれた宣旨は受命者の外記が書き留めたもので、外記の手許に残されたこと、これまでの例と同じである。

史料六七　類聚符宣抄、巻六

大納言藤原良世卿宣、奉レ勅、献物主人、旧例、兵衛府饗二出居侍従一、馬寮饗二次侍従一。宜下改二先例一、出居侍従并次侍従四位已上、兵衛府饗上レ之。但五位者、令二馬寮饗一者。

仁和二年十月廿五日　　少外記紀長谷雄奉

競馬の負方の献物についての上宣で、三代実録の同日条には「天皇御二紫宸殿一。右近衛右衛門右兵衛等三府及右馬寮献レ物。去五月六日競走馬之輸物也。親王公卿出居侍従、皆侍二殿座一。右近衛府奏二音楽一。散楽雑伎莫レ不二極尽一。賜レ禄各有レ差」とある。五月の競馬に、左と右の近衛府・兵衛府・衛門府と馬寮がそれぞれ輸物《イダシモノ》(賭物)を出し、負けた方の輸物をもとに十月に天皇が出御する宴会を開くという行事がいつごろから行われ始めたのかは未詳だが、日本後紀の弘仁五年十月甲子条に「右諸衛府奉献。宴飲奏レ楽。賜二侍臣及右衛門府右馬寮史生已上綿一有レ差」とあるのが史料上の初見らしい。この宣旨の上宣が

いう「献物主人」は、そうした輸物を献上した三府・一寮をいう。ともあれその宴会の饗について、兵衛府と馬寮の分担を変更することを命じたのが、この奉勅の上宣である。それを受命した外記が行うべき任務は、その旨を当事者である兵衛府と馬寮に伝えることである。このときの負方は右であったから、宣旨に付された注記は、

召二仰右兵衛権大尉藤原諠世并右馬大属布勢保興一了。

ということになる。口頭で「召シ仰」せたこと、書かれた宣旨が外記の書き留めたものであること、これまでの例と同じである。

史料六八　類聚符宣抄、巻九

右大臣宣、令三従五位上行式部少輔兼文章博士藤原朝臣菅根、講二史記一者。

昌泰二年五月十一日　　少外記小野保衡奉

史記の講書の博士を定めた上宣。講書は大学寮が主体となって行われる。そこで上宣を受命した外記は、

同日仰二大学少允菅野君房一訖。

という方法で伝達した。諸例と同じ。

史料六九　類聚符宣抄、巻九

左大臣宣、奉レ勅、少内記藤原博文、請レ蒙レ改二定対策判一之申文、召二給問頭博士一、令二勘申一者。

延喜五年十一月三日　　少外記紀延年奉

この例は、宣旨というものがどのような性質の文書であったかを、よく示している事例である。

少内記藤原博文が提出した申文が残されていないので、詳しい事情は知られないが、上宣の述べるところおよび同様の事柄についての昌泰二年六月十七日宣旨(巻九、大外記三統理平が対策の改判を求めたことに対する宣旨)から推すと、つぎのようなことであったらしい。

藤原博文は対策を受験した。そのときの問頭博士は文章博士三善清行であった。しかし清行が下した「判」は不合格というものであった。この「判」を不服とする博文は、再判定を求める申文を提出した。その申文は天皇に奏上され、申文を清行に給い勘申させよとの勅が下された。この勅を上卿の左大臣藤原時平が奉って上宣を下した。上宣を奉った少外記紀延年はこの宣旨を書き記した。

さてこの宣旨に付されている注記は、

件申文、同日召二給文章博士三善清行朝臣一了。

というものである。問頭博士三善清行を呼びよせて外記が手渡したものは、勅が命じたとおりの博文の申文であって、この宣旨ではない。奉勅上宣の旨は申文を手渡すさいに口頭で清行に伝えたのであろうが、宣旨は外記の手許に留め置くべきものであったのである。

史料七〇　類聚符宣抄、巻十

左京少属高橋業利

左大臣宣、件人、身侍二御書所一。宜下准二見任一給中上日上者。

延喜七年四月廿日　大外記阿刀春正奉

太政官は左京職の少属高橋業利に、令外の御書所に勤務することを命じた。だが、上日・行事を記した考文を作成するのは、その官人の属する本司、業利の場合は左京職である。そこで、業利が左京職に出仕しなくても、現に出仕しているものとして、左京職は上日を与えよ、というのが上宣の命令である。したがってこの旨は左京職に伝達されなければならない。かくして付せられた注記は、

同日召二仰大属阿保久範一。

となる。外記は、左京大属阿保久範を召喚して、口頭で仰せたのである。

史料七一　類聚符宣抄、巻六

太政官先式

凡庶務申二太政官一、若大臣不レ在者、申二中納言以上一。其事重者、臨レ時奏裁。自余准レ例処分。其考選目録及請二印六位以下位記一者、中務式部兵部三省、不レ経二弁官一、直申二太政官一。中務申二夏冬時服一、及式部補二文学家令以下傔仗一、簡下遣二諸国一使人上、亦直申。

被㆓左大臣宣㆒偁、諸司所㆑申庶務、宜㆘依㆓天長九年十一月廿一日宣旨㆒、必経㆓外記㆒令㆖申者。

延喜七年七月十七日　大外記阿刀宿祢春正奉

いささか長文の宣旨であるが、その内容には外記の権能の拡大を知るうえでの、重要な事柄が含まれている。

まずこの宣旨の述べるところについて、若干の説明を加えておく。

冒頭の「太政官先式」は、直接的には貞観太政官式を指す。しかし虎尾俊哉氏が明らかにされたように、貞観式の体裁から判断すれば、式文そのものは弘仁太政官式のものである[4]。つぎに式文中の「太政官」は、広義の太政官から左右の弁官を除いた組織をいう。そのことは「不㆑経㆓弁官㆒、直申㆓太政官㆒」といって、弁官と「太政官」を対比して述べていることによって知られる。しかもこの「太政官」はさらに限定されていて、「凡庶務申㆓太政官㆒、若大臣不㆑在者、申㆓中納言以上㆒」の文から知られるように、中納言以上のいわゆる議政官組織をいう。これらの点をおさえたうえで式文を読めば、式文は以下のような意味内容のものと理解できる。諸司が議政官組織である「太政官」に庶務を申し出た場合、もし大臣がいなければ中納言以上に申せ。その庶務が重要なものであれば、その都度天皇に奏上して裁決せよ。そうしたもの以外は、議政官が例に准《ナズラ》えて処分せよ。但し、考選目録と六位以下の位記の請印については、中務省・式部省・兵部省は、弁官に経《フ》れることなく、ただちに「太政官」に申せ。中務省が夏冬の時服を申すこと、式部省が文学・家令以下傔仗を補任すること、同じく式部省が諸国に派遣する使者を簡《エラ》ぶことも、弁官に経れずにただちに「太政官」に申せ。

しかし、式文が中務・式部・兵部三省は「太政官」に申せとはいっても、現実には議政官組織に対し直接上申することはできない。そのためには「太政官」の事務官僚である外記を介さなければならない。史料七一の上宣は、この点について疑義なからしめようとしたものである。

上宣のいう「天長九年十一月廿一日宣旨」とは、同じく類聚符宣抄、巻六に収めるつぎの宣旨をいう(5)。

式部申レ政之時、承前之例、先経二外記一。而今省申云、本自無二此事一者。仍外記并省、所執申上。右大臣宣、宜下先経二外記一、然後令上申者。左大弁文室朝臣奉二宣旨一、仰二式部一了。

天長九年十一月廿一日　(奉者の署なし)

この宣旨はつぎのようなことを述べている。式部省が議政官組織の裁可を請うために申す政は、これまでの例ではまず外記に経《フ》れることになっている。しかし式部省は、そのようなことは本来法的な根拠のないことであると主張している。そこで外記と式部省にそれぞれ所執(執論ともいい見解を主張すること)を申上させた。議政官組織はこれを以て判断し、上卿右大臣清原夏野は、やはりまず外記に経れて、そののちに議政官組織に申すべきであるとの上宣を下した。この上宣を奉って書き記したのは外記であろう。だが注記によれば、これとは別に議政官の一員である参議左大弁文室秋津も奉って、みずから式部省に仰せている。初期の宣旨にはこうした異型のものがあることにも、注意しておく必要がある。

ところでこの天長九年十一月廿一日宣旨は、式部省に宛てた裁定であったから、中務省と兵部省はその後も外記を通さずに、弁官を経て庶務を上申することが多かったらしい。史料七一の上宣は、両省に対し天長九年宣旨を履行すべきことを命じたものである。その上宣は外記に下された。したがって奉った外記は両省に伝達する必要がある。そこで注記は、

十九日、召二中務少録秦永世、兵部録弘世諸宗等一仰了。

と記している。上宣の旨の両省への伝達は、両省の官人を召して仰せるというかたちで行われている。この宣旨もまた受命者である外記が書き記したものだが、伝達文書・下達文書・施行文書としては用いられていない。

なお付言する。さきにも述べたように、令制のたてまえとしては、太政官の庶事受付機関は弁官であって、外記ではない。その意味では式部省が「本自無二此事一」と主張したのは、全く正しい。そのたてまえによれば、太政官への上申はつぎのような図式のもとに行われるべきものであった。

左弁官←中務省・式部省・治部省・民部省
　　　　←諸国司
右弁官←兵部省・刑部省・大蔵省・宮内省

弘仁太政官式はこれをつぎのように変更し、天長九年宣旨と史料七一の宣旨はそれを遵守すべきことを命じたのである。

①通常の庶務の上申は右の図式と同じ。

②中務・式部・兵部三省の申す「考選目録」「請二印六位以下位記一」、中務省の申す「夏冬時服」、式部省の申す「補二文学家令以下傔仗一」「簡下遣二諸国一使人上」はつぎの図式による。

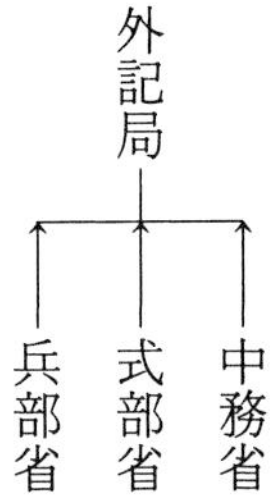

これは外記局の権能の拡大を、法的に確定したものであった。

史料七二　類聚符宣抄、巻八

前大和守甘南備真人扶持

被二従三位守大納言兼右近衛大将行皇太子傅藤原朝臣道明宣一偁、件人、其身不レ向二任所一。莫レ責二本任放還一者。

延喜十五年十二月廿八日　　少外記和利親奉

この宣旨では、上卿の位階・官職がめずらしく具官で記されている。本任放還を責めるのは式部省であるから、上宣を奉った外記はその旨を同省に伝達する必要がある。注記はつぎのようにいう。

即召二仰式部少録葛井清明一了。

以上B類下外記宣旨のうち、上宣に「仰二某司一」の文言のないもの一〇例をみてきたが、これらもまた上宣を奉った外記が記し、当該官司に対する上宣の旨の伝達は、受命した外記がその司の官人に仰せるという方法で行われたことが確認できた。上宣に「仰二某司一」の文言があるかないかにかかわらず、上宣の旨の他司への伝達は外記の仰によって行われるのであり、上宣を奉った外記が記した宣旨は、外記の手許に留め置かれる。すなわちそれは、施行文書でも下達文書でもないのである。

(ハ) 外記の「仰」を受けた諸司の記す宣旨

「仰二某司一」の文言の有無にかかわらず、上宣の内容が他司に伝達すべき性質のものであるときは、上宣を奉った外記は宣旨を書き留めたうえで、その旨を当該官司の官人に仰せた。この外記の仰を受けた諸司は、そこでも宣旨を作成する。私が知りえた九世紀・一〇世紀の事例はわずか四例があるにすぎないが、それらを紹介する。

史料七三　類聚符宣抄、巻九

少外記嶋田良臣仰云、右大臣宣、尾張掾滋野良幹方略之試、宜レ令二大内記都宿祢良香問一レ之。〔者脱〕

貞観十五年五月廿七日　　(式部)少録山口岑世奉

史料七四　類聚符宣抄、巻九

少外記興世貞町仰云、右大臣宣、文章得業生越前権大掾藤原佐世、宜レ令二大内記都宿祢良香問一レ之
者。

貞観十六年七月廿三日　　(式部)少録山口岑世奉

この二つの例は、内容的にも共通しているし、外記の仰を奉ってこれを記した式部少録も同一人である。またこの二つは、さきに挙げた史料六五とも通ずるものである。すなわち史料六五では文章策試の問頭博士についての上宣を奉った外記は、宣旨を書き記したうえで上宣の旨を式部少録善淵邦彦に仰せているが、方略策試の問頭博士についての史料七三、文章策試の問頭博士についての史料七四でも、同様のことが行われたのである。そして外記の仰を奉った式部少録山口岑世は、外記が上宣の旨を宣旨として書き記したのと同じように、外記の仰の旨を書き記した。あとでみるように、これもまた宣旨である。しかもこの宣旨は、その内容からみて、仰を奉った式部少録が他に対して下達・施行するために書き記したものでないことは、明らかである。この場合の式部省は、上宣を起点として発せられた行政命令の、最終の到着点であるからである。仰を奉った式部少録が為すべきことは、上宣の旨を式部省内に周知させることと、上宣の命令にしたがって指定された人物を問頭博士とする省試を実施することであ

る。

史料七五　別聚符宣抄

少外記紀延年仰云、左大臣宣、検二諸司例一、式兵両省除目之下名、書二三通一、一通奉二蔵人所一、二通外記官各入二一通一。而女官下名、中務省独領納、而不レ進二所所一。此不レ可二理然一。宜下自今以後、於レ省書二留案文一、正書即進中外記上者。

延喜六年十二月十三日　　(中務)少録秦永世奉

男官の除目すなわち任官は、文官は式部省が、武官は兵部省が管掌する。これに対して女官の除目を管掌するのは中務省である。除目の下名《オリナ》とは、除目のさいに作成される任人の歴名をいう。

上宣のいうところは以下の如くである。男官の除目の下名は、式部省・兵部省とも三通作成し、一通は蔵人所に(ということは天皇に)、二通は外記と弁官にそれぞれ送っている。これに対して女官の除目の下名は、中務省が作成して自分のところに納めるだけで、他所に送っていない。これは理に反することであるから、今後中務省は案文を作成してそれを省に留め、正文は外記に進上することとせよ。

この上宣を少外記紀延年が奉り——このとき下外記宣旨が作成される——その旨を中務少録秦永世に仰せたのである。仰を奉った永世はこの宣旨を書き記した。中務省は上宣による行政命令の最終の到達点であるから、この宣旨は他に対して働きかける性質のものではない。仰を奉った永世の為すべきことあるいはこの宣旨が果すべきことは、中務省の全官人に上宣の旨を周知させ、以後中務省として上宣による命令を遵守することである。

史料七六　別聚符宣抄

大外記阿刀宿祢春正仰云、右大臣宣、毎月一、十一、十六、廿一并四箇旬日、帝皇可㆑御㆓南殿㆒。宜㆘仰㆓監物㆒、請㆑鎰之事、毎㆑当㆓彼日㆒、令㆗庭立奏㆖者。

延喜九年閏八月十五日　大（中務）録□(6)

監物は中務省の品官で(令制では大監物二人・中監物四人・少監物四人・史生四人)、宮城内諸門や正蔵・正倉の鎰を管理し、官物の出納を監督する。上宣は、天皇が毎月四回南殿(紫宸殿)に出御するさいに「庭立奏」により鎰を請えと監物に仰せることを、外記に命ずる。上宣を奉った外記は、監物の上官である中務大録某に上宣の旨を仰せた。そのとき中務大録某が仰を奉ってその旨を書き記したのがこの宣旨である。この場合は中務大録からさらに監物へこの仰の旨を伝達する必要があるが、しかしそれは中務省内の庶務であって、他司にはかかわらない。

以上の四つが九世紀・一〇世紀の事例として私が知ることのできたこの種の宣旨であるが、このほかに過状や勘文に引載されている例もある。

①過状での引用

史料七七　朝野群載、巻六、太政官

東市佑大江某解　申進ニ過状一事

誤不レ触ニ外記一服薬怠状

右、今月今日大外記兼助教清原真人某仰云、権大納言源朝臣某宣、奉レ勅、宜レ令レ進ニ過状一者。被ニ勘仰一之旨、無レ所ニ避申一。仍進ニ過状一、如レ件。

長保二年三月日　　東市佑――

これは過状の雛型を示したものであるが、過状を進《タテマツ》らしむべしという奉勅上宣が外記の仰によって本人に伝えられている。また朝野群載、巻十一、廷尉には応徳二年二月四日の検非違使左衛門権少尉平兼倫の過状と同年正月廿七日の検非違使右衛門少志中原範政の過状が載せられているが、兼倫のものは「去正月廿六日宣旨、大外記主税助々教清原真人定俊仰云、権大納言兼民部卿皇后宮大夫源朝臣経信宣、奉レ勅、検非違使左衛門少尉平兼倫、右衛門少志中原範政、勘ニ問囚人一間、猥致ニ争論一。宜レ令レ進ニ怠状一者」という外記の仰を受けて過状を進る旨を記している。上宣を奉って外記が記した宣旨に基づいて行われるこのような外記の仰も、宣旨であったのである。

②勘文での引用

法曹類林、巻二百二十六、公務三十四に収める応徳二年九月十九日の大判事明法博士菅原有真が勘申した明法勘文と、保安四年五月廿八日に明法博士兼左衛門少志中原明兼と大判事明法博士三善信貞が連名で勘申した明法勘文には、奉勅の上宣を外記が仰せた宣旨が引用されている。この仰をうけて自分たちはこの勘文を勘申する、という意味での引用である。なお次項で述べることだが、下弁官宣旨の場合にも、上宣を弁が伝宣し、史が奉った宣旨を、史が仰せるということが行われる。そして明法博士等に勘文の勘申を命ずるときは、どちらかといえば史の仰による場合の方が多い。

(3) 下外記宣旨についての小括

この項では下外記宣旨の個々について、外記が奉って記した上宣の内容を検討することにより、その上宣による命令が及ぶ範囲を確認するという作業を通じて、まず下外記宣旨にはA類とB類の二種があることを知ることができた。A類とはそこに記されている上宣による命令が、外記の職務・職掌、少納言の職務・職掌、広くとっても弁官を除いた「太政官」の職務・職掌にかかわるものである。これはいわば、「太政官」という一つの機構の内部における命令であって、他の官司に及ぶものではない。そのような上宣を奉った外記は、これを宣旨として書き記した。書き記された宣旨はたしかに文書であるが、この文書は他に対して発給する必要も下達する必要もない、いわば「太政官」内の部内文書である。したがって外記が書き記したこの種の宣旨は、下達文書でもありえないし施行文書でもありえない。外記が上宣の旨を書き留めたものが、これらの宣旨である。

これに対してB類としたものは、その下外記宣旨に記された上宣の命令が、太政官内の弁官を含めた他の官司に及ぶものである。したがって上宣を奉った外記は、その旨を他の官司に伝達しなければならない。それを伝達することはまさに下達であり施行である。だが外記は、その伝達にあたって、みずからが上宣を奉って記した宣旨を当該官司に発給したのではなかった。その伝達は、当該官司の官人を召して仰せるという方法で行われたのである。そのさい、口頭による伝達だけではなく、正確を期すために外記が記した宣旨をその官人に覧ぜしめるということがあったかも知れない。しかし宣旨そのものは外記の手許に残されて、仰せた事実を後日の証として残すために、その旨がその宣旨に書き加えられる。上宣を奉って外記が記した宣旨そのものは、A類下外記宣旨と同様、発給も下達もされないのである。したがって、後日の証として外記の手許に保管されるということからすれば、これもまた「太政官」内の部内文書であったといえる。部内文書であったればこそ、A類下外記宣旨においてもB類下外記宣旨においても、太政官符・太政官牒とは異なって、上卿の位階・官職を具官で記すことは稀なのであり(但し上卿が大臣の場合を除く。大臣は太政官符・太政官牒でも左大臣・右大臣とのみ記され、位階は書かれない)、上卿の宣を奉った外記の署も具官ではないのである。

ところで令制では、外記は太政官の発する行政命令(勅に出づるものもそうでないものも含む)を他司に対して伝達する執行機関ではなかった。そうした執行機関として位置づけられていたのは弁官であって、弁官は太政官符・太政官牒という公式令の定める公文書を作成し発給して、太政官の発する行政命令を他司に伝達する。それにもかかわらず、B類下外記宣旨においては、外記は上宣を仰せるというかたちをとって明らかに他司に対して伝達し、その執行を命じている。そのようないわば外記の権能の拡大が生じたのは、議政官組織による政務の場と形態の変化によるものであったと推定される。八世紀末、太政官内の庶務が次第に外記に集中しつつあったことは、「職務繁多、触レ途忩劇、詔勅格令、自レ此而出」という理由で、大外記の相当位を正七位上から正六位上に、少外記の相当位を従七位上から正七位上に改めたときの延暦二年五月十一日太政官奏(三代格、巻五、続紀)からもうかがうことができるが、議政官による聴政が太政官候庁で行われるようになり、外記政が開始されると、弁官を除く「太政官」の秘書局としての外記局の権能もまた、変化せざるをえないものとなった。議政官による聴政の結果を他司に対して伝達するという権能が、外記局に付与されるにいたったのである。弘仁十一年に成った弘仁式に収められた、史料七一の宣旨が引用する太政官式の条文は、そのような現実に基づいて、そしてまた一部を先取りして、制定されたものと思われる。しかし外記局は、そうしたさいに他司に対して発給する公文書の様式を、制度上もってはいなかった。そのため外記から他司への上宣の伝達は、当該官司の官人を召して仰せるという形態で行われざるをえなかったのである。

さて、上宣による命令が「太政官」内におさまるA類の場合は、その伝達はそれを奉った外記がその旨を宣旨として書き記すことによって完了する。上宣による命令が他の官司に及ぶB類の場合は、外記がその旨を当該官司の官人に仰せることによって、上宣の伝達は完了する。だがそのさいにも、仰を奉った諸司の官人は、奉った外記の仰の旨を書き記した。こうして記された宣旨もまた、他に対して施行する必要も下達する必要もない文書である。すなわちこれもまた当該官司の部内文書であった。

それではどのような理由から、外記にせよ当該官司の官人にせよ、こうした部内文書としての宣旨を書き記したのであろうか。その理由は種々考えられるが、さしあたりそのいくつかを挙げれば、第一は正確を期すことである。奉った事柄を記憶に留めるだけではなく、それを文章で記すことにより、それはより正確なものとなる。殊に外記から他司に伝達する必要のあるB類の場合、あるいはA類でも上宣の命令を以後恒例とすべきものの場合は、正確さが強く要求されたはずである。第二は後日の証とし後鑑に備えることである。口頭による伝達はその場で消えてしまうが、文書として記すことによりそれは残され、後日の証ともなり、また後鑑に備えることができる。第三は命令を奉った者の責任の所在を明らかにすることである。たしかに受命したという事実を書き残すことによって、確実さが保たれる。

下外記宣旨の検討を通じて知りえた以上のような事柄は、以外の諸多の宣旨にもあてはめて考えることができるであろうか。検討はさらにさきに進まなければならない。

二　下弁官宣旨の内容とその「施行」——上宣の伝達㈡——

ここでいう下弁官宣旨とは、奉勅と非奉勅とを問わず、上宣を弁が伝宣し、史が奉って記した宣旨をいう。上宣によらず、大弁の宣を史が奉って記す宣旨は、ここでは除外する。

下弁官宣旨もまた、下外記宣旨と同様、今日多数の例が残存している。そしてやはり下外記宣旨の場合と同じように、上宣の内容により、それが弁官の職務・職掌のみにかかわり他司に及ばないA類と、弁官から他司に伝達する必要のあるB類の二種がある。しかし実をいうと、そもそも弁官という組織は、八省をはじめとする在京諸司(内官)および大宰府・国司の在外諸司(外官)の庶政の受付機関であったから、A類とB類の別を個々の事例について截然と区別することは、甚だ困難である。弁官には、原則として、諸司百官からの太政官に対する申請がすべて集中するのがたてまえであり、そしてまた太政官の発する行政命令は、勅命によるものをも含めて、弁官が作成し発給する公文書すなわち太政官符・太政官牒によって下達・施行されるのがたてまえであったからである。それゆえこの項においては、A類下弁官宣旨については二、三の事例を紹介するにとどめ、下弁官宣旨の圧倒的多数を占めたと推定されるB類のものに記された上宣が、どのような方法で他司に伝達されたかという点を中心に、検討することにする。なおそうした検討に入るまえに、今日に残る下弁官宣旨の残存状態についての特徴を、二点指摘しておきたい。

第一点は、下弁官宣旨の残存例の出現は、下外記宣旨にくらべてかなりおくれるということである。下外記宣旨の場合は、その典型である、

上卿宣、……者。

年　月　日　　　外記奉

という形式の宣旨は九世紀はじめの弘仁年間からあらわれる。管見でのその初見は、類聚符宣抄、巻十に収める弘仁二年(八一一)六月卅日の下外記宣旨である(この宣旨は、第五章第一節に異型宣旨史料一五〇として掲げてある)。これに対して下弁官宣旨の典型である、

弁伝宣、上卿宣、……者。

年　月　日　　　史奉

という形式の宣旨で私の知りえた最も古いものは、別聚符宣抄に収める延喜二年(九〇二)四月十三日の下弁官宣旨である。もっともそれは文書のかたちで残されている最古のものという意味で、「史仰云」としてこの形式の宣旨を引用しているものがそれ以前にみられるから、九世紀にさかのぼって存在したのはたしかだが、それでも私が確認することのできたこの形式の最古のものは、政事要略、巻二十五に収める嘉祥二年(八四九)のつぎの宣旨であった。

史料七八　政事要略、巻二十五

嘉祥二年十月廿二日、参議従四位下(右大弁)藤原朝臣良相伝宣、右大臣宣、十月廿一日走馬負方献物之日、准二節会一行レ之者。

つまり下外記宣旨にくらべ、下弁官宣旨の史料上の出現はおくれるのである。

第二点は、下弁官宣旨はその史料上の出現がおくれるのみでなく、九世紀のものの残存例が極端に少ないということである。下外記宣旨は九世紀のものだけでも多数(実数は不明だが私が調査したものだけでも二〇〇点は超える)を数えるのに、下弁官宣旨の九世紀のものは、「史仰云」に引用されているものを含めて、わずかに五点を数えるにすぎない。

下弁官宣旨の残存状態についてみられるこの二つの特徴は、おそらく偶然が生みだしたものではあるまい。それは弁官という機関の職務上の特色から生じたものとみるべきである。すでにくりかえし述べたように、令制における弁官は、太政官の発する行政命令を公式令に定める様式の公文書によって発給し下達する庶務執行機関であった。それゆえ弁官に下された宣旨は、多くの場合公式様文書に形を変えて施行され、そのとき作成された太政官符・太政官牒の案が長案として保存されたため、宣旨が残される可能性はもともと乏しかったのである。上記の二つの特徴は、このような理由から生じたものと思われる。この点はなお下弁官宣旨に記される上宣の伝達・施行の問題として考えることにしたい。

(1)　A類下弁官宣旨

この章のはじめに述べた内覧宣旨のうちの下弁官宣旨(史料四〇(b))がそうであったように、諸多の下弁官宣旨のなかには、そこに載せられている上宣が弁官のみを対象とした行政命令であるものが存する。そのいくつかの例を挙げる。

史料七九　別聚符宣抄

左中弁藤原朝臣道明伝宣、左大臣宣、親王□□、或不レ待二諸司申請一、在前造二下官符一。論二之政途一、事□□。宜二去年冬当年夏両季、相待一符造下一。自今以後、立為二恒例一者。

延喜八年八月十九日　　左大史善道有行奉

欠字があるため上宣の内容に分明でないところがあるが、おおよそ以下のような事柄を述べたものと解される。

まず「去年冬、当年夏」の語と「親王」の語からみて、この上宣が、親王もしくは皇親の春夏禄・秋冬禄すなわち季禄か、もしくはやはり春夏・秋冬の二季に分けて支給される時服について述べたものであることは間違いない。そこで季禄・時服の支給手続を定めた延喜太政官式の季禄条をみると、つぎのように述べている。

諸司の季禄と皇親の時服を支給するときは、春夏禄の場合は、中務・式部・兵部の三省が支給の対象となる人の数と支給する禄物の量を録して、弁官に提出する。そのうえで二月十日に弁官は三省の官人を率いて「太政官」に上申する。「太政官」はこれをうけて三省が申す惣目を録し、二月十五日に少納言が天皇に奏上する。裁可されるとその旨は弁官に伝えられ、弁官は太政官符を作成し、二月二十日にこれを大蔵省に下す。大蔵省では二月二十二日に禄物を出給する。秋冬の禄もこれに准える。

この式文を念頭におきながら史料七九を読むと、上宣はつぎのようなことをいっていることがわかる。親王(等の季禄もしくは時服を出給するさいには、弁官は諸司すなわち中務・式部・兵部三省の申請があってから太政官符を大蔵省に下すべきであるのに)、近年は諸司の申請を待たずにあらかじめ太政官符を造り下している。これを政途に論ずると、事は(穏当ではない。それゆえ弁官は)去年の秋冬料と今年の春夏料については、両季のものを一つの太政官符に記載して太政官符を造り下すことにせよ。以後これを恒例とせよ。

「去年冬」料と「今年夏」料は、いずれも諸司の申請なしに出給した分をいう。また宣旨の日付の八月十九日は延喜太政官式での大蔵省に太政官符を下す八月二十日の前日である。したがって「自今以後、立為二恒例一」は、今年の秋冬料以後のことについて述べたもの。

これで明らかなように、上宣は弁官が大蔵省に太政官符を下すという事柄に関する命令を下したものである。太政官符を作成し発給することはもっぱら弁官固有の職掌であるから、この上宣の命令は他司に及ぶものではない。つまりこの宣旨は、弁官のみにかかわる上宣を左中弁が伝宣し、これを奉った左大史が書き留めたものであって、他に対して働きかける文書ではない。

史料八〇　別聚符宣抄

右大弁藤原朝臣保忠伝宣、右大臣宣、無ニ殊事一之国、所レ申給復解文、不レ可ニ執申一者。

延喜十七年九月五日　　左大史菅野清方奉

上宣の内容が弁官だけに対する命令であることの、明らかに知られる事例である。

諸国が上申する「給復解文」すなわち復除(課役などの免除)を申請する解文は、すべて弁官に提出される。弁官はこれを「太政官」=議政官組織に上申し(これが「執シ申ス」である)、議政官の会議を経て天皇に奏上され、復除すべきか否かが決定される。上宣は、「殊《コト》ナルコト無キ国」すなわちさしたる災害があったわけでもない国が申請する「給復解文」は、弁官が判断して却下し、議政官組織に上申するな、と命じている。この上宣の内容も他司には及ばない。

史料八一　別聚符宣抄

左中弁藤原朝臣顕忠伝宣、大納言藤原朝臣保忠宣、飛驒守大春日道光欵状云、佐渡解由、□〔新司カ〕巨勢惟平、須㆔依㆑例放㆓二枚㆒。而差㆑使遣取之間、只送㆓一枚㆒。擬㆑遣㆓取一枚㆒之間、冬春之比、北海波高、往還不㆑通。相㆓待海晏㆒、其期已久。望請、官裁、被㆑裁㆓許件解由㆒、早賜㆓鑯符㆒、罷㆓向任所㆒、勤㆓行雑務㆒者。宜㆘正文下㆓式部省㆒、案文下㆗勘解由使㆖者。

承平四年四月七日　　左大史坂上経行奉

大春日道光の前任は佐渡守で、飛驒守に転任したため帰京し、このとき道光は在京中であったものと思われる。巨勢惟平は道光の後任として佐渡守に任じ、すでに任地にいる。

道光の欵状はつぎのように申請している。例によれば新司佐渡守巨勢惟平は、自分に対して二通の解由状を放つべきである。それなのに自分が任地佐渡国から帰京後使者を差し遣わして解由状を求めたところ、ただ一通しか送ってこなかった。そこでもう一通放つよう再度使者を派遣しようとしたのだが、冬・春のころは北海が荒れて往還することができない。海がおだやかになるのを待っているあいだに日が経ってしまった。そこで自分としては以下のように官裁してほしい。すなわち、解由状は弁官に一通しか提出していないが、それを裁許されて早く鑯符(任符)を賜わって新任の飛驒国に罷り向い、国務に従事できるようにしてほしい。この欵状をうけて、上宣はつぎのように命じた。現在弁官に提出されている解由状の正文は式部省に下し、案文を作ってそれを勘解由使に下せ。

いうまでもなく解由状の正文・案文を式部省と勘解由使に下すのは弁官である。上宣は弁官に対し

「下ス」ことのみを命じている。

史料八二　類聚符宣抄、巻六

参議左大弁源朝臣道方伝宣、左大臣宣、年中所レ給宣旨官符本書草案、及臨レ時所所行事記文等、全納二文殿一、須レ令二勘抄一。而如聞、近年間、長案類書、既以脱漏、勘拠鎮致二其煩一。公事擁怠、莫レ不レ因レ斯。是則所レ奉史等、早不レ下二番史生一、黙而去レ職之所レ致也。宜下加二炯誡一、自今以後、件等文書、慥令二弁度一、毎月実録、便続中番案主史生請文上。叙爵之時、相二加申文一、備レ之進上。立為二恒例一者。

長和四年八月一日　　左大史但波朝臣奉

この上宣は弁官に対する命令というよりも、史に対する命令を述べたものであるが、同時に、なぜ下弁官宣旨が書き残されるかという理由の一端をも述べている。

上宣はこういう。「太政官」が年間を通じて弁官に給う宣旨・官符の本書(正文)や草案、およびそのときにあたって所々が行う行事の記文などは、すべて官文殿に納めて後日の「勘抄」に備えるべきものである。それなのに聞くところでは、近年は、長案・類書はすでに脱漏していて、先例の「勘拠ノ鎮《シヅメ》」に煩いを生じている。公事が擁怠するのはすべてこうしたことによるのである。そしてそのようなことは、上宣を奉った史等がすみやかにそれらの公文を官文殿の番《ツガヒ》の案主である史生に下さずに、自分の手許に置いたまま史の職を去ってしまうことによっておこっていることである。史等は炯誡《ケイカイ》(いましめ)して、今後はそれらの文書をたしかに案主の史生に「弁《ワキマ》へ度《ワタ》シ」、さらにそのことを毎日実録して、その実録には文書を受領した案主の史生の請文《ウケブミ》を貼付することにせよ。そのうえさらに、史の巡によりその史が叙爵(六位から従五位下に昇叙すること)するときには、史が差出す申文にその実録を副えて進上せよ。このことを立てて恒例《ゴウレイ》とせよ。

これで知られるように、上宣がもっぱら追及しているのは、上宣を「奉ルトコロノ史等」の行為であって、今後史等がとるべき処置について指示したのがこの上宣である。したがってその指示自体は、他の官司にはなんらの関係もない。それを当の史が奉ってこの宣旨を書き記している。

そのことに加えて注目したいのは、この上宣が、上宣を奉った史がそれを文書として書き記す理由、すなわち宣旨として書き記す理由をも述べていることである。その理由は、それらを官文殿に納め、「勘抄」「勘拠」に備えるためであるという。ところがこのころ、史等はそうした文書を離任のさいに自家に持ち帰って、官文殿に納めていなかったのである。このことは、小槻官務家の成立を考えるうえで、延いては平安時代後期における家業の成立を考えるうえで誠に興味深い事柄であるが、(7)それはともかくとして、後鑑に備えることがこうした宣旨の書き記される一つの、そして大きな理由であったということを、この上宣から読みとることができるであろう。

以上、A類の下弁官宣旨の四例をみてきた。それらはみなA類下外記宣旨と同じく、弁官もしくは史の職掌のみにかかわる上宣を、弁が伝宣し、史が奉って書き記したものであって、他司にかかわるものではなかった。つまり、他司に働きかける必要のないもの、伝達したり施行したりする必要のないものであった。その意味でA類下弁官宣旨もまた、弁官という機構内の部内文書であったのである。

(2)　B類下弁官宣旨

弁官は「受二付庶事一」を第一の職務とする。したがって弁官に下される上宣は、多くの場合弁官以外の諸司にかかわるものである。それゆえ今日残されている下弁官宣旨の圧倒的多数が、上宣に「仰二某司一」の文言があるなしにかかわらず、B類のものであるのはむしろ当然のことというべきである。そこでそれらの事例を逐一紹介するのは煩雑でもあり、またあまり意味のないことでもあるので、ここではそうした上宣を、弁官はどのような方法あるいは手段で諸司に伝達し、施行・下達したかということを中心にみてゆくことにする。

弁が伝宣し史が奉った上宣を他に伝達する方法として知りえたものには、以下のようなものがあった。

(イ)　太政官符・太政官牒による伝達

これは弁官から他司への、最も正統的な上宣の伝達方法である。富田正弘氏がいわれるように[8]、下弁官宣旨は太政官符・太政官牒の作成にさいしその土代《トダイ》(原案)として用いられた。

だがそうしたことを直接に示す史料は、意外に少ない。九世紀の下弁官宣旨の残存例が少ないのと同じ理由、すなわち下弁官宣旨を土代として作成された太政官符・太政官牒の案文は長案として残されるけれども、土代の下弁官宣旨そのものが残される可能性は乏しかったという理由によるのであろう。

この方法の確認できるいくつかの事例を示す。

史料八三　類聚符宣抄、巻六

左少弁藤原朝臣元善伝宣、中納言藤原朝臣忠平宣、五畿七道諸国所二居住一之宿衛等、且注二貫属一、可二言上一之由、宜二下知一者。但官符到来之後、廿日内言上者。

延喜九年十月十九日　　左大史小野常実奉

上宣は、五畿七道諸国に居住する宿衛の人等の貫属を報告するよう国司に「下知」することを弁官に命じ、さらにその報告は「官符」の到着後二十日以内に行うべきことを付言している。三代実録などこの時期前後の文献で諸国に「下知」すると記すものは、一般に太政官符を下すことをいう。(9) この上宣でも「官符到来之後、廿日内言上」というから、「下知」は太政官符を下すことである。すなわちこの上宣は、弁官が太政官符を作成して諸国に下すべきことを命じたのである。したがってこの上宣を伝達する文書、文字通りの施行文書・下達文書は、この宣旨を土代として弁官が作成した太政官符である。

史料八四　類聚符宣抄、巻七

(a)正暦二年十月八日南申文　権中納言　左中弁

修理職申請清世吉光、土師吉富等、補二任長上一事　依レ請

右少史安茂忠

(b)太政官符式部省　外

応レ補二長上三人一事

従七位上公連氏吉

長上額田吉村転二任権少工一替

従七位上清世吉世

轆轤長上品治豊連死闕替

従七位上新連近助

長上紀助吉死闕替

右、得二修理職去七月廿七日解一偁、件氏吉等、才能頗長、年労又積。仍可レ被レ補二長上一如レ件。望請、官裁、被レ補二件闕一、将レ励二後進一者。正三位行中納言兼春宮大夫左衛門督藤原朝臣師氏宣、依レ請者。省宜二承知、依レ宣行一レ之。符到奉行。

権右少弁　　　　　　　　　　　　左大史

康保四年十月十四日

これは時期と登場する人物は異なるが、同一の事柄についての下弁官宣旨と太政官符が共に残されている、めずらしい例である。修理職の才伎長上の補任に関するもので、(a)は南所において審議された修理職提出の申文の内容と審議の結果を摘記した略式の下弁官宣旨で、注記されている「権中納言」が上卿、「左中弁」が伝宣者、「依レ請」が上宣の内容、そしてその上宣を奉ってこれを記したのが右少史安茂忠である。(b)は同一の事柄について別のときに弁官が作成して式部省に宛てて発給した太政官符。内容的には(a)と全く同じである。すなわち下弁官宣旨に記された上宣は、太政官符によって式部省に下達・施行されたのである。なお(b)の初行にある「外」の注記は類聚符宣抄にしばしばみられるもので、この太政官符には外印すなわち「太政官印」が踏されたことを意味する。

史料八五　別聚符宣抄

(a)太政官符五畿内七道諸国司

応レ写二請延喜格一事

右、太政官去延喜八年十二月廿七日頒二行件格一之状、下レ符已了。右大臣宣。宜下仰二下国宰一、令中早写請上者。諸国宜二承知、依レ宣行一レ之。仍須下付二在京使等一、来十月以前写中請之上。符到奉行。

延喜十年七月一日　　（弁・史の位置は略されている）

(b)　応レ写二請延喜格一事

右、左大弁藤原朝臣道明伝宣、太政官去延喜八年十二月廿七日頒二行件格一之状、下レ符已了。

〔右大臣宣脱〕宜下仰二諸司一、来十月以前令中写請上者。

延喜十年七月一日　　左大史布瑠有幹奉

右は、同じ日の、同一内容の、太政官符と下弁官宣旨である。両者に記されている上宣は延喜格を書写すべきことを在外・在京の諸司に仰せよと弁官に命じたものであって、ただ仰せる対象が、(a)官符は「国宰ニ仰セ下ス」、(b)宣旨は「諸司ニ仰ス」というように異なっているにすぎない。したがって(a)官符の背後には(b)宣旨と同じような下弁官宣旨が存在し、それを土代としてこの太政官符が造られたとみてよい。上宣を太政官符で伝達・施行したのは、その対象が五畿内七道諸国司であったからである。

むしろここで問題なのは、(b)宣旨に記された上宣がどのようにして内官諸司に伝達されたか、「仰セヨ」と命ぜられた弁官はどのような方法で内官諸司に仰せたかということである。令制本来のありかたからすれば、この場合も弁官は太政官符を作成して下達すべきものである。なぜならば(b)宣旨の上宣を受命したのは弁官であって決して在京諸司ではないからであり、弁官から内官諸司に下達するために用いられる公文書は令制のたてまえでは太政官符であったからである。だがこのとき、内官諸司に対しては全く別の方法で上宣を伝達した可能性も否定することはできない。その方法とは、(b)宣旨そのものを書写して諸司に頒布するか、あるいは(b)宣旨を諸司に回覧するという方法である。史料八五から一世紀ものちのものではあるが、つぎのような例がみられる。

史料八六　政事要略、巻七十

(a)内大臣宣、奉レ勅、源方理奉レ令三僧円能呪二咀皇后一。尋二其由緒一、寄二事前太宰（マヽ）権帥藤原朝臣伊周一也。事之根元、在二藤原朝臣一。非レ有二指召一、不レ可レ令二朝参一者。

寛弘六年二月廿日　主税頭兼大外記播磨権介滋野朝臣善言〔奉脱〕

(b)左中弁源朝臣道方伝宣、内大臣宣、奉レ勅、奉レ呪二咀中宮一伊予守佐伯朝臣公行妻、従者藤原吉道、出納不知姓春正、宜下仰二検非違使一、慥尋二在処一、令中捕進上。但捕獲之輩、随二其品秩一、将レ加二勧賞一者。

寛弘六年二月廿日　左少史竹田宣理奉

防鴨河使判官右衛門志林重親奉

(c)太政官符左右京職

応下慥尋二在所一捕進上伊予守佐伯朝臣公行妻従者藤原吉道出納不知姓春正等事

右、内大臣宣、奉レ勅、件吉道等、為レ勘下糺奉レ呪二咀皇后一之事上、宜下仰二彼職一、慥尋二在所一、令中捕進上。但捕獲之輩、随二其品秩一、将レ加二勧賞一者。職宜二承知、依レ宣行一レ之。所レ犯已重。不レ得二疎略一。符到奉行。

正四位上行宮内卿兼左中弁備中権守源朝臣道方　　正六位上左少史竹田宿祢宣理

寛弘六年二月廿日

これは著名な藤原彰子呪咀事件をめぐって記された二つの宣旨と一つの太政官符である。(a)は藤原伊周の朝参を止めるべきことを命じた奉勅の上宣を奉って書かれた下外記宣旨、(b)と(c)は一味の追捕を命ずる奉勅の上宣を奉って書かれた下弁官宣旨と太政官符である。一見して明らかなように(b)宣旨と(c)官符の背後にあるのは、同一の上宣である。ただ(b)宣旨が「仰二検非違使一」で(c)官符が「仰二彼職一」であるというように、弁官が仰せ伝える対象が異なっているにすぎない。左右京職への伝達に太政官符が用いられているのは、それが内官ではあっても在外諸司としての性格を併せもつ官司であったからである。

さてここでの問題も(b)宣旨である。上宣によって弁官が命ぜられたことは、一味を追捕するよう検非違使に仰せよ、ということであるから、その仰せる方法いかんが問題であるのだが、(b)宣旨には上宣を奉ってこの宣旨を書き記した「左少史竹田宣理奉」という署と並んで、「防鴨河使判官右衛門志林重親奉」という検非違使の署が記されている。これは検非違使林重親が(b)宣旨にみずから書き加えたものとしか考えられない。すなわち左少史竹田宣理はこの(b)宣旨を重親にみせて読ませたか、あるいは読み聞かせ、そのとき重親からこの署をとったのである。このようなやりかたも、時代の降った時期に行われた上宣伝達の一つの方法であった。私が史料八五の(b)宣旨について、在京諸司への上宣の伝達には、太政官符の発給以外の方法が用いられた可能性もあると述べたのは、こうしたことを考慮したからである。なおこの点についてはのちに再び触れることにする。

さて私はさきに、史料八六の(b)の宣旨と(c)官符の背後には同一の上宣があったと述べた。そこで史料八五の(a)官符と史料八六の(c)官符をもう一度みることにしたい。二つの官符に謄せられた上宣は、史料八五の(b)宣旨、史料八六の(b)宣旨のそれぞれから「弁伝宣」の部分を除き、「仰」の対象を書き変えたものであることが知られる。しかも弁と史の位置を残している史料八六の(c)官符をみると、加署した弁は(b)宣旨の伝宣者であり、史は(b)宣旨の奉者である。すなわちかれらは行事弁と行事史である。但し正式な公文書である(c)官符においては、かれらは具官で加署している。こうした事実に基づけば、第一章で紹介した富田正弘氏の所論のように、下弁官宣旨から太政官符の作成にいたるまでの過程を、つぎのように推定することができる。すなわち、上宣はまず弁官の弁(行事弁)に下される。弁はこれを史(行事史)に伝宣する。すると史はたしかに弁の伝宣を奉った旨を記した下弁官宣旨を作成する。そのうえで史は、その上宣が他司に対して伝達・施行すべき内容のものである場合には、太政官符を起草する。そしてその太政官符には、上宣を伝宣した弁と奉った史が具官で位置を加える、という作成過程である。太政官符の起草にあたり、下弁官宣旨がその土代として用いられたであろうことはいうまでもない。

そうであるとすると、今度は逆に、太政官符および太政官牒の記述から、下弁官宣旨の存在を推測することが可能となるであろう。事実そうした推測の可能な太政官符・太政官牒はいくつも存在し、しかもそれは八世紀にさかのぼって検出される。なぜならば上宣(奉勅・非奉勅を含む)を施行する太政官符は、天平十年のものを初見として八世紀から存在したからである。つぎの例をみられたい。

史料八七　宝亀四年三月五日太政官符(二一-二八〇)

太政官符中務省

　応レ給二宮人職事并散事五位已上一季禄事

右、被二内臣正三位藤原朝臣宣一、奉レ勅、上件宮人職事季禄者、高官卑位依レ官、高位卑官依レ位給レ之。但散事五位已上者、給二正六位官禄一。永為二恒例一者。省宜二承知、准レ勅施行一。符到奉行。

従五位下守左少弁小野朝臣石根　　左大史正六位上会賀臣真綱

　　　宝亀四年三月五日

この太政官符の背後には、弁官に下された奉勅の上宣がたしかに存在した。「被二内臣正三位藤原朝臣宣一、奉レ勅、上件宮人職事季禄者、高官卑位依レ官、高位卑官依レ位給レ之。但散事五位已上者、給二正六位官禄一。永為二恒例一者」の部分がそれである。そしてもし、正確を期するため、あるいはその他の理由によって、弁なり史なりがこの上宣を紙に書き記したとすれば、それは実質的な下弁官宣旨である。もちろんそれが「弁伝宣―史奉」というような様式のものであったかどうかはわからない。だがそのような様式は、後世に定型化したものであるにすぎないとすれば、下弁官宣旨の原型ないし祖型は八世紀にさかのぼって存在したとみて、おそらく誤りない。下弁官宣旨は、九世紀に入ってから突如公家様文書として成立したというような性質の「文書」ではないのである。

下弁官宣旨に記された上宣を他司に対して施行する本来の下達文書が太政官符・太政官牒であったとすれば、時代が降れば、官符・官牒を略式化した官宣旨すなわち弁官下文も、下弁官宣旨に記載する上宣の施行文書として用いられたはずである。つぎにそれをみることにする。

(ロ) 官宣旨による伝達

官宣旨は弁官下文ともいい、弁官が作成して他司に対し発給する施行文書・下達文書である。その現存する最古のものは、円珍が書写したつぎのものであるとされている[10]。

史料八八　貞観十一年五月一日官宣旨(園城寺文書)

左弁官　下延暦寺

応二検封一故円仁法師真言法文事

右、『中納言藤原朝臣基経宣、件師自二大唐一所二持来一法文、其数不レ少。宜下未レ運二納総持院一之間、座主弁遍照慈叡承雲性海大法師等、相共検封、勿レ令二紛失一者』。寺宜二承知、依レ宣行レ之。不レ得二疎略一。

貞観十一年五月一日　　　大史菅野朝臣良松

中弁藤原朝臣家宗

（円珍自筆識語）「正文出レ寺了、十七年正月廿三日記」

このうちの『　』内の文章が、下弁官宣旨の弁が伝宣し史が奉って記した上宣の部分に相当するものであることは、改めていうまでもない。

やや時期の降るものだが、下弁官宣旨が明らかに官宣旨によって施行されたことを推察させる事例を挙げる。

史料八九　朝野群載、巻五、朝儀下

(a)　康和二年八月廿三日　宣旨

園城寺僧綱以下、参二来公門一、為レ企二越奏一、雲集之由、風聞已成。厳制之旨、先後稠畳。早任二天徳二年延久二年符一、停二止参集一。但愁緒不レ休、可二奏聞一者、宜下勒二解状一、付レ官言上上。

蔵人中宮権大進藤原朝臣奉

(b)　園城寺

請　宣旨壱紙

被レ載下応二早停止一寺家僧綱以下参二集公門一欲レ致二越奏一事上

右、得二今月廿三日宣旨一偁、左大臣宣、奉レ勅、彼寺僧綱以下、参二集公門一、為レ企二越奏一、雲集之由、風聞已成。厳制之旨、先後稠畳。早任二天徳二年延久二年符一、停二止参集一。但愁緒不レ休、可二奏聞一者、須下勒二解状一、付レ官言上上者。寺家宜二承知、依レ宣行一レ之者。謹所レ請如レ件。

康和二年八月廿四日　　小寺主法師

都維那法師観秀

上座大法師成尋

朝野群載は(a)に「宣旨書下」という名称を付している。すなわち(a)は、天皇の勅命を、それを奉った蔵人藤原為隆がそのまま記したものである。これが蔵人から上卿に送られると、同じものが口宣案あるいは職事仰詞などと称されることは、第二章において伝宣草についてみた通りである。それを上卿が弁に対して宣すると、弁官で上卿宣—弁伝宣—史奉の下弁官宣旨が書かれ、弁官はさらにそれを土代として官宣旨を作成し、園城寺に対して発給した。(b)はその官宣旨を受領したとする園城寺提出の請文《ウケフミ》である。そこにいう「今月廿三日宣旨」とは、下弁官宣旨の「某弁伝宣、左大臣宣、奉レ勅、……者」の文章から「某弁伝宣」を削除し、書止として「寺家宜二承知、依レ宣行一レ之」という施行文言を書き加え、さらに弁と史が位署を加えた、弁官作成の官宣旨である。つまりこの場合は、

天皇 —①→ 蔵人 —②→ 上卿 —③→ ［弁伝宣 → 史奉］ ④↓↑⑤ 園城寺

という勅の伝達経路のうちの①宣旨書下と⑤官宣旨請文の二つが残されていることによって、②の口宣案もしくは職事仰詞の存在、③の結果書かれる下弁官宣旨の存在、④その下弁官宣旨を土代として作成された官宣旨の作成と発給が、すべて復原できるのである。

このように下弁官宣旨は官宣旨を作成するための土代としても用いられたが、なおここでは二つの事柄について付言しておきたい。その一つは、官宣旨と公式様文書としての太政官符・太政官牒との関係についてであり、いま一つは「官切下文《カンキリクダシブミ》」と称される宣旨と官宣旨との関係についてである。

まず官宣旨と太政官符・太政官牒との関係について。

史料八八から知られるように、官宣旨はつぎのような様式の文書である。

左(または右)弁官下某司(または某寺)　……差出所と充所
　応……事　……事書
右、……。司(または寺)宜承知、依宣行之。　……事実書と施行文言
　年月日　史位署
弁位署　……年月日と発給者の位署

これは無印(白紙)である。すなわち内印(「天皇御璽」の印)も外印(「太政官印」の印)も捺されない。これに対して太政官符は、太政官が内外諸司に対して行政命令を発するさいに、弁官が公式令13符式条にのっとって作成し、発給する下達文書であって、一般につぎのような様式をとる。

太政官符某司　……差出所と充所
　応……事　……事書
右、………。司宜承知、符到奉行。……事実書と施行文言
弁位署　史位署　……発給者の位署
　年　月　日　……年月日

これには内印もしくは外印が踏される。決して白紙で発給されることはない。内印と外印のいずれを踏するかについては、時期により、また事柄により変化があったが、原則的には、在外諸司に対して下される官符には内印が踏され、在京諸司に対して下される官符には外印が踏される。

つぎに太政官牒は、太政官が僧綱および寺家三綱に対して行政命令を発するさいに、弁官が作成して発給する下達文書で、受領した寺家などはこれを官符と称することもあった。(11) その様式は公式令12移式条の移を転用したもので、一般につぎのような形態をとる。

太政官牒某寺　……差出所と充所

応………事　　……事書

右、………。寺宜承知、依宣行之。牒到准状。故牒。　……事実書・施行文言と書止

　　年月日　　史位署
弁位署　　　　　　　……年月日と発給者の位署

これには外印が踏される。太政官符と同じく白紙で発給されることはない。

ところで以上三種のものの年月日と弁・史の位署の位置を比較してみると、官宣旨のその形態は移式を転用した牒と同じであることがわかる。かつて旧稿で述べたように(12)、符およびその系列の下達文書は、どのように簡略化されても位署と年月日の位置が変化することはなかったとみられるから、その点に着目すれば、官宣旨はその様式のみについていえば移式転用の牒の系譜を引くものとみることができよう。正倉院文書にみられる八世紀に造東大寺司などが授受した牒は、上申文書にも平行文書にも、あるいはまた下達文書にも用いられるというように、幅広い用途に応ずることのできる便利な文書様式であったから、そうした便利さが太政官においても活用され、官宣旨という様式の文書を生むにいたったのではないかと想像される。ともあれこのような様式の官宣旨が生まれると、弁官における下達文書の作成・発給手続に、二つの変化が生じることとなった。第一は、官宣旨は無印の白紙のまま発給することが可能であるから、請印の手続を省略することができたことである。というよりも事態はむしろその逆で、

請印の煩しさを回避するために官宣旨なる文書様式が生みだされたといった方が正確である。したがって官宣旨はあくまでも太政官符・太政官牒の略式文書であって、在外諸司に下される官宣旨の施行文言のつぎにしばしば「官符追下(官符追テ下ス)」という文言がみられるのは、そのためである。変化の第二は、官宣旨は俗官官司に対しても僧綱・寺家に対しても、区別なく用いられたということである。公式令の定めるところでは、上述のように内外諸司すなわち俗官官司に対する行政命令書としては太政官符を、僧綱・寺家に対する行政命令書としては太政官牒を用いるというように、両者は截然と区別されていた。しかし官宣旨はそうした区別をすることなく用いられる。官宣旨が略式文書であったればこそ、そうしたことが可能であったのであろう。

さて官宣旨の現存する最古のものは、史料八八の貞観十一年のものである。だがこのような新しい様式の文書が突然出現したとはとうてい考えられない。そのような眼で史料を尋ねてみると、太政官牒から官宣旨へ移行する過渡的形態のものとみられる文書が、二通存在することが知られる。いずれも延暦年間のものであるが、太政官牒でも官宣旨でもないので、文書名はかりに弁官発給文書としておく。太政官発給文書としてもよいのだが、狭義の「太政官」の発給した文書と誤解される恐れがあるので、避けておいた。つぎに挙げるものがそれである。

史料九〇　延暦廿三年十二月廿五日弁官発給文書(『平安遺文』四三〇〇号)

太政官
　応二読経行道一事
右、被二右大臣宣一偁、比日御体忽有二不豫一、宜下差二使者一、令レ賷二布施料綿伍佰陸拾屯一、遣二東大寺一、令中至心誓願読経行道上。停止之限、依二使口状一者。寺宜二察レ状、依レ宣脩福一。其使経レ彼間、用二寺物一供給。事畢還日、即擬二補納一。
　　延暦廿三年十二月廿五日　外従五位下行大外記兼左大史下総大掾堅部使主「広人」
従四位下行左中弁兼近衛少将勘解由長官阿波守秋篠朝臣「安人」

史料九一　延暦廿四年二月廿五日弁官発給文書（『平安遺文』四三〇一号）

太政官
　天台法華玄記拾巻
　　文句拾巻
右、被二内裏宣一偁、如聞、件経在二東大寺寺主賢高禅師所一。宜下并二彼禅師一奉請上者。仍差二玄蕃少属少初位上安倍朝臣御笠一充レ使、屈請。
　　延暦廿四年二月廿五日　正六位上行左少史賀茂県主「立長」
参議正四位下行左大弁兼左衛士督皇太子学士但馬守菅野朝臣「真道」

史料九〇は桓武の病気平癒祈願のため、東大寺に読経・行道を命じたもの。その期間は使者が口頭で伝えるとしている。事実書の末尾の「其使経」彼間……」の文は、使者の滞在費などは寺のものでまかなえ、任務が終って帰還したのちに官物を以て補納することにしよう、という意味。史料九一は東大寺に経巻の奉請(借用)を申し入れたもの。経巻だけでなく「彼ノ禅師サヘニ」すなわち所蔵者の賢高禅師の奉請をも申し入れている。

さて弁・史の位署から知られるように、この二通の文書は原文書である。そして『平安遺文』の編者竹内理三氏がこの二通の文書名を「太政官牒」とされた如く、位署の位置からみて、その実質はまさに太政官牒である。だがこの二通には牒という文書様式を指し示す文言は全く記されていない。しかも原文書であるのに無印の白紙である。この二通は官宣旨の祖型を示すものなのではなかろうか。差出所を「太政官」とするのは、おそらく太政官牒の名残りであろう。それがやがて、このような様式の文書は正式文書の太政官牒とは異なるものであることを明示するため、発給者の所属機関の名を取って「左弁官」もしくは「右弁官」に代えられれば、あと一歩で官宣旨の誕生となる。このようにしてこの二通の文書は、太政官牒から官宣旨への過渡的形態のものと位置づけることができるとともに、官宣旨は太政官牒から生まれた略式文書とみたさきの推測をも補強するものとなる。

つぎに「官切下文」と称される宣旨と官宣旨との関係について。

官切下文というのは、朝野群載、巻六で用いられている文書様式名で、竹内理三氏も従来の古文書学が論及しなかったものとして注目しておられる。[13] 朝野群載は官切下文としてつぎの二例を示している。

史料九二　朝野群載、巻六、太政官

官切下文

(a)五色絹六疋 下大蔵　糸七十絇　両面二疋　帛一疋　三丈綾一疋　苧十斤　白木唐櫃六合　紅花大十七斤九両　黄蘗大卅三斤　茜大廿三斤　銭四貫六百文　紫草大百卌斤　白紙二百六十枚 下中務

油二斗五升六合 下宮内

右、奉二山陵并所々一荷前料、内蔵寮所レ請、如レ件。

寛弘元年十二月十二日　　左少史私

右少弁藤原朝臣

(b)絁一疋 下大蔵　銭五百文　米五斗 下宮内

左大臣宣、旨(宜)レ充レ之。

右、今月十七日祭二薗并韓神一解除料、神祇官所レ請、如レ件。

長和三年十一月三日　　左大史

左少弁

左大臣宣、旨〔宣〕充ㇾ之。

しかしこの二通は、かなり形態の崩れたものであるらしい。というのは、朝野群載には同様の形式の文書がこのほかに五例収録されているが、それらの弁と史の署の書きかたはまちまちであって、年月日下に史の署のないものもあれば、弁の署が「左大臣宣、宜ㇾ充ㇾ之」の下にあって、それに「奉」と注記するものもある。おそらく(a)・(b)は朝野群載に収載するにあたって誤記されたか、後世伝写の間に原形を損ったものと推測される。そしてその本来の書様はつぎのようなものであったとみられる。

年月日の下に史の署はなく、史の署は端裏に書かれる。

弁の署は、上宣の下、もしくは上宣の次行に書かれ、これに「奉」と注記する。

というのは、西宮記と九条年中行事はこれと同種のものをつぎのような様式のものとして記しているからである。これは第二章で史料一七の(a)・(b)として掲げたものであるが、その様式を確認するためにいま一度示すことにする。

(a)絹二千疋 下大蔵　綿一万屯

右、今月十九日新嘗会親王已下五位以上禄料、彼省所ㇾ請、如ㇾ件。

承平六年十一月十六日

右大臣宣、宜ㇾ充ㇾ之。

右中弁藤原朝臣在衡奉

宣旨表、史加㆓名字㆒也。

(b)綿伍仟屯　下大蔵

右、今月十六日踏歌庭積禄料、依㆑例彼省所㆑請、如㆑件。

承平五年正月十四日

左大臣宣、宜㆑充㆑之。

左少弁大江朝臣朝綱奉

謂㆓之大宣旨㆒。

「宣旨表、史加㆓名字㆒也」と「謂㆓之大宣旨㆒」は、西宮記と九条年中行事の編者が加えた注記である。これによって、史の署は端裏に記されるものであったことが知られる。またこのような様式のものも宣旨と称されたことも知られる。

さて官切下文というのはどのような性質の文書であったかというと、諸司に対して物資の提供を命ずるときに、弁官において作成された文書に上宣の旨が書き加えられた一種の宣旨であるといってよい。すなわちある行事をめぐってある官司が用途物を必要とした場合、その官司は弁官にこれを申請する。すると弁官では、それぞれの物資をどの官司から調達するかを立案する。史料九二にみられる「下大蔵」

とか「下宮内」というのは、その物資を大蔵省・宮内省から調達する、すなわち大蔵省・宮内省に下行させるという意味の注記である。そしてこの弁官が立案したものに対して上宣が下されるわけである。そのさい、この種の宣旨の最大の特徴とされるのが、その上宣を奉ってその旨を記す者が、史ではなく、弁であるということである。つまり通常の下弁官宣旨のように「弁伝宣―史奉」という形式はとらないのを特徴とする。西宮記・九条年中行事がこれを大宣旨と称しているのも、この故であろうと思われる。

右に述べたような手続を最もよく示しているものに、万寿二年七月四日付のものがあるので、いささか長文であるが、つぎにこれを示す。

史料九三　朝野群載、巻十五、陰陽道

(a)陰陽寮解　申請㆘写㆓来年料暦㆒用物㆖事

合暦百七十九巻

料紙三千三百卅九張　麻紙千〔十〕枚　御暦標紙料

御暦十三巻　紙屋紙三百六十張

御七暦　一院　太皇太后宮　皇太后宮　中宮　東宮各一所

上頒暦百六十六巻

料調上紙二千九百卅一張各一巻卅七枚　筆百卅二管兎毛筆卅四管御暦料、鹿毛筆九十八管頒暦料　墨十五

挺上三挺御暦料、中十二挺頒暦料　軸百八十五枚花軸十九枚御暦料、檜軸百六十六枚頒暦料　上朱砂十一両
綺二丈五尺五寸御暦料　上絁三丈大豆篩料　阿膠三両　砺一面　長畳四枚　竹拾〔衍〕十七棟　白米六石
七斗七升五合五石、造案御暦博士并生徒書手等間食料、二〔一〕石七斗七升五合、図書々手装潢等単九十六人料　大豆五
升紙続料　塩一石二斗四合一石、造案御暦博士并生徒書手等料、二斗四合、図書寮書手装潢等単九十六人料　腊魚
一斗九升二合同書手装潢装束等料　滓醤一斗九升二合同書手装潢等料　写頒暦書手廿九人大舎人四人各一
巻、内竪二人各十巻、諸司大工廿二人各四巻、

已上目録

(b)
麻紙十枚下中務　紙屋紙三百六十張　調上紙二千九百卌一張　兎毛筆廿〔卅〕四管　鹿毛筆九十八管
上墨三挺　中墨十二挺　花軸十九枚左弁官下木工寮　檜軸百六十六枚　上朱砂十一両官下中務内蔵
綺二丈五尺五寸　上絁三丈下大蔵　阿膠三両　砺一面　長畳四枚左弁官下宮内　竹拾漆棟左弁官
下山城国　白米六石七斗七升五合下宮内　大豆五升　塩一石二斗四合下宮内　腊魚一斗九升二合
滓醤一斗九升二合　写頒暦書手廿九人下宮内

右、写二来万寿三年暦一料、用度雑用料、依レ例陰陽寮所レ請、如レ件。

万寿二年七月四日　左少史小野朝臣奉政（端裏ヨリ転記サレタモノカ）

(c)
左大臣宣、旨〔宣〕レ宛レ之。　右少弁藤原朝臣〔奉脱〕

これは右のように(a)・(b)・(c)の三つの部分から成る。(a)は陰陽寮が来年(万寿三年)の暦を写すために必要とする用物を申請した解で、用物の目録までを残し、解の結文と年月日、陰陽寮官人の位署などは省略されている。(b)が、それらの用物をどの官司に下行させるかを弁官が立案して記した部分で、その後《オク》に(c)の宣旨が記入される。「左大臣宣スラク、コレヲ充ツベシ」は、弁官が立案した通りに用物を充用せよという意である。この上宣を右少弁が奉って、これを書き記している。

以上、官切下文もしくは大宣旨といわれるものをやや詳しくみてきたが、なぜそのようなものをここでとりあげたかというと、その施行文書としての官宣旨が残されていて、それにも大きな特徴がみられるからである。その特徴とは、官宣旨の文面に、通常の官宣旨とは異なり、上宣の旨を記さないことである。とはいっても、官切下文ないし大宣旨とぴったり対応する官宣旨が残されているわけではないが、以下に掲げる官宣旨が官切下文・大宣旨を施行するための官宣旨であることは、その内容からみて疑いのないところである。

史料九四 朝野群載、巻四、朝儀上

左弁官下　山城国
葛野筵百枚
折薦佰枚

右、伊勢斎王暫住二河陽宮一鋪設料、依レ例所レ充、如レ件。国下宜承知、以二頓宮儲内一、便早充上之。官符追下。

嘉承二年十二月四日　　右大史紀朝臣

中弁藤原朝臣

『平安遺文』は補三二―三六号として、同類の官宣旨五通を収めている。そのうちの二通を掲げる。

史料九五　嘉承二年十二月日官宣旨（『平安遺文』補三三号・補三六号）

(a)
左弁官　下右京

夫拾人

右、来年正月被レ行太元法所料、依レ例彼所所レ請、如レ件。

嘉承二年十二月日　　少史高橋朝臣

少弁源朝臣

(b)
左弁官　下民部

干物肆俵（三俵僧供所料／一表行事如〔所〕料）

槽弐隻　臼壱腰　杵弐枝

箕壱舌

右、来年正月被レ行太元法所料、依レ例彼所所レ請、如レ件。

嘉承二年十二月日　少史高橋朝臣

少弁源朝臣

ちなみに西宮記・九条年中行事では、右の(a)と同趣旨の官宣旨を、第二章に史料一七(c)として掲げたように、「小宣旨」と称している。上宣を引用していないことによって付せられた名称であろうか。しかしすでに明らかなように、上宣を引用していないからといって、この種の官宣旨を弁官が議政官組織とかかわりなく独自に発給したわけではない。官宣旨の作成・発給の前段階に官切下文もしくは大宣旨と称する宣旨が存し、上宣を弁が奉るという形式で議政官組織の承認をえているのである。

(ハ) 史の「仰」による伝達

下外記宣旨において、上宣を奉った外記がこれを仰せるという方法で他司に伝達したのと同じように、下弁官宣旨の場合も、上宣―弁伝宣を奉った史がその旨を他司の官人に仰せて伝達することが行われ、それを奉った当該官司の官人もまたそれを書き記した。私が知ることのできたそうしたものの最も古い例は、政事要略、巻七十、糺弾雑事に載せる貞観九年二月七日のもので、これは上宣―弁伝宣の旨を右少史大春日安永が検非違使官人に仰せたものだが、奉者の署を欠いている。奉者の署のあるものを二、三掲げる。

史料九六　貞観九年安祥寺伽藍縁起資財帳（『平安遺文』一六四号）の巻末と付記

（前略）

上件資財帳、勘録如レ右。若不レ請二官印一、恐二後代軽忽一。望請、官印、以為二公験一、将レ令三後代見レ之
者、慎二重伝之不朽一。

貞観九年歳次丁亥六月十一日　　少僧都法眼和尚位恵運

寺家別当右大史正六位上坂上宿祢斯文

参議正四位下行左大弁兼播磨権守大江朝臣音人

左大史坂上斯文仰云、左大弁大江朝臣音人伝宣、右大臣宣、安祥寺所レ申資財帳等捺印之事、須
レ捺二官印一。而彼寺、是太皇太后宮御願建立也。宜下以二職家印一令上レ捺レ之者。

貞観十三年八月十七日　　（太皇太后宮職）少属御春有世奉

奉行

大夫闕　　大進藤原朝臣真常

亮兼美濃権介藤原朝臣遠経　　少進藤原範方

少進闕

大属上貞野
少属清科良行

僧綱および安祥寺俗別当等は資財帳を作成したのち、その巻末に、後代の公験とするため資財帳に官印すなわち外印(「太政官印」)を捺すことを請う文章を付記して、これを太政官に提出した。これに対し、官印を捺すべきではあるが、安祥寺は太皇太后宮藤原順子(仁明女御、文徳母)の御願により建立された寺院であるから、太皇太后宮職の印を捺すのがよりふさわしいとの上宣が下され、これを左大弁が伝宣したものを左大史が奉り、左大史はさらにこのことを太皇太后宮少属御春有世に仰せたのである。左大史の仰を奉った有世はその旨を資財帳の巻末に付記したのであった。

しかもこの史料は、さらに興味深い事柄を私たちに教えてくれる。それは「少属御春有世奉」の次行に「奉行」と記したうえで、太皇太后宮職の四等官が連署していることである。この「奉行」はいうまでもなく公式令1詔書式条にいう「宣、奉、行」のうちの「奉、行」に当るもので、上宣の旨を奉って行ったという意味のものである。「行」の具体的な内容は、この資財帳に太皇太后宮職の印を捺印したということである。少属御春有世が奉った史の仰は、このようにして太皇太后宮職の官人に周知徹底されたのであった。ここに、命令をうけた者がそれを奉って宣旨を書き記すことの、いま一つの意味と理由をうかがうことができる。つぎも同様の例である。

史料九七　朝野群載、巻十一、廷尉

右少史大春日利用仰云、右大弁紀朝臣長谷雄伝宣、右大臣宣、奉レ勅、以二中納言兼左兵衛督平朝臣惟範一、為三検非違使別当二者。

　延喜八年三月五日　　左衛門府生阿刀常名奉

奉行

左衛門権佐藤原朝臣真興　府生伊部

右衛門佐藤原朝臣恒佐　阿部

権少志世当基宗

大尉藤原

大尉藤原高□

検非違使別当の補任に関する奉勅上宣―弁伝宣を史が奉わり、史がこれを検非違使左衛門府生阿刀常名に仰せたものを、常名が奉って記している。そしてそれを検非違使の佐以下が「奉行」している。もっともこの場合の「行」は、史料九六の場合のように上宣の命令をなんらかの行為を以って履行するという意味よりも、奉勅上宣の旨を了承し周知させたという意味あいが強い。

「奉行」の記されていないものもある。

史料九八　類聚符宣抄、巻七

少輔藤原朝臣惟憲

左大史小槻宿祢奉親仰云、参議右大弁源朝臣扶義伝宣、右大臣宣、奉レ勅、権大甫藤原朝臣貞潔不レ従レ事之間、宜レ令三件人行二省事一者。

長徳二年六月十五日　　　大録大秦連雅奉

某省の少輔に権大輔の任を代行すべきことを命じた奉勅上宣―弁伝宣を、奉った史が某省の大録に仰せ、それをその大録が記したもの。すでにみた、西宮記・九条年中行事に載せる承平六年閏十一月二日の史仰云(史料一七(d))、承平五年正月十六日の史仰云(史料五・史料一七(e))も同じで、それらは上宣―弁伝宣を、奉った史が大蔵少録に仰せ、それをその大蔵少録が記している。なおまたこのような様式の「史仰云」は、明法勘文の冒頭などにもしばしば引用されている。たとえば政事要略、巻八十二、糺弾雑事に載せる天慶九年八月七日太政官符が引いている明法博士惟宗公方の罪名勘文の冒頭にみえる「右少史御立維宗仰云」、法曹類林、巻二百、公務八に載せる天承元年五月廿五日の明法博士中原明兼・同小野有隣連名の明法勘文の冒頭にみえる「左大史小槻宿祢政重仰偁」などはその例である。

ところで西宮記・九条年中行事はこの種のものを、「謂二之口宣一」「是謂二口宣一」と称している。実をいうと「口宣」という言葉ほど実態の明らかでない語もめずらしいのであるが、外記の仰の多くが口頭伝達であったことから類推して、この語を文字通り解してよければ、史の仰もまた本来は口頭伝達であったのではなかろうか。

(二) 下弁官宣旨の〝発給〟による伝達

本稿のこれまでの検討によってすでに明らかにしえたことと思うが、「某奉」と記す宣旨は、命令をうけた者がその命令の内容を書き記したものであって、それはいわゆる施行文書・下達文書ではなかった。したがって、だれに対して発給するというものでもなかった。もっともそのようにして書き記された宣旨それ自体が、他者に対して働きかける機能を有する事例ものちに述べるように存在するのであるが、少なくともこれまで本稿がみてきたところでは、他者に対して働きかける必要のあるときは、その命令は別途の方法で伝達された。外記に下された上宣ならば口頭で「仰」「召仰」され、弁官に下された上宣ならば太政官符・太政官牒・官宣旨によって伝達され、また史が仰せる「口宣」により伝達された。

しかし時代が降るにしたがい、そうした方法によらず、宣旨がそのまま当事者に〝発給〟されるにいたる。特に下弁官宣旨の場合にその傾向が強い。そのことは、たとえば『平安遺文』『鎌倉遺文』に収載されている多数の「某天皇宣旨」をみると、そのほとんどは下弁官宣旨であり、しかもそれが原文書である場合の所蔵者あるいは伝来者が、弁官ではなく寺院・神社であることによって知られる。弁官の部内文書であった下弁官宣旨が、太政官符・太政官牒・官宣旨に謄されることなく他者の手に渡り、他者に対して働きかける〝下達文書〟〝施行文書〟としての機能をもつにいたったのである。

ここでは、そのような変化がいつごろから生じたかをみることにしたいが、実はそのような〝発給〟が行われるにいたる前段階に、いま一つの別の伝達方法があったようである。それは史が奉って記した下弁官宣旨を諸司官人に回覧・閲読させるという方法である。

①回覧・閲読による伝達

類聚符宣抄や政事要略、朝野群載に収載されている下弁官宣旨をみると、年月日の下の「史奉」と並んで、諸司の官人が奉ったことを書き副えたものがあることが知られる。いささか長文だが、その代表的なものを挙げる。

史料九九　類聚符宣抄、巻七

応下以二主計権少属川瀬保平一為二稟院長殿勾当一令上検二納諸国所レ進雑物一事

右、得二左大史大春日朝臣良辰去二月十四日解一偁、良辰依レ有二蹤跡一、兼二任稟院長殿別当一。謹検二案内一、出二納官物一之勤、監物只知二当日之事一、主計永有二終始之弁一。方今依二諸司之度手一、依二事之緩怠一、必無二定日一、只依二見参一、成二其日事一。爰諸国之吏、勘二済公文一之日、本司称レ無二寮料之返抄一、更致二勘会之煩一。誠違二朝章一之怠、雖レ在二度手之人一、国宰相二憚縁レ事之稽失一、還致下申二宣旨一之煩上。彼知二当日事一之監物、猶被レ定二其人一。況勤二終始弁一之主計、何不レ置二其人一哉。望請、被レ下二宣旨一、准二監物例一、永以二主計寮官人一人一、被レ定二給件等諸司之度手一、即令三其人弁二寮料之返抄一、将レ省下国宰申二宣旨一之煩上者。右大弁大江朝臣斉光伝宣、左大臣宣、宜下以二件保平一為二勾当一、令中勤仕上者。

天元三年四月七日

右大史牟久忠陳奉

民部大録多惟時奉四月十七日

大蔵少録大原連松奉四月廿日

この宣旨の内容について述べるまえに、延喜監物式には、大蔵の物を出納する場合には少弁以上一人、中務・民部・大蔵の三省の輔各一人、監物一人、主計寮の助以上一人が立会い、その他の蔵の物を出納する場合には弁官の史一人、中務・民部・大蔵の三省の録各一人、監物一人、主計属一人が立会うという規定のあることを付記しておく。ここにみえる稟院は民部省の稟院をいうものとみられるから、その出納には史一人、三省の録各一人、監物一人、主計属一人が立会わなければならないとするのが式制である。

さて左大史大春日良辰は、つぎのようにいう。官物を出納する場合には、ただ監物が当日の事を知るのみでなく、主計寮もすべてについて弁え知っている必要がある。ところが最近では諸司の度手（度手は官物を計量し出納の任に当る者をいうのであろう）の都合により、また緩怠により、かならずしも日を定めることなく、ただそのとき集った者だけで出納を行っている。そのため諸国から使者として上京してきている国司は、その場で主計寮の返抄をもらうことができず、しかも、後日に公文を勘済するにあたっては主計寮の返抄がないことを責められるので、勘会の煩いとなっている。このような違法の責任は度手にあるのだが、国司は国司でこのことにより稽失を責められるのを恐れて、かえって許容の宣旨を太政官に申請するという煩いを致している。当日の事を知る任務をもつ監物が事に当る人を定めて専当させているのに、どうしてすべてを弁え知るべき主計寮は専当する者を置かないのか。監物の例に准えて、主計寮の官人一人を専当の度手と定め、その者に返抄を発給させ、国司が宣旨を申請するようなことのないようにしてほしい。

史料九九の宣旨は、この申請を上卿が認め、その上宣を弁が伝宣し、それを史が奉った典型的な下弁官宣旨であるが、「右大史牟久忠陳奉」と並んで民部大録と大蔵少録がそれぞれ「奉」とし、しかも奉った日付まで記入してある。これらは二省の大録・少録が自署して記入したものとみるべきであろうから、左大史は日を替えてこの宣旨を民部省と大蔵省の大録・少録に閲読させ、伝達した証として記入させたものと推定される。この宣旨は民部大録から大蔵少録へと、そのようにしていわば回覧されたのである。

すでに史料八六(b)としてみた寛弘六年二月廿日の下弁官宣旨も、検非違使という一司に対して仰せることを命じた上宣を記した宣旨であったが、奉った左少史竹田宣理は、これを防鴨河使判官右衛門志林重親に閲読させていた。管見では、このような例の最も早いものは、政事要略、巻六十七、糺弾雑事に収める延長四年十月九日下弁官宣旨で、年月日下に、

　　左大史阿刀忠行奉
　同月十八日使庁奉レ之

とする。ついで同書の同じところに収める天慶五年五月十六日下弁官宣旨も年月日下に、

　　左大史尾張言鑒奉
　同日左衛門大志穴太時道奉

とする。これらはいずれも検非違使が奉った旨を記したものであるが、別聚符宣抄に収める天暦十年六月廿日下弁官宣旨は、年月日下に、

　大史我孫有柯〔奉脱〕
　大録（大蔵）海□

と記している。

このように、上宣の伝達には、それぞれの官司の官人に下弁官宣旨そのものを閲読させ、たしかに伝

達したことの証としてその官人に自署と「奉」の記入を行わせるという方法も用いられていたのである。

②下弁官宣旨の〝発給〟

つぎの例は一二世紀はじめの下弁官宣旨(『大日本古文書』では文書名を「鳥羽天皇宣旨」とする)であるが、明らかにその正文が東大寺に渡され、施行文書として機能した例である。

史料一〇〇 東南院文書一―二〇二号

造東大寺長官右中弁兼中宮大進藤原朝臣為隆
次官中原朝臣義経
判官右少史中原真重
主典宮内少録惟宗成国
右中弁藤原朝臣為隆伝宣、権中納言藤原朝臣宗忠宣、奉レ勅、件等人宜ニ補任一之者。
天仁二年三月卅日右少史中原(花押)奉
「(異筆)奉行　同三年六月十五日
別当権少僧都　都維那法師「厳慶」(自署、以下同ジ)
上座威儀師「慶源」

権上座大法師「朝秀」
寺主大法師「賢快」
権寺主大法師「林幸」　　　　」

右少史中原某の花押を据えた下弁官宣旨の正文が東大寺に〝発給〟され、これに別当と三綱が「奉行」の自署を加えている。

事実はたしかにそのとおりなのだが、右中弁が伝宣し史が奉った上宣を読んでみると、いささか奇異の感をまぬがれない。なぜならば、上卿権中納言藤原宗忠は造東大寺司の長官・次官・判官・主典として表記の四名を補任せよという勅による命令を下したのであるが、この命令をうけて補任する者は決して「奉行」した東大寺別当や三綱ではないからである。この上宣はなによりもまず、文官の任官を職掌とする式部省に伝達されなければならないはずのものである。したがってこの下弁官宣旨はたしかにその正文が東大寺に〝下達〟されたが、しかしそれは補任した結果を東大寺に通告するために使用されたものであるにすぎない。それゆえ東大寺別当・三綱の「奉行」の署もまた、その通告を了承したことを示すものであるにすぎない。したがってまた、この「奉行」のもつ意味も、史料九六・史料九七でみた「奉行」とは、著しく異なるものであったといわざるをえない。史料九六の「奉行」は、史の仰によって伝達された上宣を太皇太后宮職の官人が文字通り奉り行った意であった。史料九七の「奉行」は了承したという意味では史料一〇〇と同じだが、検非違使別当の補任を検非違使が了承したことを意味した。これに対して史料一〇〇の「奉行」は、造東大寺司官人の任官という行為にはかかわりのないものである。

さかのぼって、一〇世紀の例をみる。

史料一〇一　類聚符宣抄、巻一

　卜部従八位上卜部宿祢兼延

右、左少弁橘朝臣好古伝宣、左大臣宣、平野社預神祇権少史卜部好真依レ病辞退之替、宜下以二件兼延一補上之者。

　天暦三年七月廿五日　　右大史阿蘇広遠奉

奉行

伯　王　　大祐大中臣

大副大中臣朝臣　　権大祐中臣

少副斎部宿祢　　少祐斎部

権少副大中臣　　大史直

少史卜部

これは、下弁官宣旨そのものに諸司官人の署が付記された事例として、私が知りえた最も古いものである。平野社預の補任が神祇官の専管事項であったのか、あるいはいわゆる大社の宮司・神主・祝・禰宜の補任のように式部省の専管事項であったのか分明でないので、「奉行」の意味についても正確を期しがたいのであるが、もしそれが式部省の専管事項であるならば、上宣の働きかける対象は式部省となるから、「奉行」のもつ意味は史料一〇〇と同じものとなる。またもしそれが神祇官の専管事項であるならば、上宣の働きかける対象は神祇官となるから、「奉行」のもつ意味は史料九六・史料九七と同じものとなる。しかしそのいずれであるにせよ、この下弁官宣旨がそのままのかたちで神祇官にもたらされたことには変りがない。ここでは下弁官宣旨は、〝下達文書〟という性格をすでに備えているのである。

諸多の例から推すと、下弁官宣旨がそのままのかたちで弁官から諸司に授受されるということは、一〇世紀に入るころから始められたらしい。さきに史料八五(a)・(b)として挙げた延喜十年七月一日の延喜格の書写を命ずる上宣は、諸国に対してはこれを謄した(a)太政官符によって伝達されたが、内官諸司に対しては(b)下弁官宣旨がそのまま下された可能性がある。また政事要略、巻五十一、交替雑事に載せる応和三年閏十二月廿八日太政官符は、この官符の直前に載せる天暦四年二月十日の下弁官宣旨を引用して、「検㆘去天暦四年二月十日下㆓諸司㆒宣旨㆖偁、左中弁大江朝臣朝綱伝宣、左大臣宣、奉㆑勅、……」と記している。「宣旨」の語は、いわゆる宣旨をいう場合と官宣旨をいう場合とがあるが、ここでの「宣旨」は疑問の余地なく前者である。官宣旨ならば「右大臣宣、奉レ勅」として、弁の伝宣のことを記すことはないからである。すなわち天暦四年二月十日の下弁官宣旨はそのままのかたちで諸司に下されたのであった。

同じく政事要略に載せる長保四年十月九日の下弁官宣旨はつぎのようにいう。

史料一〇二　政事要略、巻廿八

応下令三五畿七道諸国毎レ任修二造国分二寺諸定額寺破損拾分弐参一定二功過一日所司勘中申造不由上事

右、得二治部省去七月廿六日奏状一偁、国分尼〔二カ〕寺、由縁至重。本願之旨、具見二于格条一。而頃年以来、諸国所レ進二朝廷一公文、唯注二諸寺之破損一、不レ見二一任之修造一。鎮護国家之地、丘堙〔埋カ〕而已。是則公家不レ立二懲勧之制一、所司不レ致二勾勘之求一之故也。謹案二事情一、建二立新寺一、則不レ如レ修二旧寺一。供養全儀、亦不レ如レ補レ壊。功徳勝尚、教典已詳。望請、給二官符於五畿七道諸国一、国分尼〔二カ〕寺諸定額寺、毎レ任修二理破損十分之二三一、定二功過一之日、令三所司勘二申造不之由一、以二其勤功一、以加二抽賞一者。権右中弁源朝臣道方伝宣、左大臣宣、奉レ勅、依レ請。給二官符於諸国一、令レ勤二修造一、兼下二宣旨於所司一、加二載功過勘文一、明二其造否一、随二彼勤情一、可レ行二賞罰一者。

長保四年十月九日　　左大史小槻宿祢奉親奉

件宣旨被レ下二勘解由使一。

治部省から提出された、国司の一任中に当国の国分二寺および定額寺の破損を十分の二ないし三修理させ、その実績を所司すなわち勘解由使の功過勘文に載せるようにすべきであるという上申を、奉勅によって裁可し、それを宣した上宣を記した下弁官宣旨であるが、「官符ヲ諸国ニ給フ」ことといい「宣旨ヲ所司ニ下ス」ことといい、上宣の命令そのものは弁官に対する命令である。文末の「賞罰ヲ行フベシ」というのも、決して所司が行うのではない。所司から提出される功過勘文の「勤情」にしたがって、太政官の議政官組織が行うのである。だからこの上宣を奉った弁官は、上宣の旨を諸国司と所司すなわち勘解由使に伝達すれば、その任務は完了する。その伝達方法について上宣は、

(イ)諸国に対しては官符を給い

(ロ)所司に対しては宣旨を下せ

と指示している。(イ)は、この下弁官宣旨が記された一一世紀の初頭においても、上宣の諸国への伝達には太政官符を用いるという古来の原則が継承されていたことを示すものとして、興味深いものである。弁官はこの下弁官宣旨を土代として文中から弁伝宣の文言を除いた全文を謄した太政官符を作成して、諸国に発給するのである。一方(ロ)は、「下㆓宣旨於所司㆒」という文言だけをみれば、ここにいう宣旨は官宣旨をいうとも解せられなくもない。だが「件宣旨被㆑下㆓勘解由使㆒」という政事要略の編者惟宗允亮が加えたとみられる注記をみれば、この下弁官宣旨そのものが所司すなわち勘解由使に下されたと解さざ

るをえないであろう。おそらく史は、写一通を作成して、それを交付したのであろう。

以上のように、上宣を奉った史が、みずからの記した下弁官宣旨そのものを諸司に交付することは、一〇世紀に入るころから始まり、一一世紀にはほぼ常態化したものと推定される。だがこのような方法で上宣を伝達する対象は、史料八五(b)・史料八六(b)・史料一〇一などから知られるように、在京諸司すなわち京官である。しかしまた対象が京官であっても、この方法のみによったわけでもなかった。すでにみたように官切下文ないし大宣旨に盛られた上宣の伝達には、対象が京官であっても官宣旨が用いられたのであった。そのうえ、このような時期にいたっても、在外諸司すなわち国司等に上宣を伝達するには太政官符によるのを原則とするという観念が存続していた。このことのもつ意味は重要であろう。なぜならば、下弁官宣旨が施行文書・下達文書として誕生したのではないことを、端的に物語るものであるからである。

(3) 下弁官宣旨についての小括

弁官は、勅に出づる行政命令、太政官の議政官組織の策定する行政命令を、公式令にその様式を定める太政官符・太政官牒という公文書を用いて、他に対して伝達することを本来の任務とする機関である。したがってそこに下される上宣のほとんどは、B類のものであったと推測される。しかしそうしたなかにあっても、数は少ないながらA類下弁官宣旨が若干残されている。この類は、A類下外記宣旨の場合と同じく、弁官の職務・職掌のみにかかわる内容の上宣を、弁が伝宣し、史が奉って、受命者である史みずからが記したものであって、他に対して伝達する必要のないものである。つまりこれは、弁官の部内文書である。

これに対して弁官の本来の任務にかかわるB類の上宣は、すべて他に対して伝達することを必要とする。すなわち下達し施行しなければならない。このとき弁官が作成し発給する公文書が太政官符であり太政官牒であった。上宣を弁が伝宣し、史がこれを奉って記す下弁官宣旨がいつごろその形式あるいは様式を整えたものとなったかは不明としても、その下弁官宣旨は太政官符・太政官牒の作成のための土代として用いられたのである。したがってB類下弁官宣旨の実質的な起源は、上宣を施行する形式の太政官符の出現した八世紀半ばにさかのぼる可能性が大きい。そしてこのB類下弁官宣旨も、その上宣の旨を謄した太政官符・太政官牒の発給後は弁官の手許に残されたという意味では、やはり弁官の部内文書であった。かつまた、弁官において後鑑に備えるために長案として保存されるものとしては、正式な発給文書である太政官符・太政官牒の案文が優先される。したがってB類下弁官宣旨は、太政官符・太政官牒の作成後は、任を終えたものとしていずれ廃棄される運命にあったものと思われる。八世紀・九世紀の、すなわち太政官の発する行政命令が太政官符・太政官牒およびそれらの略式文書としての官宣旨で施行されていた時期のB類下弁官宣旨の残存例が乏しいのは、このような理由による。

九世紀に入り、太政官牒から派生した略式文書としての官宣旨が生まれ、これが太政官符・太政官牒に代る弁官発給の施行文書として用いられるようになると、B類下弁官宣旨として記される上宣は官宣旨によっても伝達されるようになる。しかし在外諸司すなわち国司等に対して発する太政官の行政命令の施行には太政官符を用いるという観念は、以後もながく存続し、官宣旨はあくまでも略式文書にすぎないものであった。これに対して在京諸司すなわち京官に対する上宣の伝達には、次第に一層簡便な方法が用いられるにいたる。すなわち、史の仰によって上宣―弁伝宣の旨を伝達することは、B類下外記宣旨の場合と同じように九世紀から行われていたことであったが、やがて当該官司の官人にB類下弁官宣旨を閲読または回覧させるという方法が採られるにいたり、ついにはB類下弁官宣旨そのものを当該官司あるいは寺院に対して〝発給〟するにいたる。こうしたことは一〇世紀に入るころより行われはじめたものと推定されるが、太政官符・太政官牒を以てする上宣の伝達方法は、官宣旨の出現によってその手続が簡略化されたが、ここにいたってその手続をも省略して、それらの土代を施行文書として転用するにいたったのである。かくして、本来は弁官内部の部内文書にすぎなかったB類下弁官宣旨は、ここに施行文書・下達文書としての性格ないし機能を獲得したのであった。

以上は、上宣を弁が伝宣し、史がこれを奉って記す下弁官宣旨についてのことであるが、弁官が上宣を奉って記したものにはこれとは別の様式のものがあった。官切下文もしくは大宣旨といわれるものがそれで、弁官で立案した物資調達案を記した文書の後《オク》に宣旨が記され、上宣を奉ってその旨を書き記すのが史ではなく弁であることをその特徴とする。このような様式のものもまた宣旨であったのであって、その上宣の施行には官宣旨が用いられたが、その官宣旨には上宣の旨が記されないことが、これまた大きな特色であった。

なおこの項の最後に、下外記宣旨・下弁官宣旨といった場合の宣旨の語と、官宣旨といった場合の宣旨の語との関係について付言しておく。私見では、この二者はいずれも宣の旨《ムネ》の意であって、相違はないものと考えている。下外記宣旨・下弁官宣旨といった場合の宣旨は、要するに外記・弁官に下された上宣の旨という意味である。これを外記・弁官が書き記す。そしてまた官宣旨は、弁官が上宣の旨を伝達するために作成し発給する文書の意である。宣旨が上宣の旨である点では両者共通している。これまでのように、「宣旨」も「官宣旨」もともに「施行文書」の「様式」とみるような固定観念にとらわれていれば、「宣旨」と「官宣旨」は全く異なる「様式」の「施行文書」とみなさざるをえないが、上宣の旨を書き留めたものとそれを施行する略式の施行文書とみる立場に立てば、両者は同一の意味の言葉であることが知られる。

三　下諸司宣旨の内容とその「施行」——上宣の伝達㈢——

第二章でみたように、伝宣草、下に収める「諸宣旨事」およびこれと同一内容の公卿宣下抄では、諸宣旨を、

(1)下外記宣旨
(2)下弁官宣旨
(3)下中務省宣旨
(4)下内記宣旨
(5)下式部省宣旨
(6)下兵部省宣旨
(7)下弾正宣旨
(8)下検非違使宣旨

の八種に分け、さらに

(9)蔵人方宣旨
(10)藤氏長者仰下事

(11)大弁宣事
(12)下近衛事

の四項を列記している。このうちの(1)―(8)の八種は、既述のように、上宣をそこに記されている八種の官司・機関に下す、の意であって、この章ではこれまで(1)と(2)についてみてきたわけである。(12)下近衛事もおそらく同じ意味であろう。

　このように上宣の宣下先を八種の官司・機関とすることは、これも第二章でみたように、西宮記も同じであった。したがって源高明が西宮記を著した一〇世紀の半ばころには、上卿がその宣を直接下す対象は、この八種の官司・機関にほぼしぼられていたものと思われる。しかし九世紀の実例をみると、上宣の宣下先はそれほど限定されてはいなかったようにみうけられる。そこでこの項では、それらの実例を(3)―(8)の順でみたうえで、最後にそれら以外のものを一括して掲げることにする。但し(8)下検非違使宣旨のみは次節で取扱う。その理由はその箇所で述べる。

(1)　下中務省宣旨

　下中務省宣旨については、西宮記(史籍集覧本、以下同じ)、巻十二では、

下中務宣旨、詔書、勅書、上卿下、女官相撲等除目、上卿下、補二次侍従一宣旨、上卿下

とし、同、巻十四では、

中務省、詔勅書事、女官除目事、相撲除目事、補㆓次侍従㆒事

とするが、実例としては、五味文彦氏が紹介された(14)、次侍従に関するつぎのものが知られたにすぎなかった。

史料一〇三　類聚符宣抄、巻四

従五位上源朝臣叙

右人、依㆑闕㆓今月十五日荷前使㆒、解㆓次侍従任㆒。而今右大臣宣、奉㆑勅、殊免㆓此度㆒者。

貞観二年十二月卅日　大輔清原真人瀧雄奉

清原夏野の第二子である瀧雄は、三代実録によれば天安二年十一月五日条に中務大輔としてみえ、貞観五年正月十一日にその任にあって卒している。奉勅の上宣の内容は、次侍従源叙は荷前使の任務を闕怠したのでいったん次侍従の任を解いたが、今回は特別にゆるすというもので、その上宣を中務大輔清原瀧雄が直接奉ってこの宣旨を記している。下中務省宣旨と称される所以である。次侍従の補任については延喜中務省式に「凡次侍従員、百人為㆑限。(注略)中納言已上奉㆑勅任㆑之。(注略)其名簿付㆑省」という条文がある。つまりそれは勅によって行われるのであって、中務省に補任する権限があるわけではない。したがって上宣を奉ってこの宣旨を記した中務大輔の為すべきことは、いったん名簿から削除した

源叙の名を再び登載して次侍従の員に加え、その旨を本人および省内に周知させることであって、この宣旨をどこかへ発給することではない。その意味でこの下中務省宣旨も、中務省内の部内文書であったといえる。

(2)　下内記宣旨

下内記宣旨については、西宮記、巻十二では、

下内記宣旨、詔、勅、宣命、位記、勅答等事

とし、同、巻十四では、

内記局、詔、勅、宣命、位記、表、勅答等事

とする。朝野群載、巻十二、内記に収める「奉位記宣旨書様」については、第一章で史料二として掲げ、またこの章の冒頭でも言及したので、ここでは再言しない。それ以外の下内記宣旨の実例として私が知りえたものとしては、つぎのものがあるにすぎなかった。

史料一〇四　朝野群載、巻八、別奏

主税寮

請下特蒙二天裁一任二名簿一成中給位記上当寮伍間弐面瓦葺正庁壱宇作料栄爵伍人状

正六位上藤原朝臣清実

正六位上平朝臣宗貞

正六位上惟宗朝臣則高

正六位上中原朝臣頼元

正六位上紀朝臣義忠

副進

覆勘文一通

右、謹検二案内一、件庁者、嘉承二年三月顛倒。因レ玆給二栄爵七人一、可二造進一之状、経二奏聞一之処、同年二月且被レ下二三人宣旨一。依二作料不足一者（マヽ）、天仁元年重所レ加二給二人一也。仍以二件等輩叙料一造進、請二覆勘一先畢。望請、天裁、早被レ成二給件輩位記一者、将レ俾レ知二成功之不一レ空矣。仍勒二在状一、謹請二処分一。

天永二年八月廿日

従五位下行権助惟宗朝臣盛親

従五位上行〔助脱〕兼直講土左介清原真人信俊

従四位上行頭小槻宿祢祐俊

正二位行権大納言源朝臣雅俊宣、奉レ勅、宜レ作下件清実等五人叙二従五位下一之位記上者。

同年九月廿五日　　正五位下行文章博士兼大内記越中介藤原朝臣敦光〔奉脱〕

主税寮提出の、成功による叙爵を請う請奏が大内記藤原敦光に下され、同時に宣下された奉勅の上宣を、敦光が奉って請奏の後《オク》に書き記したものである。敦光はこの旨を他の内記に周知させ、位記五枚を作成して太政官に提出すれば任務は完了し、右の宣旨は内記の手許に残される。

(3) 下式部省宣旨

下式部省宣旨について、西宮記、巻十二は、

下式部宣旨、叙位下名、除目、停任、復任、郡司復任、不レ経レ奏之間、官以二上宣一仰二官掌一、復任以二傍官掌一申下、傔仗、大宰一分、品官除目計歴権任、二〔合〕分他色以二一分一補二非違一類、帯劔、省試問宣旨、交替使官宣、文官人召二大歌一事、文官公卿兼官還任事、大臣召時、転任公卿兼二文官一者、依二宣旨一任レ之。

とし、同、巻十四では、

式部省、叙位下名、除目下名、召名、停任、補二諸司一分以上一事、諸国品官以上計歴事可レ附二宣旨文一、二合他色以二一分一補二非違一類、復任事、諸国検非違使事謂二他色宣旨一也、郡司事亦復任、帯劔事近代不レ給、或給之、省可二勘申一文、上卿或給レ弁、弁令二省録一令二勘申一、返二進上卿一、奏定之後、上卿召レ丞給了。省卿下二学生登省宣旨一之時、兼日先奏二事由一、勅許了、召二省録一仰レ之。但任二省卿一之後、先例有二其限一云々。

とする。

下式部省宣旨は比較的多数残されていて、それには二つの形式のものがある。これをかりに第一類・第二類とすると、第一類は上宣が直接式部省官人に下されるもので、この場合上宣を奉るのは式部丞である。第二類は上宣がいったん式部省の官長(長官と、長官の職務を代行する次官)に下され、これを官長がさらに式部省官人に伝宣するものである。すなわち下弁官宣旨と同じような形式をとるものである。この場合、今日残されている例では、伝宣するのは式部輔、これを奉るのは式部録である。それぞれについて若干の例を挙げよう。

①第一類について

史料一〇五　類聚符宣抄、巻八

文室朝臣長者〔省カ〕　藤原朝臣有風
同興範　土師連胤
惟良高望
右大臣宣、件長者〔省カ〕等五人、宜令レ預二春文章生之試一。〔者脱〕
貞観八年閏正月十五日　少丞藤原善友奉

史料一〇六　類聚符宣抄、巻九

正三位行中納言藤原朝臣師氏宣、奉レ勅、以二左近衛医師河内博遠一、宜レ為下試二医得業生医針生等一博士〔者脱〕上。

康保三年正月五日　　　　大丞兼近江権少掾紀文利奉

右の二例では、上宣が直接式部省官人に下されている。第一章で掲記した史料四の延喜十八年七月五日下式部省宣旨も同様である。みな上宣を奉った式部丞が上宣の旨を記したものである。

このほか、類聚符宣抄、巻七、諸国一分事に収める、

㋑康保元年九月十五日の左近衛権将監石野善根の申文の後に記された同年十二月四日下式部省宣旨

㋺天禄元年十二月廿二日の中納言橘好古の申文の後に記された同日の下式部省宣旨(第一章に史料三として掲げてある)

同書、巻七、諸国郡司事に収める、

㋩天慶二年五月廿二日の大外記坂上高晴・大隅守善道維則の申文の後に記された同年十二月廿七日の下式部省宣旨

㋥天暦八年七月廿三日の式部省請奏の後に記された同年十二月廿九日の下式部省宣旨

㋭天徳三年四月五日の摂津国司解の後に記された同年十一月十四日の下式部省宣旨

㋬応和三年八月廿一日の尾張国司解の後に記された同年十二月廿七日の下式部省宣旨

㋣康保五年六月廿九日の紀伊国司解の後に記された同年七月廿一日の下式部省宣旨
㋠貞元三年三月廿七日の式部省請奏の後に記された同年九月七日の下式部省宣旨

なども、式部丞が上宣を直接に奉って書き記している。法曹類林、巻二百に収める穴太内人・螺江継人・中原敏久三名連名の弘仁五年六月三日付「勘二式部執申大祓行立一事」という勘文の末尾にみえる、

右大臣宣、依レ件行レ之。〔者脱〕同日少丞橘常主奉。

という注記も、勘文の勘申する通りに行えという上宣を式部少丞が直接奉って記したものである。

②第二類について

史料一〇七　政事要略、巻六十九

天長十年十一月十八日宣旨云、大輔従四位上朝野宿祢鹿取伝宣、右大臣宣、奉レ勅、非参議二位之人、宜レ列二中納言之下三位参議之上一。其諸節禄法、亦准二三位参議一。以為二恒例一。〔者脱〕

政事要略に引用されている宣旨は、多くの場合このように奉者の署が省略されているので、ここでの奉者がだれであったかはわからない。しかし上宣を式部大輔が伝宣している点において、第一類の下式部省宣旨と異なることは明らかである。つぎに奉者の署のあるもの二例を挙げる。

史料一〇八　類聚符宣抄、巻九

正六位上清原真人善胤

蔭孫従八位上藤原朝臣有風年廿八

少輔従五位上高向朝臣公輔伝宣、中納言従三位藤原朝臣基経宣、件等人、宜ㇾ預二文章生之試一者。

貞観十一年十月廿八日　大録高村忠雄奉

史料一〇九　類聚符宣抄、巻九

少輔正五位下菅原朝臣道〔真〕伝宣、右大臣宣、奉ㇾ勅、散位三統理平方略試、宜ㇾ令二大丞藤原春海問一者。

寛平三年七月廿一日　少録阿保連扶奉

このほか、

①類聚符宣抄、巻九、文章得業生試に収める承平七年二月十五日の下式部省宣旨

②同書、同巻、文章生試に収める元慶二年二月十九日の下式部省宣旨

も同じである。これらはみな、上宣を式部輔が伝宣し、これを式部録が奉っている。上宣はいずれも式部省の職掌にかかわる事柄を式部省に対して命じたものであったから、式部輔の伝宣を奉って式部録が書き記したこれらの宣旨は、式部省に留め置かれる。そのことは、史料一〇九に書き加えられた「為二後鑒一自二式部省一令ㇾ進ㇾ之」という注記によって明らかである。この注記は下外記宣旨に書き加えられている注記などとは異なって、類聚符宣抄の編者によって記されたものとみられるが、史料一〇九の下式

部省宣旨は式部省に保管され伝来したものであったのである。これもまた式部省の部内文書であったといえる。なお、類聚符宣抄の編者がなぜこの宣旨を「後鑑ノタメ」式部省に提出させて同書に収載したかというと、第一章で引用した土田直鎮氏の論文(15)がやはりこの宣旨を引きながら指摘しているように、これが異例のものであったためである。すなわち方略試の問頭博士を命ずるときの宣旨は非奉勅の上宣であるべきはずなのに、寛平年中においてのみ奉勅の上宣が下されたのであった。

さて以上によって、下式部省宣旨には上宣の伝達ルートを異にする二種類のものが存したことが知られた。だがその二種類のいずれもが、受命者である奉者が書き記した部内文書であったという点では、これまでみてきた下外記・下弁官・下中務省・下内記の諸宣旨と共通する。そしてさらに付言すると、下式部省宣旨においてみることのできた事柄は、他の下諸司宣旨にも一般化して考えることができるのではないかと思われる。その一つは、上宣の伝達における(イ)上宣―省判官奉と(ロ)上宣―省官長伝宣―省主典奉の二種の方法である。この二種の上宣の伝達方式は下式部省宣旨によってのみ確認しうるにすぎないが、他省に上宣が伝達される場合にもありえたのではなかろうか。ついでながら(ロ)の場合に省官長が上宣を主典に伝達するとき、「伝宣」の語を用いている。これまで本稿がみてきた宣旨のなかで「伝宣」の語があらわれるのは下弁官宣旨においてであった。上宣を「伝宣」する弁は、太政官内の別局としての弁官の官長である。とすれば他省に(ロ)の方法で上宣が伝達された場合にも、官長から主典へのそれの伝達には「伝宣」の語が用いられたとみてよいのではないか。事実、後に述べる検非違使が奉ずる宣旨において、内侍宣を別当が伝宣し、検非違使が奉った例(史料一二八)がみられる。いま一つは、上宣の式部省への伝達の方法は多様であったということである。決して(イ)・(ロ)の方法のみによって上宣が伝達されたわけではない。たとえば文章生試を課すという同一内容の上宣が、史料一〇八のように下式部省宣旨でも伝達されるし、史料六〇・史料六一のようにB類下外記宣旨によっても伝達される。またさらに一般的な行政命令は、B類下弁官宣旨に記された上宣の旨を謄した太政官符・官宣旨によっても伝達される。上宣は、各種のルートと方法によって、式部省に伝達されているのである。こうしたことも、他省・他官司に一般化して考えることができるのではなかろうか。

下式部省宣旨の最後に、八世紀の、上宣もしくはそれに相当する宣が、直接式部省に下されたとみられる事例を記しておく。

史料一一〇　類聚三代格、巻五

太政官符

応㆘任㆓国博士㆒不㆖限㆓年紀㆒事

右、得㆓式部省解㆒偁、大学寮解偁、彼省去延暦八年正月廿八日符偁、卿宣、奉㆑勅、諸学生等、年不㆑満㆑卅、不㆑得㆑任㆓用国博士㆒者。寮依㆓符旨㆒、脩行久矣。今学生等、志仰㆓儒風㆒、勤求㆓聖教㆒、借㆓余照於隣壁㆒、競㆓分陰於流年㆒、功成業畢、不㆑免㆓貧寒㆒。而朝制有㆑限、経㆑年不㆑任。昔賈誼十八、世称㆓才子㆒、漢文(文帝)召以除㆓博士㆒。不疑十三、人号㆓神童㆒、魏武(武帝)聞㆑之拝㆓議郎㆒。唯論㆓人才㆒、何拘㆓年歯㆒。望請、准㆓拠前典㆒、依㆑件任用。仍請㆓処分㆒者。右大臣宣、奉㆑勅、依㆑請。

天長元年八月十六日

この太政官符に引用されている式部省解は大学寮解をとりついだもので、大学寮解は、延暦八年正月廿八日式部省符が国博士の任用年齢を三十歳以上にかぎるとしているのを、中国の故事を列挙して、廃止してほしいと請うているが、そこに引かれている延暦八年正月廿八日式部省符に注目したい。それは式部卿が勅を奉って宣した旨を施行する、大学寮宛の式部省符であった。このときの式部卿は、大納言紀船守である。したがって紀船守は、大納言として、すなわちのちの上卿に相当する役割をもつ者として勅を奉り、それを式部省に宣したとも考えられるし、式部卿として勅を奉って式部省に宣したとも考えられるが、おそらく前者であろう。式部省はその宣を奉って大学寮にその施行を命ずる式部省符を作成し、発給している。つまりこの宣は、直接式部省に下されたものである。

(4) 下兵部省宣旨

下兵部省宣旨について西宮記、巻十二は、

下兵部宣旨、武官除目復任、停任、補二諸衛府生馬医師史生一宣旨、衛府官人召二大歌一事、統領事、衛士事、陸奥将軍傔仗事

とし、同書、巻十四でも、

兵部省、武官事、衛府官人被レ召二大歌一事、同召名下名事、補二諸衛府生及馬寮医一、信濃掾兼二牧監一事、諸国統領事、武官復任事、左右衛士給二左右大臣家一事上卿仰二於輔一、

とする。しかし残念ながらこれの実例を見出すことはできなかった。なお西宮記、巻十四の「上卿仰二於輔一」という注記は、下式部省宣旨でみた第二類の、上卿―輔伝宣―録奉の形式をいうものと思われる。

(5)　下弾正台宣旨

下弾正台宣旨について西宮記、巻十二は、

下弾正宣旨不レ奏〔奉〕二弁史宣一、依二官符一所レ行也、　禁色、雑袍、勅授以上、上卿着二左衛門陣一下レ之、　牛輦車事、弼着二試判一事、官人参二維摩会一、官人候二式所一、官人交替使口宣、召二左衛門陣一仰レ之、

とし、同書、巻十四でも、

弾正台、台弼為二博士一者依二試判事一着二式部一事、台官人候二式所一事、台官人参二維摩会一事、同官人着二射礼一、

禁色雑袍事、勅授帯劒事、牛車等事、以二台官人一為二諸国使一事口宣、召二疏於左衛門陣一仰レ之、　贖銅及糺弾等事可レ書二下宣旨一歟、

但彼台申云、不レ奉二弁史伝宣等一云々、但依二官符宣旨一所レ行也、諸禁制断罪等官符宣旨、転レ自レ台
至二於検非違使庁一

とする。前者の「不レ奏〔奉〕二弁史宣一、依二官符一所レ行也」という注記、および後者の「但彼台申云、不レ奉二弁史伝宣等一云々、但依二官符宣旨一所レ行也」という文は、弾正台への上宣の伝達は、B類下弁官宣旨で行われることはなく、太政官符によるか、もしくは弾正台に直接上宣が下されるという意味のものであろう。

下弾正台宣旨として私の知りえた実例は、小右記、万寿二年十月三日条にみられるものであるが、それについての小右記の記主藤原実資の記述に興味深いものがあるので、やや詳しく紹介しておく。この宣旨はいわゆる輦車宣旨である。また実資はこのとき右大臣。

この日、季御読経定が行われ、実資はその上卿を務めた。その政務が終了したのち、左頭中将藤原公成から「僧正院源、可レ聴二輦車一」という勅が実資に伝え仰せられた。そこで実資は大外記清原頼隆を召してその旨を宣下するとともに、前例について問うた。頼隆はいったん外記局にもどって調査したうえで、つぎのように報告した。

(外記日記によると)遍照僧正のときの「遍照聴下駕二輦車一出中入宮門上」という宣旨は「即□〔仰〕レ陣者」といっているから、左右衛門陣に仰せている。しかし検非違使に仰せたという所見はない。左右衛

門陣を召し仰せれば、検非違使もおのずから承知するのではなかろうか。

これに対して、実資はつぎのように仰せている。

外記が承わるのは分明のことである。但し諸陣を召し仰せることについては、事情を案ずると、近衛と兵衛の陣には仰せるべきではない。しかし弾正台と検非違使には仰せるべきであろう。法式外の臨時のことはかならず弾正台と検非違使を召し仰せるべきである。外記日記は弾正台と検非違使のことを記し漏らしているのではないか。この考えに間違いないと思う。

そこで左少弁右衛門権佐源為善に仰せた(ここでの実資は、これは検非違使に仰せたものと考えている)。

しかし実資は、頼隆に対して述べた自分の意見に自信がなかったようで、帰宅すると、故殿御記(藤原実頼の清慎公記)・弾正宣旨・検非違使類聚などを調査して、「仰二弾正、検非違使一事、□(如)レ□(指)レ掌□。□(愚)案相堂(当)」と、自分の考えの正しかったことを確認し、さらにつぎの四つの宣旨を日記に書きつけている。実資が付記した文章とともに掲げる。

史料一一一　小右記、万寿二年十月三日条

弾正宣旨

(a)権大納言従三位藤原朝臣氏宗宣、奉レ勅、治部卿賀陽親王、太政大臣藤原朝臣(良房)、左大臣源朝臣(信)、右大

臣藤原朝臣（良相）、僧正真雅、聴下乗二輦車一出中入宮中上者。

貞観六年四月廿七日　　従六位下守少忠藤原朝臣海魚奉

検非違使宣旨

(b)左大臣宣、奉レ勅、僧正遍照、聴下駕二輦車一出中入宮門上者。

仁和二年三月廿五日　　左衛門少尉内蔵有永奉

外記日記

ⓐ外記同奉レ云（之）、召二仰陣一之由、在二外記日記一。弾正、検非違使、永（奉カ）二宣旨一事尤明。仍仰二弾正少忠中原師重一。翌日於レ家仰レ之。

(c)中納言従三位兼行左衛門督藤原朝臣師輔宣、奉レ勅、式部卿敦実親王、左大臣藤原朝臣（仲平）、宜レ聴下乗二輦車一出二入宮中一、及諸節会之日、不レ着レ列随レ便参入上者。

天慶二年十（二脱）月八日　　少疏文式並奉

ⓑ件輦車宣旨、依二先例一只給二弾正、検非違使等一、不レ給二外記一。然而為レ備二勘拠一写（取）□続了。

(d)左大臣宣、奉レ勅、太政大臣藤原朝臣（基経）、聴下乗二輦車一出中入宮中上者。

元慶八年五月廿五日　　少外記大蔵善行奉

このうち(a)と(c)が下弾正台宣旨、(b)が下検非違使宣旨であり、(d)は勘拠に備えるため、すなわち参考のため付記された下外記宣旨である。そして実資は、ⓐに記しているように、翌四日弾正少忠中原師重を自家に召して「昨僧正院源輦車宣旨」を仰せている。また同日、大外記清原頼隆が検非違使を召し仰すべきではないかと問うたのに対し、ただ左右衛門陣のみに仰せればよい、昨日右衛門権佐源為善に仰せたのだから、それで十分だ、と答えている(ここでの実資は、前日と異なり、昨日右衛門権佐源為善に仰せたのは左右衛門陣に仰せたことと考えている)。

ところでここに書き加えられている実資の意見ⓐとⓑ、およびこの日に実資が実際に行ったこととの間には、相互にいささか齟齬のあることに気づく。すなわちⓑでは、輦車宣旨は先例では弾正台と検非違使だけに下し、「外記ニ給ハズ」といっているのに、ⓐでは「外記同ジク之ヲ奉リ、陣ヲ召シ仰スル由、外記日記ニアリ」と記して、左右衛門陣への上宣の伝達は外記が行うといい、この日実資自身も左頭中将公成から勅を奉るとただちに大外記清原頼隆に宣下している。また過去の実例として(d)の下外記宣旨も現に存在している。実資がⓑに記した「外記ニ給ハズ」とは、どのような意味なのであろうか。

さらにはまた、この翌年、万寿三年四月には実資自身が輦車に乗って宮中に出入することがゆるされるのだが、それの宣旨に関連して四月六日条につぎのような記述がある。

大外記清原頼隆がやってきて、こういった。按察使大納言藤原行成卿が上卿として輦車宣旨を奉ったが、上卿は「弾正台と検非違使に宣すべきであって、外記に宣する必要はない」といっていた。

しかしたびたびの例をみると、外記もこれを奉っているので、不審である、と。余（実資）も思慮をめぐらしてみると、かならず外記に宣すべきである。外記はまた諸陣に仰すべきである。輦車が陣頭に到ったとき、もし宣旨がなかったならば、陣官はこれを咎めることになろう。このことを気づかせるのである。先例を尋ね見ると、外記に奉り下す宣旨の内にそれが含まれている。また去年僧正院源の輦車宣旨を奉った時にも、余は外記に宣下したと記憶している。

この記述も、ⓑの「外記ニ給ハズ」とは異なっている。だがこうした実資自身の矛盾した記述のなかから、かえって、一一世紀の万寿二年（一〇二五）・三年のころにはすでにわからなくなってしまった、九世紀の段階での輦車宣旨をめぐる奉勅上宣の伝達方法が復原できるように思われる。まず貞観六年（八六四）の(a)下弾正台宣旨が存在することにより、また実資もいうように、上卿は弾正台に宣下したことは間違いない。同様に仁和二年（八八六）の(b)下検非違使宣旨が存在することにより、上卿は検非違使に宣下したことも間違いない。問題は外記への宣下だが、元慶八年（八八四）の(d)下外記宣旨の存在、およびⓐにおいて仁和二年の外記日記が「外記同奉レ之、召二仰陣一」と記していることよりみれば、やはり外記にも宣下されたとみるべきであろう。とくに後者の外記日記の記述が注目される。左右衛門陣に対しては、上宣が直接下されるのではなく、上宣の旨は外記が陣官を召し仰せて伝達されたのである。とすると九世紀後半における輦車聴許の勅の諸司への伝達ルートは、つぎのようなものであったと推測することができよう。

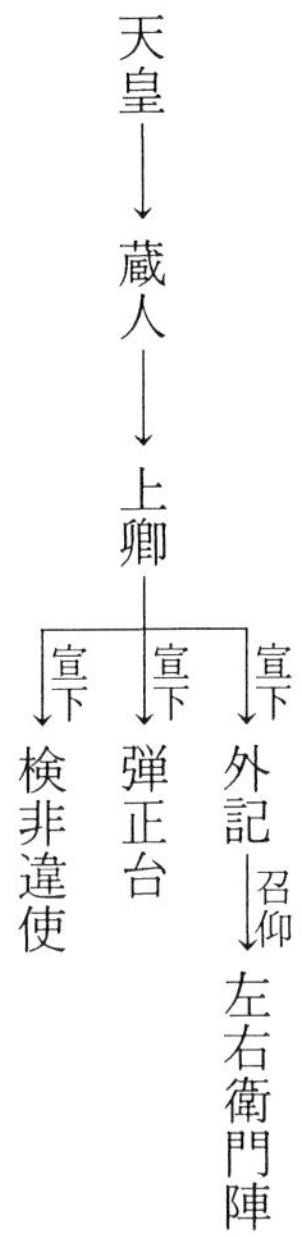

これに対して、一一世紀、万寿二年に実資が上卿として行った院源の輦車聴許の場合は、つぎのようなものであった。

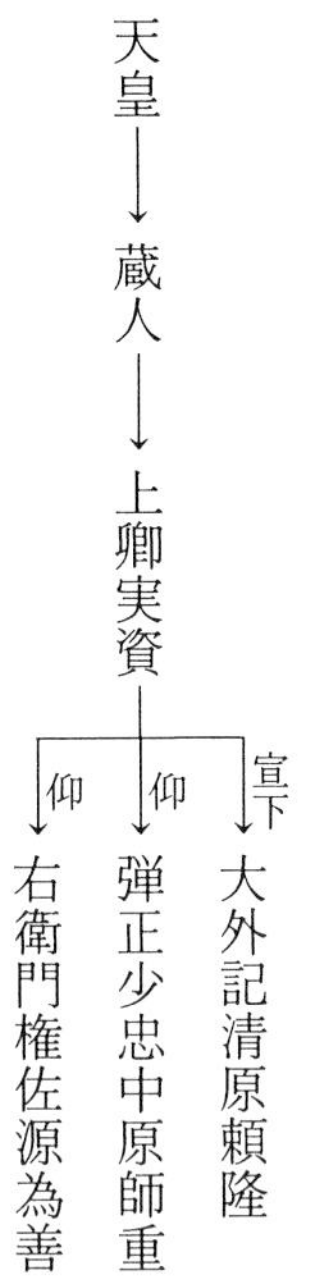

またその翌年、上卿藤原行成の行ったものは、つぎのようなものであった。

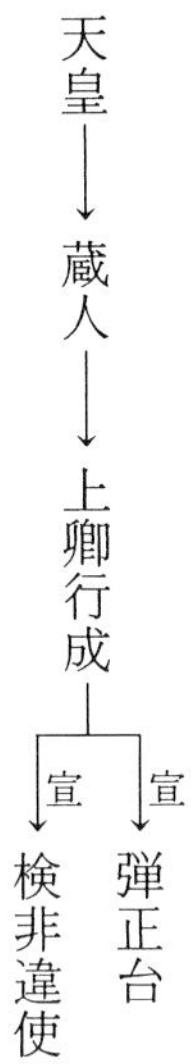

この相違で明らかなように、九世紀後半には存在した「外記―召仰→左右衛門陣」のルートが、一一世紀には消えてしまっている。(16) 上卿実資はたしかにまず外記に宣下したが、左右衛門府に対する伝達は右衛門権佐源為善に仰せるということで行っている。さらに上卿行成の場合は、外記に対する宣下すらなく、また実資のときの右衛門府が検非違使に入れ換っている。(17) 実資がⓑの注記で「外記ニ給ハズ」と記したのは、外記に宣下すること自体が無意味なものとなっていたという現状に基づく判断によるものなのではなかろうか。

然らばこのような相違は、なにによって生じたのであろうか。察するところこの相違は、検非違使という令外官の組織ないしありかたの変化によって生じたものと推察される。一一世紀には、のちに官職秘抄などが記すように、左右衛門府は検非違使とほとんど同体のものとなっていたのであろう。それゆえ大外記清原頼隆もいい、実資もいっているように、左右衛門陣に仰せれば検非違使は自ら承知するという状態になっていたのであろう。しかし事実は逆で、検非違使に宣下すれば左右衛門陣は自ら承知する状態であったのではないか。これが「外記―召仰→左右衛門陣」のルートの消滅した理由であり、上卿行成が左右衛門府へではなく検非違使へ宣下した理由でもあった。これに対して九世紀の後半には、左右衛門府と検非違使の一体化はいまだ進んでいなかったのだと思われる。奉勅上宣を、左右衛門府に対しては外記が召し仰すという方法で、検非違使に対しては上卿が直接宣下するという方法で、それぞれ別個に伝達しているのは、この二つがいまだ別個の官司・機関であったことを反映するものであろう。九世紀の検非違使の存在形態についてはのちに本章第三節において再び言及するつもりである。

なおこれらの輦車宣旨をめぐる小右記の記事のなかには、いま一つの注目すべき記述がある。それは右衛門権佐源為善に宣下したことに関する記述で、実資の許を訪れた為善はつぎのようにいう(万寿二年十月四日条)。

仁和二年の遍照の輦車宣旨では、検非違使への宣下は尉(判官)が奉っている。佐(次官)である自分は伝え仰すべきなのではなかろうか。

これはすでにみた、官長伝宣—主典(府ならば志)奉のことをいったものと思われる。これに対して実資はつぎのように答えている。

上宣は、佐にしろ尉にしろ、ただ参入した者に仰せるのである。だから朝臣(源朝臣為善のこと)がこれを奉って「宣旨書」すべきである。

この問答で注目すべきことは、以下の二点である。

第一点。ここでは、下式部省宣旨でみた上宣—判官奉と上宣—官長伝宣—主典奉の別は全く無視されている。

第二点。上宣を奉った右衛門権佐源為善が記すべきものを宣旨書《センジガキ》と称している。すなわち本稿がこれ

まで下外記宣旨・下弁官宣旨・下諸司宣旨などと称してきたものは、実は宣旨書と称するものであったのである。(18)

(6) 下検非違使宣旨

下検非違使宣旨は、これまでみてきた下諸司宣旨と同じように、検非違使に下される上宣の旨の意であるが、検非違使が奉ずる宣旨の実例をみると、上宣以外の宣を奉じたものが存する。したがってそれらを含めて、検非違使が奉ずる宣旨として一括して検討するのが妥当であると思われるので、ここでは下検非違使宣旨に関する西宮記の記述のみを記し、具体的な検討は次節で行うこととする。

西宮記、巻十二ではつぎのように記す。

下検非違使宣旨、禁色、雑袍、帯剣、上卿下二宣旨一、着二摺衣緋鞦一事、赦免事上卿召二官人一仰、闘乱殺害事、或内侍宣、遠所官宣、

また同書、巻十四ではつぎのように記す。

検非違使 赦免、禁色事、雑袍事、闘乱事、御鷹飼着二摺衣緋鞦一事、諸有二宣旨一被二仰下一事、称二内侍宣一、

(7) その他の下諸司宣旨

以上の(1)から(6)までにおいては、西宮記・伝宣草などが上宣の宣下先として記す諸司に下された上宣を、奉った者が書き記した宣旨をみてきた。しかし諸多の実例によれば、上宣の宣下先はこれらの官司にかぎられていたわけではなかったし、またそれを奉って記された宣旨書も残されている。ここでは、そうしたもので私の知りえたものを示すことにする。

(イ) 治部省に下された上宣

西宮記も伝宣草も、上宣が治部省に下されることについては全く言及していない。しかし古くはそうしたことが行われたことを推測させる史料が残されている。

『平安遺文』に四三一五・四三一六・四三一七号文書として三通の延暦二十四年九月十六日付の文書が収載されている。いずれも顕戒論縁起上巻に収録されているもので、四三一五号は、唐から帰国した最澄が高雄山寺において、毗盧遮那都会大壇を造り、三昧耶妙法を伝授し、八人の僧に灌頂を行ったことを賞して、治部省が発給した公験の写。四三一六号は、高雄山寺において最澄から受法した僧に対して治部省が発給した公験の写。四三一七号は、最澄とともに入唐・帰国した義真に対して治部省が発給した公験の写である。『平安遺文』は三通の文書名を「治部省牒」とするが、文面に「牒」の字はない。

さてこの三通の文書に記されている奉勅の上宣および公験発給の経緯を記した結文の内容は三通ともほぼ同じなので、四三一五号のそれを記すと、つぎのようになっている。

　今被二右大臣宣一偁、奉レ勅、入唐受法僧二人、宜レ令下所司各与二公験一、弥勤二精進一、興二隆仏法一、擁二護国家一、利中楽群生上者。省依二宣旨一奉行、如レ右。

すなわち、勅を奉って右大臣が宣し、その宣の旨を治部省が奉行してこれらの公験を作成し発給したというのである。これによれば、右大臣の宣は直接治部省に下されたとしか解しえないであろう。もちろんこのとき、奉った治部省官人が下治部省宣旨とでもいうべき宣旨書を書き記したかどうかはわからないが、もし書き記したとしたら、他の下諸司宣旨と同じような形態のものとなったであろう。それはともかくとして、この右大臣宣の宣下先は治部省であったのである。

もう一つの例を挙げる。これは円珍が入唐するにあたって与えられた内供奉十禅師の公験である。

史料一一二　『平安遺文』四四五九号

　治部省　牒

　延暦寺天台宗伝燈大法師円珍年卌八（マヽ）臘十九

　　右、補二充内供奉持念禅師一

牒、得二玄蕃寮解一称（マヽ）、僧正泰景等連（署脱）状称（マヽ）、前件大法師、精二通戒律一、持二念真言一、苦節年深、勤行匪レ懈。伏請、准二勅挙一、充二内供奉持念禅師一者。謹検二去宝亀三年三月六日勅一、京畿七道諸国簡二択苦行精勤少欲知足者一、置為二内供奉一、割二正税稲一、以給二資粮一、無レ有レ所レ乏者。僧円珍合レ充二件選一。右大臣宣、奉レ勅、宜レ依レ請者。准補既訖。仍以レ牒知。故牒。

嘉祥三年三月二日

少録従七位下江「大舫」

少丞正六位上田「秀道」

少輔従五位下藤「関雄」

（「内侍之印」十二アリ）

この公験の後《オク》に円珍自身が書き入れた識語は、つぎのように述べている。

わが国では、十禅師に任命されたときには、ただ寺家あるいは僧綱に対して発給される「官省施行ノ符」があるのみであって、もともと本人が身に帯して験とするものは給せられない。そこで自分は入唐するとき験とする牒を給わりたいと奏請した。さいわい右大臣藤原良房大閤下が尽力してくださり、この牒を給わることができた。大唐の高官でこれをめずらしがらない人はなく、みなこれを抄写したものである。とくに温州刺史と越州副史は、この公験と中務省が発給した位記（『平安遺文』四四五七号の僧円珍位記をさす）を写し取っていた。これを覧る者はみな事の元《ハジメ》を知った。円珍記す。

任官した本人に、それを証する「官記」を給さないのは、俗と僧とを問わず、日本律令官僚制の原則である。

さてこの公験としての牒は、勅を奉じた右大臣の宣をうけて治部省が作成し発給している。これもまた、右大臣宣は直接治部省に伝えられたとしか考えられないものである。

それではこのような、後世の故実書などには記載のない、〃治部省に下される上宣〃をどのように考えたらよいのであろうか。知られた例はいずれも、当時においても高名な僧に与えられた公験についてのものであり、しかも最澄らの場合は唐からの帰国後、円珍の場合は入唐前というように、入唐が契機となって発給されていることでも共通している。したがってこれを、特殊な事例とみることもできないわけではない。だが反面、このような事例の存在は、古くは他にも同様のことが行われていたのではないかとの推測をも可能にする。つまり西宮記の編纂時にはすでに行われなくなっていた下治部省・下民部省・下刑部省・下大蔵省・下宮内省などの〃上宣の宣下〃がかつては存在したのではないかと推測することも、同様の意味でできないわけではない。そしてその推測は、以下に述べる事例をみることによって、より可能性の大きなものとなるであろう。

(ロ) 近衛府に下された上宣

近衛府に下される上宣については、伝宣草にも記述がある。すなわち「諸宣旨事」では、

一、下近衛事

昇殿事、近代不レ然。

とし、「諸宣旨目録」でも、

一、下近衛事

昇殿事、近代不レ然。上皇御随身事

とする。しかしつぎに挙げる実例は、これといささか趣を異にする。

史料一一三　類聚符宣抄、巻六

応下諸節会日并臨時就レ事外記率二史生一進中御在所上例事

右、被二左近衛大将従三位兼守権大納言行民部卿清原真人宣一偁、諸節会日、外記内記、共候二陣側一、以備二顧問一。其来尚矣。如聞、左近衛府、許二内記一、制二外記一。理不レ容レ然。自今以後、宜下永依レ例令上候二陣側一。唯史生一二人、給二平座一令レ候レ之者。

天長六年十一月十六日　（奉者の署なし）

登時、大納言面召二少将従五位上林朝臣真能一仰訖。

上宣のいうところはつぎのようなものである。節会の日には外記と内記が左近衛府の陣側に候して

「顧問」に備えるのが古くからの例である。しかるにこのごろ左近衛府は内記のみ陣側に候するのを許し、外記が候するのを禁止しているという。理としてそれは然るべきことではないので、今後は慣例通り外記も陣側に候させるようにせよ。また外記の率いる太政官史生一、二人には平座(敷物か)を給いて候させるようにせよ。

このように、左近衛大将権大納言清原夏野の宣は左近衛府に対する命令を述べたものである。この宣旨書には奉者の署がないので、だれが書き記したものか不明だが、付された注記の「スナハチ大納言マノアタリニ少将従五位上林朝臣真能ヲ召シテ仰セ訖ンヌ」によれば、夏野みずからが直接左近衛府の少将に宣下している。

なおこの宣旨には、いま一つの問題があるので付言しておく。実は同じ日に、この宣旨と同じ趣旨の宣旨が外記に対しても下されているのである。

史料一一四　類聚符宣抄、巻六

聴㆔外記候㆓陣辺㆒事

右大将宣、節会行幸日、宜㆑聴㆘立㆓床子㆒侍㆗陣辺㆖。其史生一二人、令㆑侍㆓板敷㆒。亦臨時就㆑事、聴㆑候㆓陣辺㆒。〔者脱〕

天長六年十一月十六日

（奉者の署なし）

これにも奉者の署がないが、内容からみて右近衛大将大納言良岑安世の宣が外記に下されたものであることは間違いない。つまり同じ内容の宣が同じ日に外記と左近衛府とに下されているのである。しかも、宣下先によって宣者が異なっている。「左」と「右」の字は書き誤り易い字であるから、史料一一四の「右大将宣」は「左大将宣」の誤りで、どちらも清原夏野が宣したとも考えられなくはないが、位階・官職の書きかたの違いからみて、やはり別人とみるのが自然である。とするとこれは、天長六年のころには宣下先によって宣者がふりわけられることがあったことを示す事例となる。いわゆる「日《ヒ》ノ上《シャウ》」の制、すなわち日ごとにその日の政務を担当する上卿の制は、いまだかたまっていなかったものとみられる。

(ハ) 内竪所に下された上宣

つぎのものは、上宣が内竪所に下されたものである。

史料一一五　類聚符宣抄、巻七

内竪所

請下重蒙二処分一因二准進物所校書殿等例一改二官人代号一為中執事職上状

右、謹検二案内一、(中略)重望、特蒙二鴻恩一、因二准進物所校書殿等例一、改二官人代号一、為二執事職一。然則出仕之人、励二勤王之節一、拝官之輩、知二奉公之貴一。仍勒二事状一、謹請二処分一。

承平六年四月三日

官人代村主

内蔵遠兼

頭　上毛野公房

内蔵

橘　忠胤

嶋田公忠

惟宗保尚

別当大蔵大丞吉野滋春

別当中納言兼民部卿中宮大夫平朝臣伊望宣、奉レ勅、依レ請者。

同年閏十一月十一日

別当大蔵大丞吉野滋春奉

奉行

別当左近衛少将源朝臣当季

長文なので内豎所の請奏の本文は省略したが、その申請は要するに内豎所の役職の一つである官人代の名称を改めて執事という名称にしてほしいというものであるが、その請奏の後《オク》に奉勅上宣の宣旨書が記されている。上卿の「別当」は、公卿別当をいう。その宣を奉ってこれを書き記したのは内竪所別当であった。

内竪所は令制官司ではない。いわゆる令外官の一つである。そのような性質の官司にも上宣が直接下されたことが知られる。

(二) 東寺俗別当に下された上宣

つぎに挙げるものは、上宣が直接東寺俗別当に下され、その俗別当が書き記した宣旨書の写である。

史料一一六　東宝記草稿本第十一、宝法上

調布参拾端　一節料

右、大納言藤原朝臣良房宣、奉レ勅、毎年春秋両度東寺灌頂料、永充二行之一者。

承和十一年九月十一日

別当左衛門権佐藤原岳雄奉

奉行

別当散位御船

預散位津宮野

散位春海長澄

九世紀前半にはこのような事例さえ存したのである。東寺が毎年春秋の二度行う灌頂会の一節ごとの料物として、官物から調布三〇端を充当せよという勅を大納言藤原良房が奉り、その旨を良房は東寺俗別当藤原岳雄に宣し、岳雄はそれを奉ってこの宣旨書を記し、さらに同役の御船某と預二名が「奉行」として署を加えている。上宣の宣下先を八種の官司・機関に限定している西宮記の宣旨とは異なる世界が、九世紀の前半にはあったのである。

なおこの宣旨については、つぎのようなことも考えておく必要があろう。それは、一節ごとに調布三〇端を東寺に対して支給するのは、決してこの上宣を奉った東寺俗別当ではないということである。諸国から貢進される調庸物は大蔵省が収納し管理している。すなわち調布三〇端を支給するところは大蔵省である。それゆえ東寺俗別当は、一節ごとに大蔵省に赴き、その支給を申請し、料物を受納しなければならない。そのときおそらく、東寺俗別当はこの宣旨書を持参し、大蔵省官人の了解をえたのではないか。もしそうであるとすると、この宣旨書は料物受納の証書としての働きをもったことになる。つまり、宣旨書そのものは内容からみれば奉勅上宣を受命した者の受命の記録にすぎないが、そこに記された事柄には他に対して働きかける機能が付与されたとみられるのである。宣旨書のもつこのような機能は、本稿がこれまでみてきたところからはうかがえなかったものであるが、つぎに掲げる東大寺検校使に下された左大臣宣を記した宣旨書も、同じような機能を有するものであったとみられる。

(ホ)　東大寺検校使に下された上宣

これは、八世紀の宣旨書の例である。

史料一一七　正倉院御物出納文書、一雙倉北雑物出入継文（二五-附録一）

造東大寺司

合請薬柒種

桂心壱拾斤小　　人参壱拾斤小

芒消参斤小　　呵梨勒参佰枚

檳榔子伍拾枚　　畢撥根壱拾両小

紫雪壱拾両小

天応元年八月十六日

「（異筆）左大臣宣

参議藤原朝臣」　「（自署）家依（奉カ）□」

『大日本古文書』編年四に収める雙倉北雑物出用帳（四-一八六～二〇五）によれば、この文書の書かれた前後の事情は、概略以下の如くであった。

参議藤原家依と建部人主の二名の者が東大寺正倉院の蔵する宝物の検校使に任命されて東大寺に派遣されたのは、天応元年八月十二日以前のことであった。もっとも派遣されたといっても、当時の宮都は平城であったから、東大寺に通ったといった方が正確である。検校使はまず八月十二日に、「大小王真跡書一巻」「書法廿巻」「時々御製書四巻」を出庫し、内裏に進上している。そして八月十八日には早くも、「時々御製書四巻」すなわち雑集一巻(聖武)・孝経一巻(元正)・杜家立成一巻(光明子)・楽毅論一巻(光明子)の四巻と、「書法廿巻」のうちの一二巻を返納している。その十二日から十八日の間の八月十六日に、造東大寺司が検校使に対し七種の薬物の出庫を要請して提出した文書が、史料一一七である。この要請を受けた検校使は、その可否を議政官組織に問うたところ、議政官組織は左大臣藤原魚名の宣を以てこれを許可した。正倉院宝物の薬物を出給するのであるから、この宣は奉勅のものであったとみられる。その「左大臣宣」を検校使藤原家依自身が奉り、その旨が、この文書の後《オク》に書き記された。「左大臣宣　参議藤原朝臣」まではおそらく建部人主が書き、これに家依が自署と「奉」字を加えたものであろう。この結果、薬物の出庫は「御製」等の返納された八月十八日に行われた。雙倉北雑物出用帳には「同日出物」として七種の薬物を記したあとに、「右、依二左大臣宣一、出二充造寺司一」と記し、さらに検校使二名と造東大寺司官人五名の署が加えられている。

諸司から上申された請奏などの後《オク》に宣旨書が記入されている事例は、これまでにもいくつかみてきた。

史料五二・六二・一〇四などがその例であった。また大宣旨もしくは官切下文といわれるものもその類であった。したがって造東大寺司が提出した略式の上申文書の後に宣旨書が記されているこの例は、その先蹤をなすものであるといえる。

ところでその宣旨書は、薬物七種の出庫を許可したことを証するものであった。したがってこれが記入されたことによって、この文書は薬物の出庫を正当づけるいわば証書となったわけである。そしてその証書は正倉院に伝来した。すなわち造東大寺司に手渡され、保管された。

宣旨書そのものは、これまで本稿でみてきた諸多のものと同じく、左大臣の宣を、奉った検校使が書き記したものであるし、正倉院に収蔵されている薬物を出庫する責任者は造東大寺司官人ではなく、ほかならぬ左大臣の宣を奉った検校使であり、そして検校使はたしかにその宣の旨を履行している。だがそれにもかかわらずこの宣旨書は、奉者の手許に残らず、造東大寺司すなわち奉者以外の者に手渡されたということも、まぎれもない事実である。それゆえこの宣旨書が、造東大寺司に対してもなんらかの働きかけ――それが告知を目的とするものか後鑑を目的とするものかは不明だが――をもつものであったことも、否定できないであろう。

(8) 下諸司宣旨についての小括

この項では、上宣が、外記・弁官を介さず、直接諸司に下される場合に、それを奉った諸司の官人が書き記す宣旨についてみてきた。そしてその結果、西宮記・伝宣草などが上宣の宣下先として記す中務省・内記・式部省・兵部省・弾正台・検非違使の六官司・機関のうち、兵部省を除く五官司・機関についてはその実例が存すること(但し検非違使に関する実例は次節に譲り、ここでは省略した)、だがそのように上宣の宣下先が六官司・機関にかぎられるにいたったのは一〇世紀以後のことであったらしく、九世紀とくにその前半以前は、もっと自在に各所に直接下されていたと推定されること、また下式部省宣旨の事例から推すと、諸司への上宣の伝達ルートには、上宣—判官奉と、上宣—官長伝宣—主典奉の二つのものが、古くはかなり一般的に存在したらしいこと、そしてそのような上宣を奉った者の書き記したものは、既述の下外記宣旨・下弁官宣旨をも含めて、一般に宣旨書と称されたとみられること、その宣旨書は、基本的には、下外記宣旨・下弁官宣旨と同じく、それ自体は他に対して働きかけるものではなく、奉った者の手許に残される部内文書であったが、その内容とそれが記された状況によっては、他者に対して証書としての機能を果す場合があり、またそれが他者に手渡される場合があること、などの諸点を指摘することができた。

第二節　検非違使が奉ずる宣旨

検非違使が奉じて記す宣旨には、大別してつぎの三種のものがある。

(1)上宣を奉ずる宣旨＝下検非違使宣旨

(2)内侍宣を奉ずる宣旨

(3)別当宣を奉ずる宣旨＝別当宣

このうちの(1)は、前節第三項(6)で下検非違使宣旨として取扱うべきものであったが、便宜上この節で、検非違使が奉ずる宣旨としてまとめて述べることにしたものである。

ところでここで一つことわっておかなければならないことがある。それはつぎのようなことである。この章でこれまでみてきた宣旨は、第一節の表題を「上宣の伝達」としたことから明らかなように、奉勅と非奉勅とを問わず、上宣が外記・弁官・諸司に下されたときに、それを奉った官司・機関の官人が記した宣旨であった。だが検非違使が奉ずる宣旨には、そうしたもの以外のものが存する。右の三種のうち、(1)検非違使が上宣を奉ずる宣旨はこれまでみてきたものと同じく、上宣が直接検非違使に下され、それを検非違使が奉って記したものである。しかし、(2)検非違使が内侍宣を奉ずる宣旨は、上宣とは関係のないものである。これは後述のように、勅が上宣ではなく内侍の宣によって検非違使に伝達されたときに記されるものである。同様に、(3)検非違使が別当宣を奉ずる宣旨すなわちいわゆる別当宣も、上宣とは無関係のものである。このうちとくに注目すべきものは(3)である。なぜならば(3)は、検非違使という一つの機構の内部で、上級者が宣した事柄を下級者が奉って記したという点で、これまでみてきた宣旨とは著しく性質が異なるものであるからである。そこでこの節では、主として(1)と(2)について述べ、(3)については第三節「一司内宣旨」において詳しく検討することにする。

一　検非違使が上宣を奉ずる宣旨＝下検非違使宣旨

検非違使が上宣を奉って記す宣旨における上卿の表記には、一見してそれが上卿であることの知られる場合と、上卿の職名に「別当」を冠する場合とがある。したがって後者の場合は、(3)検非違使が別当宣を奉ずる場合のものすなわちいわゆる別当宣とまぎれやすい。それゆえこの両者を識別する必要がある。まずその例を挙げよう。

史料一一八　政事要略、巻六十七

大納言従二位源朝臣多宣、奉レ勅、式云、凡支子染深色、可レ濫二黄丹一者、不レ得二服用一者。而年来以二茜紅一交染、尤濫二其色一。自今以後、茜若紅交二染支子一者、不レ論二浅深一、宜レ加二禁制一者。

元慶五年十月十四日　明法博士兼左衛門大志紀春宗奉

奉勅の大納言宣はこういう。

貞観弾正台式(延喜弾正台式にも同文の条文がある)は、支子《クチナシ》染の色の濃いものは黄丹とまぎれやすいから服用してはならないと定めている。ところが近年、茜《アカネ》・紅《クレノアヰ》と支子とを交ぜて染めるのが流行しているが、それはさらにまぎらわしい。今後は茜もしくは紅と支子とを交ぜて染めることは、色の濃い薄いを問わず禁止せよ。

すなわちこれは、明らかに奉勅上宣を検非違使が奉って記した宣旨である。奉勅上宣は検非違使に対し「禁制ヲ加フベシ」と命じたわけで、検非違使がこれを「奉」じたことは受命したことをあらわす。念のためこのときの検非違使別当を公卿補任でたしかめると、参議源有能であったことが知られるから、大納言源多は上卿としてこの奉勅上宣を宣下したことが知られる。

つぎの例は、上卿の官職に「別当」を冠した事例である。

史料一一九　政事要略、巻六十一

別当中納言兼左衛門督従三位源朝臣光宣、奉レ勅、囚禁之事、待レ断之間、身命難レ存。是則使等、不二相具一之所レ致也。自今以後、五位及尉志府生并四員在者、宜レ行二其政一。不レ可レ具レ官、須二左右相交一者。

寛平七年二月廿一日　民部権大輔兼左(マヽ)近衛少将在原弘景奉

禁固された囚人のなかに断(判決)を待たずに死亡する者があるのは、検非違使の顔ぶれがそろわないため政が行えないからである。今後は、五位一人、尉・志・府生各一人のあわせて四員がそろったならば、政を行うこととせよ。左・右のいずれかの検非違使庁の者だけではそれがそろわないときには、左・右あい交えてそろえるようにせよ。

これが別当中納言左衛門督源光が奉って宣した勅による命令である。このような場合には、源光は上卿として宣したのか検非違使別当として宣したのかが問題となるが、これは上卿として宣したものである。そのことは、史料一一九と同じ日の、いま一つの検非違使が奉じた宣旨をみることによって明らかとなる。

史料一二〇　政事要略、巻六十一

別当中納言兼左衛門督源朝臣光宣偁、近者、囚徒満レ獄、科決猶遅。或所レ犯是軽、禁固日久、或本罪既重、待レ断終レ身。獄官之道、理不レ可レ然。因レ之去年十月五日、須下定二左右検非違使庁一、毎日行上政之状已了。而猶遅緩、不二肯行一レ之。自今以後、宜下依二前件一行中其政上。不レ可レ隔レ日。又須二所レ行事条目録、毎日申一レ之者。

寛平七年二月廿一日　民部権大輔兼右(マヽ)近衛少将在原弘景奉

これも裁判の促進を命じたもので、宣した別当中納言兼左衛門督源光も、奉じた在原弘景も、史料一一九と同じである。ただ史料一一九が奉勅で、史料一二〇が奉勅でない点が異なるのみである。だがすでに五味文彦氏がこの二者の相違に注目しておられるように(19)、この二つの宣旨は当時の人びとには明らかに性質の異なるものと認識されていた。すなわち、同じく政事要略、巻六十一に載せる天暦元年六月廿九日の別当宣―検非違使奉の宣旨は史料一一九の宣旨を「去寛平七年二月廿一日奉勅宣旨」として引き、延喜十二年三月十一日の別当宣―検非違使奉の宣旨は史料一二〇の宣旨を「去寛平七年二月廿一日別当宣」として引用している。このように史料一一九の宣旨は上卿が勅を奉って宣した旨を記したものであって、別当宣ではないのである。なおついでながら

寛平八年十月十一日宣旨（別当中納言宣、政事要略、巻六十一）
承平七年九月七日宣旨（別当中納言宣、政事要略、巻六十七）
承保四年五月四日宣旨（別当権中納言宣、朝野群載、巻十一）
元永二年五月十六日宣旨（別当権中納言宣、朝野群載、巻十一）
天承元年五月二日宣旨（別当中納言宣、朝野群載、巻十一）

なども、宣者の官職に別当を冠してはいるが、いずれも上卿の宣であって、別当宣ではない。

つぎにみるものは、検非違使別当の補任についてのものである。

史料一二一　朝野群載、巻十一、廷尉

大納言従三位左近衛大将春宮大夫藤原朝臣時平宣、奉㆑勅、以㆓参議正四位下行右衛門督源朝臣貞恒㆒、為㆓検非違使別当㆒者。

寛平五年六月十五日　　右衛門権佐藤原朝臣弘道〔奉脱〕

勅によって検非違使別当を補任したことを上卿が宣し、これを検非違使が奉って記した宣旨である。したがってなんら他に対して働きかける必要はない。奉った検非違使に為すべきことがあるとすれば、それは自分以外の検非違使に新別当補任のことを周知させることだけである。

なお、この検非違使別当補任宣旨に関しては、以下の二点を付言しておく。

第一は、令外官である検非違使別当は、このように宣旨によって補任されるということである。一般の令内の官職の補任はいわゆる除目によって行われる。また令外の官職であっても相当位の定められているものは、やはり除目によって任官が決定される。このような官職を、政事要略、巻六十一に載せる天元五年正月廿五日の信濃掾美努秀則と惟宗允亮の問答では「除目官」といっている。これに対して検非違使別当は相当位のない令外の職であるから、その補任は除目の対象外とされ、代って宣旨が下されるのである。この種の職を同問答では「宣旨職」と呼んでいる。そしておそらく、令内官職の任官に本人に対して交付する任官記がなかったのと同じように、検非違使別当の補任にあたっても本人に対して交付する文書は作成されなかったものと推察される。くりかえし述べることになるが、史料一二一の宣旨書は本人に交付するために書かれたのではなく、新任別当以外の検非違使が奉勅上宣を奉った旨を書き記したものである。

第二は、検非違使別当の補任を告げる奉勅上宣の伝達経路に、別のルートがあったことである。史料一二一について、朝野群載はつぎのような注記を施している。

天禄四年、左大臣御子息、召二尉政明一仰二延光別当宣旨一云々。右府示云、別当宣旨、古今多仰レ弁、不レ仰レ佐。若仰レ佐者、不レ仰レ弁欤云々。

文中の左大臣は醍醐皇子の、もと兼明親王で、臣籍に降って源姓となった人。この人は「御子左大臣」(尊卑分脈)と称されたから、「御子息」の注記はそれをいうものであろう。延光は中納言源延光、右府は右大臣藤原頼忠である。この注記によれば、天禄四年に中納言源延光を検非違使別当に補任したとき、上卿源兼明はその宣旨を検非違使の尉に仰せたという。上宣を直接検非違使に仰せた点は史料一二一の宣旨と同じだが、佐ではなく尉であった点が異なる。そしてこうした源兼明のやりかたと対比しつつ、右大臣藤原頼忠は「別当補任宣旨は古今を通じて多くの場合弁に仰せている。検非違使の佐に直接仰せることはしない。もしは、佐に仰せるときは弁に仰せないのだろうか」という、史料一二一の上卿藤原時平に対する批判的な感想を漏らしている。つまり検非違使別当補任の奉勅上宣は、史料一二一や天禄四年の場合のように検非違使を召して上卿が直接仰せるやりかたのほかに、上卿が弁に仰せて、弁官から検非違使へ伝達する方法があったのであり、しかも後者の方が通常用いられる伝達方法であったのである。そしてその実例は本稿でもすでにみている。史料九七がそれである。これは、

右大臣が奉勅上宣を宣下し、右大弁がそれを伝宣し、右少史がこれを奉ってさらに検非違使に仰せ、検非違使の府生がそれを奉って宣旨書を記し、佐以下の検非違使が奉行した。

というものであった。

上宣を検非違使が奉って記す宣旨のなかで興味深いものの一つに、赦免宣旨といわれるものがある。時代の降るものではあるが、一例を挙げる。

史料一二二　朝野群載、巻十一、廷尉

正二位行権中納言兼皇太后宮大夫源朝臣経長宣、奉レ勅、廼者、上東門院尊躰不豫。須下有二五刑於黄砂之底一、以全中仙算於翠帳之中上。故詔書云、今日昧爽以前、大辟以下、罪無二軽重一、已発覚、未発覚、已結正、未結正、繫囚見徒、私鋳銭、犯八虐、故殺、謀殺、強窃二盗、常赦所レ不レ免者、咸皆赦除。但触二神社訴一、及毀二仏像一、殺二父母一之者、不レ在二赦限一者。而所司稽留、不二速頒下一。譬猶下檻猿被レ抑二帰山之心一、籠鳥未上レ展二入雲之翅一。赦令之趣、豈如レ此哉。不レ待二施行之符一、宜三早遵二宣下之詔一

者。

延久二年十一月七日　　　　左衛門権佐藤原朝臣季綱奉

上東門院藤原彰子(道長女、一条皇后)の不豫にさいし、平癒祈願のための大赦を行ったときの赦免宣旨である。令制本来の大赦の施行は、以下のような手続を経る。公式令1詔書式条にのっとって大赦の詔書が作成され、その写一通が弁官に送られ、弁官は詔書を謄した太政官符を作成し、それの請印を経たのちこの太政官符が頒下されて施行される。これがこの宣旨のいう「施行之符」である。それに対して、そうした手続が完了する以前に、より限定すれば詔書が作成された段階で、検非違使に大赦を行わせるために出されるのが赦免宣旨である。そしてこれで知られるように、赦免宣旨もまた奉勅上宣の施行を検非違使に対して命じたものであって、その命令を奉った検非違使みずからが書き記した宣旨書が史料一二二である。命令を実行するのは検非違使自身であって、なんら他者に対して働きかけるような性質の事柄ではない。

ところで大赦施行の正規の手続を逸脱したこのような赦免宣旨が、いつごろから行われるようになったかは明らかではない。西宮記、巻十二の「下検非違使宣旨」にすでに「赦免事上卿召官人仰」とみえるから、一〇世紀半ばころにはすでに行われていたとみられる。施行の太政官符の作成とその請印に要する時間を省いて大赦を施行するという点では、官宣旨誕生の事情に通ずるところがあるから、あるいはさらにさかのぼって行われていたかも知れない。しかし実例として私が知ることのできた最も古い赦免宣旨は、廷尉故実（続群書類従、公事部所収）の長保四年のものであった。

史料一二三　廷尉故実

赦令之事

奉レ赦官人或佐、或尉。任二詔書一大内記書レ之。書二宣旨之趣一、廻二覧佐以下一。无二懸紙一、文許也。立書様大略。

左大臣宣、奉レ勅、今月六日変異頻呈、両曜共蝕、衆星乱行。咎徴可レ畏。災孽欲レ〔攘カ〕。仍今日下二詔書一曰、昧爽以前、大辟以下、罪無二軽重一、已発覚、未発覚、已結正、未結正、咸皆赦除。但犯八虐、故殺、謀殺、強窃二盗、常赦所レ不レ免者、不レ在二此限一者。是宥二黄砂之軽囚一、為レ期二蒼天之冥助一也。而有司稽留、速不二頒下一。縦雖レ降二恵露之沢一、猶恐レ困二厳霜之料〔科〕一。宜下令三有司録二会赦徒一、不レ待二官符之施行一、早随二詔書一而原免上者。

長保四年九月八日　左衛門権佐兼備中権介令宗朝臣允亮奉

宣旨の内容は史料一二二のものと全く同じであるが、この宣旨のまえに記されている廷尉故実の文に注目する必要がある。この文は、赦免宣旨なるものがだれによってどのようにして書かれ、それがどのように扱われたかを明快に示している。すなわちこの文によれば、赦免宣旨は、上卿から赦のことを奉った官人（佐または尉）が、大内記の作成した詔書に任《マカ》せて宣旨の趣を書くのであり、書かれた宣旨は佐以下の検非違使官人に回覧されるのである。つまりこの宣旨は、上宣を受命した者が、上宣の旨を検非違使官人に周知させるために書いたのであって、決して検非違使以外の第三者に働きかけるために書いたのではない。

二　検非違使が内侍宣を奉ずる宣旨

さきにも述べたように、この章でこれまでみてきた宣旨は、すべて上宣の伝達にかかわって記された宣旨であった。しかしこれからみるものは、そうではない。上卿以外の者の宣の旨を、それを奉った者が記した宣旨である。その最初にみるものが、検非違使が内侍宣を奉って記した宣旨である。内侍宣とは、後宮十二司のうちの内侍司に所属する女官の宣の意である。内侍司には、尚侍二人・典侍四人・掌侍四人・女孺一〇〇人が所属し、このうち天皇の命令を「宣伝」できるのは、後宮職員令の定めるところでは尚侍のみ(但し尚侍が欠員のときは典侍も可)であったが、実際にはこうした制限は守られておらず、八世紀以来典侍・掌侍も「宣伝」しているし、すでに第三章でみたように、女孺が宣した実例もある。

ところでこうした内侍宣については、土田直鎮氏の研究があり[20]、内侍宣を検非違使が奉ずる宣旨についても論及しておられ、それにつけ加えるべき私見はほとんどないので、ここでは氏の所説の概要を紹介したうえで、若干の実例を挙示するにとどめることにする。

土田氏は、平安時代にみられる内侍宣について、概略以下のように論じておられる。

一、内侍宣の様式および手続における最大の特色は、勅命が、上卿すなわち太政官機構を媒介せずに、直接諸司に伝達される点にある。また内侍宣には、その文中に「奉勅」と記すものと記さないものとがあるが、「奉勅」の語の有無にかかわらず、勅旨すなわち勅命を伝えたものとみるべきである。

二、内侍宣が、勅旨・勅命を太政官機構を媒介せずに直接諸司に伝える機能をもつものであったことは、内侍司が後宮十二司の一つとして、太政官と性質を異にした、相対的に自立した官司であったことと関係がある。宮中(内廷)と府中(外廷)の別をたてるために、こうした違いを設けたものと考えられる。

三、九世紀前半の内侍宣の今日に残るものは、わずか九例にすぎないが、その内容にはつぎのような特徴がある。第一は、のちの内侍宣にくらべると「遥かに重い事」を宣していることである。たとえば、奏文用紙の粗悪をいさめた延暦九年五月十四日内侍宣(類聚符宣抄、巻六)、内裏内の通行に関する弘仁七年四月十七日内侍宣(同、巻六)、行幸時の禄法に関する天長八年十一月十五日内侍宣(同、巻四)などのように、国政にかかわるとみられる事柄について宣している。第二は、天皇の個人的な感情のこめられている内容のものがあることである。たとえば最澄の帰朝をよろこぶ延暦廿四年八月廿七日内侍宣（顕戒論縁起上、『平安遺文』四三一三号）、左大臣藤原緒嗣の辞表を却下する承和四年十二月八日内侍宣（続日本後紀）などは、通例ならば詔書もしくは太政官符を以て下される事柄である。

四、しかし一〇世紀以降の内侍宣には、上記のような内容上の特色はみられなくなる。すでに延喜式部式に内侍宣の適用範囲を制限する条文がみられるが、一〇世紀以降の内侍宣の実例をみると、その多くは内廷の事に関するものである。

五、但し例外として、検非違使に対しては、犯人の追捕など外廷の行政面に関する事柄を直接に宣している。この点も、内侍司と検非違使が、太政官に対し相対的に自立した機関であったことと関係があろう。

六、しかし平安時代中期以降の内侍宣には、実は内侍が宣したのではなく、蔵人が勅命を宣したのに、内侍が宣したという形式で宣せられたものがみられるにいたる。貫首雑要略の引く天暦蔵人式逸文に、つぎのような条文がある。「凡蔵人奉レ勅、召二仰諸司一、若事理頗重、称二典侍以上宣一」「頭蔵人召二検非違使一、免二除未断軽犯者一之類、皆称二内侍宣一宣二下之一」。

土田直鎮氏の内侍宣に関する所論の概略は、以上の如くである。つぎに検非違使が内侍宣を奉じた事例のいくつかを挙げる。

史料一二四　朝野群載、巻十一、廷尉

進物所
請膳部多治忠岑
右忠岑、以㆓去正月廿五日㆒俘、双六座居、被㆓禁固㆒矣。而従㆓今月二日㆒本病発、動煩苦。為㆓彼病㆒所㆑請如㆑件。

貞観十八年二月七日

膳部大春日茂蔭
頭大膳亮藤原氏助
別当左近衛少将兼近江介藤原朝臣
内蔵頭藤原朝臣安世

掌侍従五位上賀茂定子伝宣、奉㆑勅、件人治病之間、暫給㆑假者。

貞観十八年二月八日

左衛門権佐従五位下惟範奉

進物所の申請に対し、その文書の後《オク》に宣旨を書き記したものであるが、朝野群載はこれに「雑人獄所候者、依㆓本所請申㆒、給㆑假」という表題をつけている。申請の内容は要するに、進物所の膳部の多治忠岑なる者が、禁止されている双六賭博をやって検非違使の獄に拘禁されたが、持病が再発して苦しんでいるので、しばらく仮釈放してほしい、というものであるが、この申請に対しそれをゆるすという勅が下り、それを掌侍が検非違使に伝宣し、検非違使がこれを奉って記したのが後《オク》に記された宣旨である。

これで知られるように、勅の検非違使への伝達には上卿すなわち太政官機構は介在していない。しかも勅による命令は、検非違使に対して多治忠岑を釈放せよというのであるから、奉って宣旨書を記した検非違使は他者に対して働きかける必要はない。釈放すれば命令は履行される。

つぎは、内侍宣ではあるが実は蔵人が検非違使に仰せたという事例である。三例を挙げる。

史料一二五　政事要略、巻六十七

典侍源朝臣珍子宣、奉レ勅、今日中宮被レ奉二歌舞於賀茂神社一。宜レ聴三舞人等着二摺衣一者。実仰二蔵人左近衛少将藤原朝臣実頼一。

延長五年四月五日　　左衛門大志惟宗公方奉

史料一二六　政事要略、巻七十

典侍従三位藤原朝臣淮子宣、奉レ勅、神泉苑築垣破損、放二飼馬牛一、准二宮中闌遺一、取送二左右馬寮一。立為二恒例一者。実仰二蔵人藤原時清一。

康保三年八月廿八日　　左看督使津守忠連奉

史料一二七　朝野群載、巻十一、廷尉

典侍従四位下藤原朝臣方子宣、奉レ勅、別当中納言兼左衛門督藤原朝臣実行辞退之間、不レ従二公事一。仍左佐以下、暫令レ勤二行雑務一。若有下可二定奏一之事上者、参二蔵人所一、宜レ令レ申二其由一者。実仰二蔵人頭

右中弁藤原朝臣顕頼。」

天承元年五月十日　右衛門少志惟宗朝臣成国奉

この三例はいずれも、奉勅の内侍宣を検非違使が奉って記したものである。内侍宣の内容は、これまたいずれも検非違使に対する命令である。すなわち、史料一二五は中宮藤原穏子が賀茂神社に歌舞を奉ずるにあたり、舞人等が禁止されている摺衣を着用するのをゆるしたから取締るなというもの。史料一二六は神泉苑の築垣が破損しているのをよいことに、馬・牛を放ち飼いする者があるが、そのような馬や牛は宮中の遺失物とみなして、検非違使は捕獲して左右馬寮に送れというもの。史料一二七は別当藤原実行が辞退して別当欠員の間は、左衛門佐以下が雑務を行い、検非違使として定め奏すべきことが生じたならば、その旨を蔵人所へ経《フ》れよというものである。そのうえさらに、「実ハ蔵人某ニ仰ス」とする点でも三例共通している。これらの勅は、実は内侍に伝えられたのではなく蔵人に伝えられたのだが、内侍宣という形式をとって検非違使に下されたのである。土田直鎮氏が引用しておられる天暦蔵人式逸文がいうように、「内侍宣ト称シテコレヲ宣下」したものである。

検非違使が内侍宣を奉って記した宣旨の例を、もう一つ記す。いささか長文である。

史料一二八　政事要略、巻七十

別当参議行左衛門督兼伊予権守源朝臣重光伝宣、典侍従四位下藤原朝臣貴子宣、奉レ勅、弾正台式云、馬車〔車馬〕従者、一位十二人、二位十人、三位八人、四位六人、五位四人、六位以下二人。但至㆓于祭使日㆒、四位八人、五位六人、六位四人者。爰年来之間、供㆓奉諸祭使㆒之輩、無㆑依㆓人之貴賤㆒、不㆑別㆓位之高下㆒、所㆑率従類、多倍㆓式数㆒。就㆑中賀茂石清水等臨時祭使陪従等所㆑率従者、無㆑有㆓涯岸㆒。所㆑着衣裳、非㆓綾羅錦繡㆒、莫（マヽ）㆑不㆓着用㆒。非㆓唯不㆑慎㆓朝章之重科㆒、諸官緩怠、不㆓糺行㆒之所㆑致也。自今以後、宜㆘仰㆓検非違使㆒、重加㆗禁遏㆖。若乖㆓制旨㆒、式数之外有㆓過差之従類㆒、全捕㆓其身㆒。但至㆓于衣服㆒、任㆑旧破却、令㆑慎㆓将来㆒者。

天延三年二月廿五日　　右衛門権少尉平祐之奉

諸祭使の従者の式数を超えた過差と、その服飾の華美が流行しているのは、検非違使が取締らないからだとして、以後は過差の従者は全員拘禁し、華美な衣服はその場で破却せよ、という検非違使への命令としての勅を、典侍が宣し、これを別当が伝宣し、さらにそれを検非違使の尉が奉って記した宣旨である。この場合の別当の伝宣は、すでにみた下弁官宣旨における上宣の弁による伝宣、下式部省宣旨における上宣の官長による伝宣と同じであって、こうした事例が存在することにより、下式部省宣旨での上宣の同省への伝達に上宣―丞奉と上宣―輔伝宣―録奉の二種があったのと同じように、内侍宣の検非違使への伝宣にも内侍宣―志奉と内侍宣―別当伝宣―尉奉の二種があったことを知ることができる。

なお政事要略、巻七〇には、史料一二八の宣旨に続けて天延三年三月一日付の太政官符が収載されている。もと六箇条の条事を施行する太政官符のうちの、「一、応二同禁制一賀茂斎院禊祭日供奉諸司諸衛官人、同社臨時祭并石清水宮臨時祭使舞人陪従等従数多及着二非色衣袴一事」という一条を抜粋したもので、中納言藤原文範が勅を奉って宣する奉勅上宣の太政官符であるが、内容は史料一二八の宣旨とほぼ同じである。書止を「諸司承知、依レ宣行レ之、不レ得二違越一。符到奉行」としているので、在京諸司に対して発給されたものであることが知られる。したがってこのときの勅は、検非違使に対しては勅―内侍宣―別当伝宣―尉奉という経路で伝達され、並行して在京諸司に対しては、勅―上卿宣―弁伝宣―史奉の経路を経て太政官符が作成され、その太政官符によって伝達されたということを知ることができる。

三　検非違使が別当宣を奉ずる宣旨＝別当宣

すでに述べたように、検非違使が上宣を奉じて記す宣旨のなかには、中納言以上の官職に任じている検非違使別当が勅を奉って宣し、検非違使がこれを奉じているものがあった。しかしそうしたものはすべて、別当として宣したのではなく、上卿として勅を奉って宣したものとみるべきことは、さきに述べた通りである。

これに対してここでいう別当宣とは、別当が別当として宣し、これを検非違使が奉ずる宣旨であって、それは、上司である別当の命令を下僚である検非違使が奉って記したものであること、別当の宣の内容は検非違使の任務・業務・人事等に関するものであって他司に及ぶものではないことの二点において、これまでみてきた各種の宣旨とは著しく異なる特色をもっている。すなわち別当宣は、検非違使という一つの組織の内部の庶務について、上司の命令を下僚が奉って記すものである。それゆえ命令とその履行はその組織内で完結してしまう。それはいわば一司内の宣旨である。

そこで本稿では、この種の別当宣を「検非違使が奉ずる宣旨」から切り離して、別に一司内宣旨として扱うことにする。

第三節　一司内宣旨

本稿がこれまでみてきた宣旨は、みな、上宣(奉勅・非奉勅を含む)を外記・弁官・諸司が奉ずるものか、内侍宣(すべて事実上の奉勅)を検非違使が奉ずるものであった。

だが、そのような宣旨とは異なる宣旨が、さらに現実に存在している。それは、一つの官司の上司が、その官司内の庶政について下僚に下した宣を、下僚が奉って書き記した宣旨である。この種の宣旨を本稿では、一司内宣旨と称することにする。この節ではこの一司内宣旨についてみていくことにする。

一司内宣旨として代表的なものであり、また量的にも多くの実例が残されているのは、弁官の大弁大夫が宣し、これを史が奉って記した大弁宣と、検非違使別当が宣し、これを検非違使が奉って記した別当宣であるが、しかしそれだけでなく、諸多の律令制諸官司の内部でこの種の宣旨が日常的に記されていたであろうことは、つぎのような宣旨が存在することにより、推測することができる。この史料はすでに第一章において史料八として掲記したものであるが、本稿にとって極めて重要なものであるので、もとの史料番号のままいま一度掲記する。

史料八　朝野群載、巻八、別奏

主税権助兼算博士三善朝臣為長

被二卿宣一云、件人、為二道之助一、宜レ令レ覆二勘諸国公文一者。

康平二年九月十八日　　民部少録中原奉任奉

朝野群載はこの宣旨に「二寮官人覆勘卿宣」という表題を付している。このときの民部卿は権大納言藤原家長であるが、これは家長が上卿として宣したのではなく、民部省の長官である民部卿として宣したものとみるべきであろう。同じ「卿宣」でも、史料一一〇のものが「奉勅」であるのに対しこれはそうではないこと、前者の「卿宣」の内容が国博士の任用年齢を制限するといういわば国政にかかわるものであるのに対して、これの「卿宣」の内容は民部省とその被管官司である主税寮の庶務についてのものであることなどに注意しなければならない。

その「卿宣」は、主税寮の権助兼算博士三善為長を算道の助(第二人者、算博士の定員は二人)として民部省が行う諸国公文の覆勘に従事させろという。そしてその宣を、民部省の少録中原奉任が奉っている。覆勘に従事させるのはほかならぬ民部省であるから、これは上司が下僚に下した命令を、それを奉った下僚が記したものである。もちろんこの「卿宣」の旨は、主税寮および三善為長本人に伝達されなければならない。その伝達は口頭によったかも知れないし、この宣旨を閲読させるという方法によったかも知れないし、あるいはまたこの宣旨の写を手交するという方法で行われたかも知れない。しかしそうした伝達の方法と、この宣旨のもつ本質とは、位相を異にする。この宣旨はあくまでも上司の命令を下僚が書き記したことにその本質があるのであって、この点はこれまでみてきた下外記宣旨・下弁官宣旨をはじめとする多数の宣旨と共通している。というよりもむしろ、この点こそが宣旨一般のもつ本質であったというべきであろう。

このような、民部省という一つの官司内における上司の命令をその下僚が奉って記す宣旨が存在した。とすれば同様のものは他の官司にも存在したであろうことが当然予測される。おそらくこのような宣旨は、各官司において日常的にかつ多量に記されていたのであろう。にもかかわらずその残存例が乏しいのは、その宣旨の内容が一司内にかぎられるものであり、またそれの書かれたものはその司の部内文書であったが故に、その司によって処分されてしまい、そのため今日に伝わらなかっただけのことにすぎないものと思われる。

このようにみてくると、すでにみた下外記宣旨のA類および下弁官宣旨のA類もまた、実は太政官という一司内の宣旨であったことに気づく。A類下外記宣旨は、外記の職務・職掌について、狭義の「太政官」内の上司である上卿の命令をその下僚の外記が奉って記したものである。同様にA類下弁官宣旨は、弁官の職務・職掌について、広義の太政官内の上司である上卿の命令をその下僚の弁が伝宣し史が奉って記したものである。こうした観点からみれば、これらもまた一司内宣旨の一種であった。ただ外記および弁官が律令官制の中枢に位置する機関であったという理由によって、他司の一司内宣旨にくらべれば、比較的多く残されたのだとみるべきである。

ところでそのうちの弁官は、広義の太政官内の組織でありながら、狭義の「太政官」に対して独自性をもった機関であった。とすれば弁官という組織内の一司内宣旨があって然るべきである。それが大弁宣である。

二　大弁宣

大弁宣は第一章でみたように清水潔氏が近年の宣旨研究に対する批判としてその存在を指摘されたものであり(21)、また第二章でも多少言及するところがあったが、ここではこれを一司内宣旨としてとらえなおすために、もう一度とりあげることにしたい。

この大弁宣について、史籍集覧本西宮記、巻十二臨時一、諸宣旨はつぎのように記す。

官文殿別当史、以二大夫史一為二別当一、(22)大臣、左大弁宣レ之。

三局史生為二庁直抄府〔符〕一事、大弁宣、史奉レ之、書二下宣旨一云々。

また後世の伝宣草「諸宣旨事」はつぎのように記す。

一、大弁宣事

官文殿使部事

三局史生為二庁直抄符一事、近代関白宣、仰二外記一。

そして清水潔氏は、このような大弁宣について、以下のような諸点を指摘された。類聚符宣抄、巻七、補抄符庁直文殿等史生使部事の項には永観三年正月十三日付のものから長保元年二月五日付のものにいたる九通の大弁宣が収められている。それら九通は「左大弁が宣旨を下し、左大史ないし左少史が奉」

っている。したがってそれは奉勅宣旨でも上卿が宣した上宣でもない。その九通の内容はすべて「補二抄符庁直文殿等一史生使部事」に関するものである。そのほかに類聚符宣抄、巻七、装束使の項には装束使史生の補任に関する大弁宣が収められている。それゆえ大弁宣が「補二抄符庁直文殿等一史生使部事」のみにかぎられるものではなかったことがわかる。清水氏はこうしたことを以て「奉勅宣でも上宣でもない宣旨」の存在することを指摘されたのであった。

そこで、清水氏が挙示された類聚符宣抄、巻七の、補抄符庁直文殿等史生使部事と装束使の項に収められている大弁宣を一例ずつ紹介しておく。なお前者のうちの永観三年四月一日付の大弁宣は、すでに史料六として掲記してある。

史料一二九　類聚符宣抄、巻七

左史生礒部為松

参議左大弁藤原大夫宣、左抄符預史生勝有統遷二任大舎人少属一之替、以二件為松一宜レ補レ之者。

長保元年二月五日　左大史多米朝臣国平奉

史料一三〇　類聚符宣抄、巻七

右史生上村主重基

参議左大弁藤原大夫宣、装束所左史生佐伯正政遷二任右京少属一之替、以二件重基一、宜レ為二彼所史生一者。

治安元年十一月九日　　左大史但波朝臣　奉

史料一二九は、令外官として弁官に附属する左抄符の預に左弁官史生礒部為松を補任することを、史料一三〇は、装束所に右弁官史生上重基を出向させることを、弁官の官長である左大弁が宣し、左大史が奉ったものである。その旨を本人に伝達する必要はあるが、これらの宣旨そのものは補任せよという左大弁の命令を左大史が奉っただけのものにすぎない。弁官内で事務的な処理を済ませば、大弁宣による行政命令は完結してしまう。

しかも大弁宣は、このような事柄に関してのみ宣せられたのではなかった。より広い範囲の弁官内の政務に関しても宣せられたのであった。このことはつぎに挙げる、別聚符宣抄に収める二つの大弁宣によって知ることができる。

史料一三一　別聚符宣抄

左大弁紀朝臣大(衍カ)夫宣、候㆑奏之日、於㆓陣頭㆒不㆑得㆑執㆓申雑事㆒。他日亦復如㆑此。若有㆓急事㆒、非㆓此限㆒者。

延喜七年二月十六日　　左少史小野常実奉

文意にやや明瞭を欠くが、左大弁紀長谷雄の宣はつぎのようなことをいったものと解される。

太政官内の弁官が取扱う庶務の多くは内外諸司の申請を受けることであるが、そうした庶務はまず実務官僚である史が受理し、史はこれを弁に「執シ申」し、そのうえで弁から上卿へ上申して陣定すなわち公卿会議に議題として提出され、案件の性質により公卿会議で裁定されるか、あるいは天皇に奏上して勅裁を仰ぐかの、いずれかの方法がとられることになる。この陣定には弁と史がともに陪席するが(これを行事弁・行事史という)、この大弁宣はそのようなときの陣頭すなわち陣座の傍での史の行為について述べたものである。「候レ奏之日」の「候」は陣定の結果天皇に奏上することをいい、「於二陣頭一」とは陣座に陪席することをいう。とすればこの大弁宣の意味は、

天皇に奏上すべきような案件は、陣定が行われる以前にあらかじめ史は弁に執し申すべきであって、陣定の当日に陣頭で執し申すようなことをしてはならない。「他日」(奏のない陣定の日をいうか)も同様にすべきである。但し緊急の案件の場合はそのかぎりではない。

ということになろう。要するに史の「行事」に関して左大弁が命令を下したのが、この大弁宣なのである。弁官の上司としての左大弁が下僚の史に下した命令であって、以後史はこの命令にしたがって行動すべきことが義務づけられる。そしてこのような大弁宣が存在することによって、弁官という「一司」のなかにおいて、こうした日常的な、かつ一般的な執務命令が広く下されていたであろうことが推測できるのである。つぎの例も同じである。

史料一三二　別聚符宣抄

左大弁橘大夫宣、厨家所レ納諸国例進米并交易雑物、有二未進一者、可レ拘二留朝集調庸税帳等返抄一之文、式条已存。今須レ成二彼返抄一之日、先下二勘厨家一、乃知レ無二未進一、令三厨家別当弁史署二其返抄一。自今以後、立為二恒例一者。

延喜十三年五月廿二日　　左大史酒井人真奉

ここにいう厨家は、太政官に所属するいわゆる太政官厨家のことである。太政官厨家は諸国から貢進される地子米および地子交易雑物を収納し管理する。それの管理のため、別当と預が置かれる。延喜太政官式によれば、別当は弁・史・少納言・外記各一人の四人、預は太政官史生・左弁官史生・右弁官史生各一人の三人よりなる。文中の「式条」は、同じく延喜太政官式に「凡諸国例進地子米并交易雑物、有二未進一者、拘二留朝集調庸税帳等返抄一」とする条文に相当するものをいう。但し延喜式の撰進は延長五年、その施行は康保四年であったから、ここでいう「式」は貞観式である。

大弁宣の文意は明らかであろう。貞観太政官式には、諸国が太政官厨家に納入する地子米および地子交易雑物について、もし未進があったならば弁官が発給する朝集・調庸・税帳等の返抄を拘留すべきであるとする条文がある。そこでこの式条の趣旨を徹底させるため、今後は、返抄を作成するさいにはまずその返抄を厨家に下して調査させ、未進のないことを確認したうえで厨家別当の弁と史に返抄に署名させることにせよ、というものである。これで明らかなように、この大弁宣は厨家に関する雑事という太政官一司内の庶務について、とくにそれへの弁官の関与について、左大弁が下僚である弁と史に命じたものであり、その命令を史が奉ったわけである。

以上の二つの大弁宣から知られるように、大弁宣は決して西宮記や伝宣草がいうようなかぎられた事項についてのみ宣せられたものではなかった。さらに広く、弁官内の一般的な政務・庶務について日常的に宣せられたとみるべきである。そしてそれは、あくまでも、弁官という一司のなかでの上司である左大弁が下僚の史に対して、弁官という一司の庶務に関する命令を下したものである。それを奉った史の書き記したものが、大弁宣といわれる宣旨なのであった。

三 別当宣

前節で述べたように、別当宣は、検非違使の長官である別当の宣を、下僚の検非違使が奉って記した宣旨である。したがってこれもまた検非違使という一司の内部で記された宣旨であるが、その個別の事例をみるまえに、つぎの弘仁五年十月十日付の宣旨が提起するいくつかの問題について、検討しておくことにしたい。なぜならば私は、この宣旨を以て別当宣の現在知ることのできる初例とみなしているからである。

史料一三三　政事要略、巻七十

可二禁制一宮城以北山野事

四至（東限園池司東大道　西限野寺東／南限宮城以北　北限霊厳寺）

右、左近衛大将藤原朝臣侍二殿上一宣、闌二入件山野内一人等、及放二飼牛馬一之類、厳立二牓示一、一切禁断。若有二強犯一、固捉二其身一奏聞者。又六衛府営二粟畠一、毎年授レ地令レ営。而令レ採二其実一、勿レ令レ苅レ草。以為二恒例一者。

弘仁五年十月十日　佐安倍朝臣雄能麿奉

「左近衛大将藤原朝臣」は藤原冬嗣で、このとき参議であった。また「佐安倍朝臣雄能麿」は、日本後紀、弘仁四年正月甲子条によればこのとき右衛門佐であった。

さてこの宣旨を宣した参議左大将藤原冬嗣が検非違使別当であったという確証は、今のところ見出せない。したがってこの宣旨を別当宣であると断定するのはいささかはばかられるのであるが、その可能性は大きいと私は考えている。そしてそれは、令外官である検非違使がいつ設置されたかという問題と直接かかわる事柄でもある。

そもそも検非違使の設置時期については諸説があって、いまだに定説がないというのが実情である。古く谷森饒男氏は「弘仁年中」とされ[23]、また小川清太郎氏は弘仁二年から同七年までの間とされたが[24]、今日のところ、検非違使という名称がはじめてあらわれる弘仁七年二月をあまりさかのぼらない時期に設置されたとする渡辺直彦氏の見解(25)、類聚三代格、巻二十所載の天長九年七月九日太政官符が引く弘仁十一年十一月廿五日太政官符および弘仁十一年十二月十一日宣旨を重視して弘仁十年ころの設置とする大饗亮氏の見解(26)などが代表的なものといえようか。こうしたなかで渡辺氏は史料一三三の宣旨に論及され、これは検非違使にかかわる宣旨ではないと判定したうえで、このことを以て弘仁五年十月のころには検非違使はいまだ設置されていなかったという氏の見解の根拠としておられるので、まずこの点からみることにする。

この宣旨についての渡辺氏の見解は、以下の如くである。①この宣旨は「上卿」の参議左近衛大将藤原冬嗣の宣を、右衛門佐安倍雄能麿が奉じたものである。②平安時代の初期に正官の佐が検非違使に任ずることは稀有のことであり、さらに帝王編年記の天長元年条に「是歳、始補㆓廷尉佐㆒。左笠仲守 右藤永雄」とあって、衛門府の佐が検非違使に任ずることは天長元年にはじまるとみられる。したがって安倍雄能麿は検非違使ではない。③この宣旨の内容は、(イ)禁野に闌入した牛馬の処置と、(ロ)青苗の飼料としての苅取りの二項よりなるが、それらはいずれも検非違使創始以後は検非違使の任務に組込まれている。④したがってこの宣旨は、衛門府から検非違使へと発展する過渡期のものとみられる。

以上のような理解に基づいて渡辺氏は、この宣旨の出された弘仁五年十月の時点では、検非違使は未成立であったとされたのであった。

これに対して私が史料一三三の弘仁五年十月十日宣旨を以て、別当の宣を検非違使が奉じた宣旨ではないかと考える理由は、以下の通りである。

第一に、宣者の左近衛大将藤原冬嗣はこのとき参議であるから、いわゆる上卿として宣したのではないとみなければならない。もっとも九世紀のはじめに、後世の上卿のような整った上卿制が成立していたかどうかに多少の不安が残るが、しかし少なくとも実例では、参議が上卿として「奉勅」して宣したり、議政官会議の決定事項を宣した事例の存在しないことも事実である[27]。したがって冬嗣は上卿ではなかったとみるべきである。但しここで注意しておかなければならないのは、冬嗣は「殿上ニ侍シテ」宣していることである。これは、宣旨の文面には「奉勅」とは記されていないけれども、冬嗣の宣は事実上の奉勅であったことを意味しよう。このことは一見、上に述べた参議による「奉勅」宣は皆無であるという事実と矛盾するようにみうけられる。だがこのような事例は管見ではのちに述べるように他に三例存するが、いずれも九世紀はじめの弘仁年間のもので、かつまた上卿となる資格をもたない参議左大弁・参議右大弁が宣している点でみな共通している。つまり参議は、参議であるという理由により上卿として「奉勅」宣を下すことはできなかったが、別の資格もしくは別の立場で、「殿上ニ侍シテ」宣するという形式をとることにより、勅を伝宣することがありえたのである。ならば冬嗣は、いかなる立場からこれを宣したのか。私は、つぎに述べるような理由により、冬嗣は草創期の検非違使別当の立場から宣したものと推定する。

冬嗣が上卿として宣したのではないとすれば、残る可能性は左近衛大将としての立場で宣したと考えることであろう。ところがそれを奉った者は、右衛門佐であって、近衛府の官人ではない。近衛府の長官が他の衛府の官人に命令を下すのは、律令官制のたてまえからすれば越権行為である。しかしここに、六つの衛府の所管を越えた一つの組織、すなわち検非違使が存在し、左近衛大将藤原冬嗣はその長官、右衛門佐安倍雄能麿はその下僚であったと想定することができるとすれば、こうした行為も越権ではなくなる。

理由の第二は宣の内容にある。渡辺氏が指摘されたように、この宣旨は、(イ)宮城以北の山野へ牛馬を闌入せしめることの禁、(ロ)六衛府の粟畠を苅取って飼料とすることの禁、の二項からなる。そのいずれもがのちに検非違使の任務とされることになるが、そうした検非違使への任務の継承は、はじめ衛門府の任務であったものがのちに検非違使の任務となったと考えるよりも、このときすでに検非違使の任務として宣せられたと考える方が、自然なのではなかろうか。とくに(ロ)は、そのように考えないと理解できないように思われる。というのは、(ロ)の権限の及ぶ範囲は、奉った者の属する右衛門府のみでなく、六衛府のすべてである。したがってこれまた律令官制のたてまえからすれば、右衛門府の越権ということになる。それゆえこうした面からも、六衛府のすべてに権限を及ぼすことのできる一つの組織すなわち検非違使が存在したと想定しないと、理解しがたいものとなろう。

以上の二つの理由に基づき、このときすでに六衛府のすべてに権限を及ぼしうる検非違使は構成されており、したがって史料一三三の宣旨は藤原冬嗣がその長官すなわち別当としてその下僚である右衛門佐安倍雄能麿に宣した別当宣の、現存する初例と推定したいと思うが、そのように推定するためには解決しなければならない問題が、なお二つ残されている。

一つは、左近衛大将が検非違使別当であってよいかという問題である。後世の慣例では、検非違使別当は左・右いずれかの衛門府の長官すなわち左衛門督または右衛門督が兼ねた。同様に佐以下の検非違使も衛門府官人が兼ねるのが例であった。しかしさきに下弾正台宣旨について述べたさい、九世紀における検非違使はいまだ衛門府と一体のものではなく、それぞれ自立した組織であったと推定されることについて言及した。したがって草創期の検非違使に衛門府以外の衛府の官人が任ずることは、充分にありえたことと思われる。事実、史料一二〇の寛平七年二月廿一日の別当宣を奉った検非違使の本官は、民部権大輔兼(マ、)右近衛少将であった。また公卿補任によれば、承和二年に左近衛中将文室秋津が、仁寿三年に右近衛中将藤原氏宗が、延喜九年に右近衛大将藤原忠平が、それぞれ検非違使別当に補せられている。このように九世紀の検非違使には近衛府の官人も参加していたのである。したがって、文字通りのではなかったといわなければならない。

草創期の検非違使の別当が左近衛府の長官左近衛大将であったとしても、それは全くありえないことではなかったといわなければならない。

いま一つの問題は、渡辺氏が史料一三三の宣旨の奉者右衛門佐安倍雄能麿は検非違使ではないと断定されたことである。同氏の根拠は、(イ)平安時代初期に衛門府の正官の佐が検非違使を兼ねるのは稀有のことであること、(ロ)帝王編年記は衛門佐が検非違使を兼ねるのは天長元年よりはじまるとしていること、の二点であった。このうち(イ)は、渡辺氏も認めておられるように、稀有ではあっても皆無ではないのであるから、私見に対するそれほど強い反証とはいえない。問題は(ロ)帝王編年記の記述である。まず一般論として、後世編纂された年代記の記述にどの程度の信を置くことができるかが問題となろう。またもし信を置くことができるとしても、それがいかなる事実を述べたものであるかが問題となる。すなわち「始メテ廷尉ノ佐ヲ補ス」というが、文字通り佐が検非違使を兼ねたのが「始メテ」であったのかどうか。というのは、古代の文献にみられる「始」の語には、多様な用法があるからである。ある制度を文字通り創設した場合に「始」と書くこともあれば、すでに存在している制度に修正を加えた場合に「始」とすることもあり、さらにはいったん途絶していた制度を再興する場合にも「始」とすることがある。そうした眼で帝王編年記の記事をみると、「左笠仲守、右藤永雄」という分注がある。とすれば、左と右の衛門府の佐をそろって検非違使に補したのが「始メテ」であったのではないか。この記事をそのように解釈することができるならば、衛門府の佐が検非違使を兼ねることは天長元年以前から行われていたということになり、これもまたそれほど強い反証ではなくなる。

以上に縷述したような理由に基づき、私は史料一三三の弘仁五年十月十日宣旨をめぐる事柄として、以下の諸点を推定する。弘仁五年十月の時点で検非違使は創設されていた。創設期の検非違使は後世のように衛門府と一体化したものではなく、衛門府以外の衛府の官人も検非違使を兼ねていた。左近衛大将藤原冬嗣はおそらく初代の検非違使別当であったと推定される。それゆえ史料一三三の弘仁五年十月十日宣旨は現存する別当宣の初例と考えられる。

なお、いささか本論からはずれることになるが、史料一三三の宣旨に関連して、もう一つ付記しておきたいことがある。それは職原鈔が別当宣について「又別当宣者、即庁宣也。古来被レ准二勅宣一。仍天下重レ之。違二背庁宣一者、可レ准二違勅一云々」と記しているように、〝別当宣ハ奉勅宣ニ准ヘル〟という観念が存したことについてである。こうした観念は政事要略や権記にもみえるもので、政事要略、巻六十一は、

或記云、別当宣准二奉勅宣一云々。雖レ無二所見一、行来為レ例者。件事、記二世俗所レ称也。庁底奉行之間、偏称二庁重之由一歟。何輙准レ勅。宜レ存二此意一。

と記し、権記、寛弘八年十二月十五日条は、

古来所レ云、別当宣破二奉勅一、雖二奉勅一不レ破二別当宣一と云。是軍中只聴二将軍之命一、不レ聴二天子之命一

之謂類也。

と記している。しかしこれは、政事要略の編者惟宗允亮や権記の記主藤原行成がいうように、俗説とみるべきであろう。允亮はいう。或記に「別当宣は奉勅宣に准えるといわれている。そのことは然るべき書に所見があるものではないが、古来例としてきている」というが、そうしたことは世俗でいわれていることを記したものにすぎない。検非違使庁内で別当宣を奉行するにあたり、その宣が庁での重要事であることをいったものであろう。どうしてたやすく別当宣を勅に准えることができようか。この意を承知すべきである。また行成はいう。古来いわれているところでは、別当宣は奉勅を破ることができるが、奉勅は別当宣を破ることはできないということである。しかしこれは、軍中(戦場)ではただ将軍の命令のみに服従し、軍中にいない天子の命令には服従しないという意味の類である。

このように、〃別当宣ハ奉勅宣ニ准ヘル〃ということは、允亮は俗説として否定し、行成は物のたとえにすぎないとしている。だが俗説にもせよなぜこのような観念が流布していたのかを考える場合に参考となるのは、やはり史料一三三の宣旨なのではなかろうか。検非違使草創期の別当宣であるこの宣旨は、冬嗣が「殿上ニ侍シテ」宣したものであった。別当宣の初例がこのようなかたちでの事実上の奉勅宣として行われたものであったとすれば、以後の別当宣が奉勅宣に准ずると観念されるにいたったとしても、不思議ではないのではないかと思われる。

以上いささか迂路をめぐったきらいがないわけではないが、検非違使別当宣の初例と推定される史料一三三の宣旨について、やや詳しくみてきた。そこでつぎに、それ以外の別当宣のいくつかの実例を示すことにする。

史料一三四　政事要略、巻六十一

貞観十二年七月廿日、別当宣偁、聴訴之官、各有二其職一。独為二惣行〔判カ〕一、事多擁滞。自今以後、自レ非二強窃二盗及殺害闘乱博戯強奸等一外、一切不レ可二執行一者。

これは従来、別当宣の初例といわれてきたものである。政事要略の引用のしかたの例として、奉者は省略されている。公卿補任によれば、このときの別当は参議左兵衛督正四位下在原行平である。しかしここでは本官・位階・姓名を書かずに、単に「別当宣偁」としている。「奉勅」の語もない。しかし「奉勅」の語はないが、この別当宣の内容はきわめて重要である。別当宣はいう。「聴訴之官」すなわち訴訟事件の裁定にたずさわる官司には、それぞれ独自の職掌がある。それなのに検非違使がすべてを「行」(判か)していては、業務がとどこおってしまう。今後は「強窃二盗及殺害闘乱博戯強奸等」以外の訴訟にはいっさい関与しないこととせよ。つまり検非違使が裁定すべき業務を、いわば刑事事件のみに限定したのである。これは「奉勅」であってもおかしくない内容である。そしてまたこの別当宣の存在によって、貞観十二年以前の検非違使が関与した業務が、きわめて広範であったことをも知ることができる。

刑事事件のみでなく、それ以外の訴訟事件にも検非違使は関与していたのである。草創期の検非違使について再検討を要する所以であるが、本稿の課題から離れるので、他日を期したい。

つぎに、すでに史料一二〇として掲げた寛平七年二月廿一日別当宣についてみる。これは、多くの別当宣のなかで、別当の本官と姓名を書き記した数少ない例の一つである。これにも「奉勅」の語はない。その内容は、さきにみたように、検非違使庁で行う「政」＝裁判の迅速化をはかるべきこと、その日の業務内容を毎日別当に報告すべきことなどを命じたものである。そのような別当の命令を、検非違使の民部権大輔（マヽ）右近衛少将在原弘景が奉っている。奉者の行うべきことは、別当宣の旨を他の検非違使に周知徹底させることであって、他の官司にはなんらかかわらない。別当宣を以て一司内宣旨とする所以である。

この史料一二〇の別当宣を引用する別当宣をつぎに挙げる。

史料一三五　政事要略、巻六十一

別当宣云、行レ政之日雑事、依二去寛平七年二月廿一日別当宣一、度別申二其状一。若雖レ非二当日一、須下次日差二志若府生一申上者。

延喜十二年三月十一日　東市正兼左衛門少尉当世基宗奉

このとき別当は、公卿補任によれば参議右兵衛督従四位上源当時である。これにも「奉勅」の語はない。「去寛平七年二月廿一日別当宣」は史料一二〇の別当宣をいい、この種の宣旨が「別当宣」と称されたことが知られる。その内容は、寛平七年二月廿一日の別当宣で政を行った日の雑事はその都度別当に報告することを命じたが(史料一二〇の「又須二所レ行事条目録、毎日申レ之」を指す)、その日のうちに報告できない場合は、翌日志または府生を使者として報告せよ、というもの。これも検非違使の部内での庶務である。

別当宣には「奉勅」と記すものはないのが原則であるが、つぎのような例もある。

史料一三六　朝野群載、巻十一、廷尉

被二別当宣一偁、今日奉勅宣旨偁、勘下糺摂津国正税成二拒捍一之輩上、可レ遣二官人一人一者。宜レ遣二左衛門府生大原忠宗一者。

承平五年十二月四日　左衛門少志尾塞有安奉

新訂増補国史大系本朝野群載は、この別当宣のはじめの部分を「被二別当宣一偁。今日奉レ勅。宣旨偁。……」と読んでいるので、一見すると奉勅の別当宣のようにみうけられるが、それは誤りで、「別当宣ヲ被ルニ偁ク、今日ノ奉勅宣旨ニ偁ク、……」と読まなければならない。その「今日ノ奉勅宣旨」とはおそらく検非違使に直接下された奉勅上宣であろう。そしてそれは、摂津国の正税を拒捍する輩を勘糺するため、検非違使の官人一人を派遣せよと命じていた。別当宣はこれをうけて下されたもので、左衛門

府生大原忠宗を拒捍使として派遣せよという。別当宣自体は奉勅によるものではない。そしてこの別当宣も、検非違使の業務のみについてのものである。

このほか別当宣の残存例は多いが、みな同様であるので、事例の挙示は以上にとどめる。

別当宣の特徴をまとめると、つぎのようになる。

①冒頭は単に「別当宣偁」「別当宣云」「被㆓別当宣㆒偁」とするのが通例で、別当が帯する位階・官職および姓名を記すのは稀である。それは、別当宣が、検非違使という組織の内部で上司である別当がその下僚に宣するものであったから、別当といえばそれだけで人物が特定でき、あえて位階・官職・姓名を記す必要がなかったためである。

②別当宣に「奉勅」と記すものはない。この点、例外はない。にもかかわらず別当宣は奉勅宣に準ずるとする俗説が流布したのは、検非違使の発足時に別当が「殿上ニ侍シテ」宣したことと無関係ではないと思われる。

③別当宣の内容は、これまた例外なく検非違使の任務・業務・職掌に関するものにかぎられる。検非違使の任務・業務・職掌に関する事柄を、検非違使の長官である別当が宣するもの、これが別当宣である。

④それゆえ別当宣を奉ってその宣の旨を書き記す者も、いうまでもなく検非違使に所属する官人であ

る。別当の宣の旨は奉者から他の検非違使に伝達される。

⑤以上の①から④までの特徴の示すところは、要するに、別当宣とは検非違使という一つの官司・機構のなかで上意が下達されるさいに記された文書であって、その意味で一司内宣旨というべきものである。そしてまた上意が下達されるさいに記された文書ではあるが、下達をうけた者が書き記し、しかも検非違使以外の官司・機関・官人等に働きかけるものではなかったという意味では、下達文書でも施行文書でもない。

以上、検非違使の一司内宣旨としての別当宣をみてきたが、検非違使の一司内宣旨には「権佐宣」を少志が奉じたつぎのような事例もあるので、最後にそれについてみておく。

史料一三七　朝野群載、巻十一、廷尉

左衛門権佐宣偁、近来強盗之徒、連夜成レ犯、侵害之訴、逐レ日無レ絶。斯乃有司懈緩、不レ加二禁遏一之所レ致也。各仰二当保一、且令レ尋二召嫌疑之者一、且可レ令レ致二夜行之勤一焉〔者〕。

天承三（マヽ）年五月十六日　　少志惟宗成国奉

天承の年号は二年までしかないから、「三年」は誤りである。後述のように元年（一一三一）の誤りと思われる。左衛門権佐がだれかは未詳。内容は、最近強盗が都に出没し連日のように被害があるのは、「有司」すなわち検非違使が懈緩して禁遏を加えないためである。それゆえ各検非違使は担当の保に仰せて嫌疑

者を探索するとともに、夜警を怠らないようにせよ、というものである。

ところで、これまでみてきた多くの宣旨の宣者は、内侍宣の場合を除き、上卿・大弁・別当というように一つの官司ないし組織を代表する者か長官であった。次官は上宣などを伝宣することはあっても、次官みずからが宣することはなかった。ところが史料一三七の宣旨では、検非違使の佐が検非違使の任務に関する事柄を検非違使に対して宣している。

公卿補任によると、この前後の検非違使別当の補任はつぎのようになっていたことが知られる。

保安三年(一一二二)以来別当に任じていた権中納言左衛門督藤原実行が、天承元年(一一三一)年五月九日に別当を辞した。

その後任として権中納言右衛門督源雅定が天承元年五月廿九日に別当に補せられ、長承二年(一一三三)十二月十八日までその任にあった。

すなわち天承年号の間、元年五月十日から同月廿八日まで、別当を欠いていたのである。そしてまさに別当欠員のはじめの日である五月十日に、左衛門佐以下が雑事を行えとする史料一二七の内侍宣が検非違使に下されている。

天承年号は二年までしかないのであるから、「天承三年」は誤りである。誤写のおこりうる可能性からすれば、「二年」の誤りとする方が蓋然性が高いように思われるが、おそらくそうではなく「元年」の誤りであろう。なぜならば史料一三七の「五月十六日」という日付は、別当欠員の期間内のものだからである。そうとすると、この「左衛門権佐」は別当の職務を代行したものということになろう。すなわち史料一三七は事実上の別当宣であったのである。

事実は以上のとおりなのだが、しかし私は、代行とはいえ長官以外の者が下僚に宣した宣旨が事実として存在しているということにも注目したい。上卿・内侍・卿・大弁・別当の宣するものだけが宣旨であったわけではないのである。

四　一司内宣旨についての小括

この節で取扱った、民部卿宣を民部少録が奉ずる宣旨も、左大弁宣を史が奉ずる大弁宣も、そしてまた検非違使別当宣を検非違使の下僚が奉ずる別当宣も、みな一つの官司内の職務に関する事柄について、その官司の長官がその官司の下僚に対して宣したものを、下僚が奉って筆記したものであった。奉って宣の旨を筆記した下僚は、みずからがそれを履行するか、同僚であるその官司の他の官人に周知させれば、宣の目的は達成され、行政命令はそこで完結する。こうした一司のなかでの宣旨の存在を認めるならば、宣旨論にも新たな地平を拓くことができるものと確信する。

従来の宣旨論は、最も重視すべきはずの個々の宣旨の内容についての検討をおろそかにし、古文書学の正道であるところのだれがだれに対してなにを働きかけたかということに配慮することなく、もっぱらその様式のみに着目して論じられてきた。さらにそれに加えて、平安時代中期以降に宣旨が宣者と奉者以外の第三者に交付されているという後世の状況を過去に遡及させて、宣旨を上意下達文書・施行文書・支配文書と考えてきた。だがここにみてきた一司内宣旨は、文書そのものとしてはだれに対して〝発給〟するものでもなく、だれに対して〝施行〟するものでもない。奉者が長官の下した命令をそのまま〝記録〟したものである。

ここでこれまでの検討の跡をふり返ってみたい。

下外記宣旨は、A類＝外記みずからが職務として履行すべき上卿の命令(奉勅・非奉勅を含む。以下同じ)、およびB類＝外記が他司に伝達すべき上卿の命令を、命令をうけた外記自身が書き記したものであった。そのうちのA類の宣旨は狭義の「太政官」における事実上の一司内宣旨であり、B類宣旨の他司への伝達は口頭による「召仰」で行われた。

下弁官宣旨もまた、A類＝弁官みずからが職務として履行すべき上卿の命令、およびB類＝他司に伝達すべき上卿の命令を、弁が伝宣し史が奉って書き記したものであった。下外記宣旨の場合と同じように、A類の宣旨は広義の太政官における事実上の一司内宣旨であり、B類宣旨の他司への伝達には太政官符・太政官牒・官宣旨という公文書が施行文書として用いられ、また史が仰せるという方法もあったが、のちには宣旨そのものを交付するという便法がとられるにいたった。従来の古文書学において「某天皇宣旨」と称されてきたものは、すべてこの種のものであることに注意しておく必要がある。

下諸司宣旨も同様に、上卿の命令が直接諸司の官人に対して下され、それを奉った諸司の官人が書き記したものであった。これには諸司において上級官職の者が伝宣する場合とそうでない場合とがあったが、その官司の職務にかかわる上卿の命令が直接諸司に下されたという点では共通している。上卿の命ずる内容は、他司とはかかわらないのである。しかも上卿の命令は、古くはかなり広範囲にわたって直接下され、平安時代中期以降の故実書が述べるような限定されたものではなかったと推察される。

以上はいずれも上宣の伝達にかかわる宣旨であるが、それとは別に内侍宣があった。内侍宣は勅命を直接伝達するものであるが、これもまた勅命を履行すべき諸司の官人が奉って書き記した。

そしてそのうえに一司内宣旨がある。すでに明らかなように、これは一司の長官がその下僚に下した行政命令を下僚みずからが書き記したものである。しかもそのなかに、代行とはいえ長官に非ざる者の宣を下僚が奉った宣旨の存在することは、重要な意味をもつといわなければならない。なぜならば、以上のような検討を通じて知りえた、宣旨の最大公約数的な共通点を一言でいうならば、

上級者の命令を、それをうけた下級者が書き留めた書類。その命令をさらに第三者に伝えるか否か、第三者に働きかけるか否かは、命令の内容による。

としかいいようがないのであって、しかもその上級者はかならずしもその官司の長官とはかぎらないことになるからである。五味文彦氏が紹介された、兵範記が記すつぎの宣旨は、そうしたものの一つである。

史料一三八　兵範記、仁平四年四月十九日条

蔭孫正六位上平朝臣信義
正六位上藤原朝臣憲孝
被ニ両文章博士宣一偁、件人々、宜レ補ニ釈奠文人職一者。
仁平四年四月十八日　　文章生藤原朝臣兼光奉

兵範記の記主平信範はこれを「文人書下」と称しているが、藤原茂明と藤原長光の二人の文章博士の宣を文章生藤原兼光が奉って記した宣旨である。はじめに記されている蔭孫平信義は信範の息男であって、実は四月十八日に信義は大学寮試を受験した。そのときの問頭博士が、宣している両文章博士であり、その宣を奉っている文章生藤原兼光は試博士代であった。そして寮試の結果、両文章博士は平信義と藤原憲孝を合格と判定し、この二名を「釈奠ノ文人職ニ補スベシ」との宣を試博士代の兼光に下したのである。「補スベシ」と命令されたのは兼光である。兼光はこれを奉ってこの宣旨を書き記したわけである。兼光の為すべきことは、本人等への通知を含む事務的手続を行うことである。その通知方法に

ついて、信義の父信範は興味深い記述を残している。信範は、信義が合格したということは、十八日に文章博士からあらかじめ知らされていた。そのうえでさらに翌十九日に上記の宣旨が信範の許に届けられる。そしてつぎのような文章を書き加えている。

今朝先持㆓向左府御分学生亭㆒、令㆑見。

次持㆓来此家㆒。即留了。

「左府御分学生」というのは、もう一人の合格者藤原憲孝のことである。つまりこの宣旨をもたらした使者は、はじめに藤原憲孝の亭に持っていって憲孝にこれをみせ、つぎに自分の家に持ってきた。それで手許に留めおくことにした、というのである。憲孝には「見シメ」ただけであって、宣旨を渡したわけではない。したがって信範・信義父子に対しても「見シメ」るだけでも通知するという目的は達せられる。たまたまそれ以外に通知すべき者がいなかったから、この宣旨は信範の手許に残されたのである。

いずれにせよ宣旨は、通常いわれるような意味での施行文書・下達文書ではない。他司の上級者であれ(たとえば上卿)、一司内の上級者であれ、上級者の命令を受命した下級者が書き記した書類一般が宣旨なのである。宣旨をこのように理解すれば、それと奉書・御教書との違いは明白であろう。同じく上級者の意志ないし命令を奉って下級者ないし侍臣が記すものではあっても、奉書・御教書は上級者の意志・命令を他者に対して伝達することを目的として下級者が作成する文書である。それゆえ奉書・御教書はかならず他者に対して発給される。発給することを目的として作成する文書といいかえてもよい。だから上級者の意志・命令を奉って奉書・御教書を作成する下級者は、受命者のようにみえながら、実は上級者の意志・命令の伝達においてその仲介の役割を果すのみで、真の受命者ではない。真の受命者は発給を受けた者である。奉書・御教書に通常充所が記され、「注ㇾ状申送」「仍執達如ㇾ件」「悉ㇾ之以状」などの伝達を意味する文言、施行を命ずる文言が記されるのは、そのためである。これに対して宣旨は、受命者自身が書き記したものである。上級者の命令を奉った者が真の受命者である。

第四節　蔵人方宣旨

さきに第二章において伝宣草に載せる宣旨を概観したさい、そこに史料一〇(a)・史料一二(a)・史料一三(a)のような蔵人頭の奉ずる宣旨があるのをみた。それは蔵人頭が勅命を上卿に伝えるときに用いられる、口宣案あるいは職事仰詞といわれるものであった。しかしここで蔵人方宣旨というのは、それと異なり、上卿に伝えられることのないものである。すなわち上卿に伝える必要のない事柄に関する勅命を、蔵人が奉って記したのが蔵人方宣旨であって、これもまた前節の終りに述べた宣旨の最大公約数的な性格からはずれるものではなかった。平安期の蔵人方宣旨の残存例はきわめて乏しく、かつ後期のものしか知ることができないのであるが、いくつかの事例をみることにしたい。

伝宣草の「諸宣旨事」では、蔵人方宣旨として補蔵人頭事、補五位六位蔵人事、聴昇殿事、蔵人所雑色非雑色事など三一項を記しているが、そのほとんどは蔵人所そのものにかかわる事項である。したがって蔵人方宣旨も蔵人所という組織の内部での一司内宣旨であったといえる。

史料一三九　朝野群載、巻五、朝儀下

左近衛中将従四位下兼行美作介藤原朝臣能実
　可レ為二蔵人頭一。
蔭孫正六位上藤原盛実
　可レ為二蔵人一。
蔭子正六位上藤原朝臣朝輔
　可レ聴二昇殿一。
正四位下行主税頭丹波朝臣雅忠
正五位下行主計頭賀茂朝臣道言
　已上令レ候二蔵人所一。

蔵人左衛門権佐藤原朝臣〔奉脱〕

応徳三年十二月八日

これは蔵人頭以下の補任および昇殿などに関する蔵人方宣旨である。宣者についての記述も「奉勅」の語もないのは、ここに記されている事柄のすべてが勅によるものであったからで、蔵人藤原為房はその勅を奉ったのである。史籍集覧本西宮記、巻十二では「蔵人頭已下事」について「所別当於二御前一定レ之、下二蔵人一。蔵人仰二出納一、続二宣旨紙〔書カ〕一」とし、同、巻十四でも「所別当上卿奉レ勅、於二御前一定二下之一、以二定文一給二蔵人一」と記す。公卿の蔵人所別当が天皇の御前において勅を奉って定めたものを「蔵人ニ下ス」「蔵人ニ給フ」のである。奉った蔵人はこれを出納に「仰」せる。いずれにせよ蔵人所の人事に関する奉勅の宣旨であるから、これが外部に出ることはない。

史料一四〇　朝野群載、巻五、朝儀下

画所　左衛門権佐藤原朝臣為房
作物所　左衛門少尉藤原隆時
御厨子所　左衛門少尉藤原隆時
内酒殿　蔭孫高階敦遠
御書所　越前大掾藤原実義
薬殿　左兵衛少尉高階基実

内贄殿　　治部少丞源俊兼

応徳三年八月十二日　　蔵人左衛門権佐藤原〔朝臣奉脱〕

朝野群載がこれに「補㆓所々別当㆒」という表題を付しているように、各種の所の別当の補任についての勅を、蔵人藤原為房が奉って記したものである。但しこれの補任の手続には変遷があったようである。というのは伝宣草の「諸宣旨事」では「所々別当事」を蔵人方宣旨の一項目として挙げているが、史籍集覧本西宮記、巻十二では「補㆓所々別当㆒事、大臣参㆓御前㆒定下、以㆓定文㆒賜㆑弁、々下㆑史。或賜㆓官符㆒、或召㆓本所人㆒仰下」とあって、弁官ルートで伝達するとしているからである。ある時期以後蔵人所から伝達するという手続に変ったものとみられる。

その蔵人所からの伝達は、こうした人事の場合は「仰セル」という方法で行われた。つぎの二つの史料をみられたい。

史料一四一　朝野群載、巻五、朝儀下

式部権大輔正家朝臣

蔵人能登掾成実

已上、可㆑為㆓御書所別当㆒

右京権大夫敦基朝臣

可レ為二同所覆勘一。
掃部頭孝言
可レ為二同所開闔一。
学生大江通景
惟宗広信
藤原雅仲
已上、令レ直二同所一。
蔭子平季盛
藤原有兼
紀保遠
惟宗義行
已上、令レ候二蔵人所一。
寛治元年十二月廿六日　　蔵人左衛門権佐藤原朝臣奉

史料一四二　朝野群載、巻五、朝儀下

右京権大夫従四位下藤原朝臣敦基

正五位下行掃部頭兼備中大掾惟宗朝臣孝言

蔵人防鴨河使権左少弁正五位下兼行左衛門権佐藤原朝臣為房仰云、宣下以二敦基朝臣一為二内御書所覆勘一、以二孝言一為中開闔上者。

寛治元年十二月廿六日　開闔正五位下行掃部頭兼備中大掾惟宗朝臣孝言奉

史料一四一は御書所(内御書所)の人事と所候人に関する勅を、蔵人藤原為房が奉って記した蔵人方宣旨であるが、史料一四二によれば奉者の為房自身が覆勘藤原敦基・開闔惟宗孝言に「仰」せている。つまり史料一四一の宣旨は蔵人の許に留められ、当該人物に対する補任の伝達は「仰セル」という方法で行われている。そしてさらに興味深いのは、その「仰」をうけて記された史料一四二である。この宣旨は「開闔トス」という「仰」をうけた惟宗孝言本人が記したものであるから、「覆勘トス」とされた藤原敦基に伝達する必要があるかも知れないが、記した孝言にとってはいわば請文《ウケブミ》のようなものである。受命者が記すものという宣旨の本質をよく示している。蔵人方宣旨が、宣旨の最大公約数的な性格からはずれるものではなかったとみる所以である。

もっともつぎのような伝達方法もあった。

史料一四三　朝野群載、巻五、朝儀下

蔵人左少弁藤原朝臣伊房仰云、従二今月廿五日一被レ行御八講脇御膳、宜下仰二内蔵寮一令中勤仕上者。

治暦元年九月一日　　　　　出納右京少属佐伯政輔〔奉脱〕

蔵人の「仰」は出納に対して「御八講ノ脇御膳ノコトハ内蔵寮ニ仰セテ勤仕サセヨ」と命じたものである。だからそれを奉った出納は、その旨を内蔵寮に仰せればよい。その内蔵寮への伝達について、朝野群載の編者は「件脇御膳料、出納書ニ分宣旨一、令レ催ニ之諸司一也」と記したうえで、内蔵寮だけでなく内膳司・造酒司・大炊寮などにも料物を催した旨を注記している。「宣旨ヲ書キ分ケ、コレヲ諸司ニ催サシム」というのであるから、史料一四三のうちの「仰ニ内蔵寮一」の部分を書き換えてこれを書写し、催したのであろう。あるいはその宣旨はそれらの官司に渡されたかも知れない。しかし蔵人の「仰」は内蔵寮等に対して命令したものではなく、出納に対して命じたものである。

さて伝宣草の「諸宣旨事」に記す蔵人方宣旨には、第二章でも触れたように、「御鷹飼事」の一項があり、これに「蔵人奉レ勅仰ニ検非違使一」と注記している。つまり勅が蔵人によって直接検非違使に伝えられるというのである。さきにみたように、勅が検非違使に伝えられる場合には、奉勅の上宣を下す形式によるか、内侍宣を下す形式によるというのが通常とられる方式であった。そしてこの「御鷹飼事」も史籍集覧本西宮記、巻十二は「内侍宣、仰ニ検非違使一、以ニ所下文一、仰ニ禁野一」というように、検非違使には内侍宣を以て仰せ、それとは別に蔵人所下文を以て禁野に仰せると記しているから、古くは内侍宣を下したものとみられる。だが、蔵人所と検非違使の草創期には、勅が蔵人によって直接検非違使に伝達されたのではないかとみられる、つぎのような事例がある。

史料一四四　政事要略、巻六十七

一禁㆓制女人装束㆒事

少将滋野宿祢貞道宣、奉㆑勅、既改㆓先風㆒、可㆑随㆓唐例㆒者、具在㆓勅書㆒。而至㆓于今㆒、未㆑有㆓改脩㆒。従者麻服之外、悉禁断。若教喩重㆑度者、禁㆑身申送者。

弘仁九年四月八日　　近衛春野広卿(マヽ)大私伊勢継等奉

惟宗允亮はこの宣旨は看督使式に載せるものであると注記し、また長保二年七月十七日付の允亮自問答および長保三年閏十二月八日太政官符の引く天暦元年十一月十三日太政官符(いずれも政事要略、巻六十七)はこれを「弘仁九年四月八日下㆓看督使㆒宣旨」として引用しているから、この宣旨は検非違使の一部局である看督使に下されたものであることが知られる。ところが勅を奉ってこれを宣しているのは近衛少将滋野貞道であって、明らかに上卿ではない。滋野貞道は弘仁八年正月に従六位上から従五位下に昇叙したことが知られるのみで、その官歴が不明のため断言するのははばかられるのだが、草創期の蔵人ではなかったか。もしそのように推定することが許されるとすれば、史料一四四の宣旨は、勅が蔵人によって直接看督使に下され、これを奉った看督使が書き記したものということになる。

こうした推定の当否はともかくとして、ここでみた蔵人方宣旨も、勅を受命した蔵人が書き記した、蔵人所という一つの機構内部の一司内宣旨であったと認めてさしつかえないものと思われる。したがってそれはまた、勅命を施行・下達するために蔵人が作成して発給する、奉書・御教書としての綸旨とは、質を異にするものであったのである。

（1）この宣旨の文章について新訂増補国史大系本朝野群載は、「官中雑事」を「宮中雑事」とし、「奉行」に「令」字を補って「令奉行」とするが、前者は底本の誤写もしくは誤読か誤植、後者は補う必要のないものである。
（2）拙稿「上卿制の成立と議政官組織」（『日本古代官僚制の研究』、一九八六年、岩波書店）。
（3）橋本義則「「外記政」の成立――都城と儀式――」（『史林』六四‐六、一九八一年）。橋本氏は、史料四七として掲げた弘仁十三年四月廿七日宣旨を以て、外記政成立の指標とされている。
（4）虎尾俊哉「貞観式の体裁」（『古代典籍文書論考』、一九八二年、吉川弘文館。但し初出は一九五一年）、同「式逸々」（『史学雑誌』六〇‐一二、一九五一年）。
（5）この宣旨は、類聚符宣抄、巻六の二か所に重載されている（国史大系本一三七頁と一五二頁）。
（6）別聚符宣抄はこの宣旨を二か所に重ねて収載している（国史大系本では一頁太政官部と六〇頁中務省部）。「監物請鎰」の四字について、一つは「監物印鎰」とし、一つは「監物請鎰」とするが、かれこれ対比して、また意味のうえからも、「監物請鎰」とするのが正しい。
（7）この宣旨のもつ意義および官文殿の衰微と、小槻官務家の成立との関係については、曾我良成「官務家成立の歴史的背景」（『史学雑誌』九二‐三、一九八三年）参照。
（8）富田正弘「官宣旨・宣旨・口宣案」（日本歴史学会編『概説古文書学』古代・中世編、前掲）。
（9）拙稿「太政官処分について」（弥永貞三先生還暦記念会編『日本古代の社会と経済』上巻、一九七八年、吉川弘文館）。

(10) 林屋辰三郎「御教書の発生」(『古代国家の解体』、一九五七年、東京大学出版会)。なお史料八八として掲げる官宣旨は『平安遺文』にも四五〇三号文書として収載されているが、それは華頂要略巻一二〇、天台座主記巻一から転載したものであって、「法師」を「大師」に改めるなどの後人による改訂があり、また円珍自筆の識語も収めていないので、ここでは林屋前掲論文に掲載されている写真および林屋氏の釈文によって記した。

(11) 太政官牒を官符と称している例としては、たとえば、東大寺別当を補任する太政官牒を綴った「東南院文書第四」「東南院文書第五」などの表紙に「東大寺別当官符第一」「東大寺別当官符第二」と記しているものが挙げられる。この表紙は仁平三年に整理したさいに付せられたものと推定されている(東南院文書一-一一頁・五六頁)。

(12) 拙稿「公式様文書と文書木簡」(前掲)。

(13) 竹内理三「古文書学よりみた「朝野群載」」(『新訂増補国史大系月報』九、一九六四年、吉川弘文館)。

(14) 五味文彦「宣旨類」(前掲)。

(15) 土田直鎮「内侍宣について」(前掲)。

(16) 小右記、万寿三年四月六日条の実資の見解にみえる「尋見先例奉下外記之宣旨内」の文は難解であるが、もし本文で口語訳したように解してよければ、この時点での実資は「外記―召仰→左右衛門陣」という「先例」を認識していたことになる。しかしみずからが上卿となって行った万寿二年のときは、そのようなルートを意識していなかった。

(17) 本文にも注記したように、右衛門権佐源為善に仰せたことについての実資の理解は、三日と四日とで異なっている。すなわち三日にはこれを検非違使に仰せたものと考えていたのに対し、四日には左右衛門陣に仰せたものと認識している。このような矛盾は、本文で述べるように、この時期の検非違使は左右衛門府と同体のものであったところから生じたものであるが、ここでは四日条における実資の強い主張を考慮して、本文のように記述した。

(18) 宣旨書という名称については、第一章で紹介したように富田正弘氏も、太政官符・太政官牒の土代として用いられた下弁官宣旨について、これを宣旨書といおうとしておられるが、この語は小右記にもしばしばみられる。一例を挙げると、寛仁元年八月廿六日に大外記小野文義が実資の許に書き送ってきた院御随身に関する先例としての

「宣旨書」は、永観二年九月廿日の下外記宣旨であった。したがって上宣を奉った者がその旨を書き記したもの一般を宣旨書と称したとみてよい。

（19）五味文彦「宣旨類」（前掲）の注（20）参照。

（20）土田直鎮「内侍宣について」（前掲）。

（21）清水潔「奉勅宣・上宣に非ざる宣旨」（前掲）。

（22）この分注の意味は明瞭ではないが、大夫史（五位の史）を以て別当とするときは一の大臣が宣し、六位の史を以て別当とするときは左大弁が宣する、と解しておく。

（23）谷森饒男『検非違使ヲ中心トシタル平安時代ノ警察状態』（一九二一年、私家版、一九八〇年に『検非違使を中心としたる平安時代の警察状態』として復刻、柏書房）。

（24）小川清太郎「検非違使の研究」Ⅰ（『早稲田法学』一七、一九三八年、一九八八年に同Ⅱ、「庁例の研究」とともに復刻、名著普及会）。

（25）渡辺直彦「検非違使の研究」（『日本古代官位制度の基礎的研究』、一九七二年、吉川弘文館）。

（26）大饗亮『律令制下の司法と警察――検非違使制度を中心として――』（一九七八年、大学教育社）。

（27）土田直鎮「上卿について」（坂本太郎博士還暦記念会編『日本古代史論集』下巻、一九六二年、吉川弘文館）、拙稿「上卿制の成立と議政官組織」（前掲）。

第五章　宣旨試論

第四章において私は、九世紀・一〇世紀の宣旨について、個別にその内容にまでたちいって検討することを試みてみた。その結果、令内と令外とを問わず律令制の官司・機構において記された宣旨は、本来はその官司・機構内の部内文書とみるべきものであることが知られた。そしてまた宣旨の最大公約数的な性格は、

上級者の命令を、それを受命した下級者が書き記した書類。この場合、上級者は下級者と同じ官司・機構に属する者であってもよいし（たとえば一司内宣旨）、他の官司に属する者であってもよい（たとえば太政官の上卿）。受命して宣旨を書き記した下級者が、その命令を第三者に伝達するか否か、あるいは第三者に働きかけるか否かは、命令の内容による。

ということころにあることも、知ることができた。

このような理解に立った場合、宣旨の起源はどこまでさかのぼるであろうか。この章ではこの点をみきわめて本稿のまとめとしたいと思う。まず手順として「宣旨の成長期」といわれる八世紀末・九世紀

初の異型の宣旨をみ、そのうえで正倉院文書のなかに残されている八世紀の宣旨をみることにする。

第一節　八世紀末・九世紀初の異型宣旨

土田直鎮氏は、平安時代初期の宣旨について、つぎのように述べておられる(1)。

しかし、平安初期には、宣旨はまだ成長期に在るのであつて、決して完成していない。この事は、すでに整頓された平安中期以後の宣旨と、その形式を比べてみると、異例の形を持つものが少くないことによつて知られる。

そしてその「異例」の事例として、以下の四点を示しておられる。

(1)「内裏宣」と書き出したものがある。それには弘仁年間のもの四例、延暦末年のもの一例、奈良時代のもの四例がある。「その実体は明かでないが、いづれにしてもこれから後の宣旨には絶えて見当らない形である」。

(2)「侍二殿上一宣」とするものがある。類聚符宣抄に二例、政事要略に一例、いずれも弘仁年間のもの。これは「前にも後にも出て来ない特別の形である」。

(3)単に「上宣」と書き出したものがある。大同年間のもの一例、弘仁年間のもの一例。「「上宣」とは

「上卿宣」の意であり、これを宣旨の冒頭に単に「上宣」とのみ記して、上卿の官や姓名をあらわさないやり方は、後には例を見ない」。

(4)「類聚符宣抄、六、外記職掌、天長十年正月十三日宣旨は、右大臣の宣を右大弁が伝宣し、これを大外記が奉わつている。弁の伝宣を外記が奉わつた例は、他に西宮記に弘仁七年の一例があるが、弁の伝宣は史が奉わるのが後世の固い原則であつて、これに背いた例は後には見当らない」。

これらの四点を指摘されたうえで土田氏は、「平安初期、少くとも天長頃までは宣旨の形式が固まらず、手続きも整頓されていないことが察せられるであろう。宣旨の制の整備は、次の時期、平安中期に近い頃の事である」と述べておられる。

土田氏が指摘された四点のうち、(1)・(2)・(3)は宣旨の形式ないし様式についての「異例」である。しかし宣旨をその形式ないし様式のみに基づいて論ずることの危険性は、本稿ですでにくり返しみてきたところである。むしろ私見では、これらの「異例」は初期宣旨の多様なありかたを示すものではあっても、上述の宣旨の最大公約数的な性格からはずれるものではないと考える。そしてその多様なありかたのなかに、かえって宣旨本来の姿を見出すことができるのではないかとも思う。そのような観点から、以下に八世紀末・九世紀初の異型宣旨をみていくことにする。

類聚符宣抄などに残されているこの時期の異型宣旨を、その様態だけからみると、

(1)宣者は記しているが奉者を記さないもの、宣者も奉者も記さないもの
(2)「上宣」とのみ記して宣者名(官職)を記さないもの
(3)「内裏宣」と書きだすもの
(4)参議の左大弁もしくは右大弁が宣し、少納言・外記が奉ずるもの
(5)大臣の宣を参議の左大弁が奉るもの

などがある。これをみれば、たしかに宣旨の形式は定まっていなかったといわざるをえない。だがそれを、宣の旨すなわち宣の内容からみたらどうか。なお、このうち(4)と(5)は一括して検討することにする。

(1)宣者もしくは奉者を記さないもの

史料一四五　類聚符宣抄、巻十

五位已上上日事

右、右大臣宣、太政官所レ送五位已上上日、自今以後、宜レ通二計内裏上日一。勿三独点二朝座上日而已〔者脱〕一。

延暦十一年十月廿七日

即日面召二式部大丞藤原友人一宣告了。

これは、宣者右大臣は記すが、奉者を欠く例である。だが右大臣宣を奉った者は明らかに外記であったと知られる。なぜならば太政官の五位以上の官人の、朝座の上日のみでなく内裏の上日をも点ずるのは外記であったからである。だがその上日数に基づいて考課を査定するのは式部省であるから、右大臣の宣の旨は式部省にも通告されなければならない。そのため「即日、マノアタリニ式部大丞藤原友人ヲ召シテ宣《ノ》ベ告《ツ》ゲ了《ヲハ》ンヌ」ということになる。この「宣告」した者も外記であったとみるべきである。もしそれが宣した右大臣であるならば、「仰」と記すかあるいは「宣告給」と記したであろうからである。すなわちこれはB類下外記宣旨である。なおこの宣旨は天長九年三月廿一日下外記宣旨(類聚符宣抄、巻十)に、「去延暦十一年十月廿七日宣旨」として引用されている。

史料一四六　類聚符宣抄、巻六

請二印官符一事

右、官符、少納言外記加二覆勘一、後日捺印。而即日捺、頓不レ能レ勘。自今以後、宜二入日細勘、後日捺印一。当番案主、亦宜レ知レ之。

延暦十三年六月十五日

これは、宣者も奉者も記さない例である。太政官符の請印にさいしての拙速をいましめたものだが、請印を職掌とするのは少納言および外記であるから、宣した者は太政官内の上級者すなわち議政官組織の一員であることは疑いのないことであるし、奉った者が少納言もしくは外記であることも疑いない。すなわちこれはA類下外記宣旨である。

史料一四七　類聚符宣抄、巻六

右大臣宣、少納言無レ故不レ会ニ申レ政之時一、一日取ニ前労五日一。自今以後、永為ニ恒例一。〔者脱〕

延暦廿四年七月廿日

政のある日に故なく欠席した少納言に対する処罰についての右大臣の宣である。奉者は少納言もしくは外記であろう。これもまたA類下外記宣旨である。

史料一四八　類聚符宣抄、巻六

少納言外記

右二官、大臣着ニ朝座一日、必可ニ着座一。壁書。

大同二年三月廿二日

宣者も奉者も記さないが、明らかに少納言と外記に下命されたものである。しかもその旨を書き記した料紙を、少納言局もしくは外記局の壁に貼りつけて、部内に周知させている。上級者の命令を部内に周知させる方法として、このような「壁書」すなわち掲示の方法があったことを示す事例として興味深い。これもA類下外記宣旨である。

このほか、この類のものとしては、

①大同四年正月十一日宣旨（類聚符宣抄、巻十）　奉勅の右大臣宣。奉者を記さず。

②弘仁三年正月五日宣旨（類聚符宣抄、巻四）　奉勅の右大臣宣。奉者を記さず。

③天長六年十一月十六日宣旨（類聚符宣抄、巻六）　左近衛大将従三位兼守権大納言行民部卿清原真人宣。奉者を記さず。

④天長六年十一月十六日宣旨（類聚符宣抄、巻六）　右大将宣。奉者を記さず。

⑤天長九年十一月廿一日宣旨（類聚符宣抄、巻六）　右大臣宣。奉者を記さず。但し「左大弁文室朝臣奉二宣旨一、仰二式部一了」の注記あり。

⑥承和二年十二月九日宣旨（類聚符宣抄、巻四）　右大臣宣。奉者を記さず。

などがあるが、このうちの①・②・⑥の奉者は、宣の旨の内容からみて、外記であったと推定される。③はさきに下近衛府宣旨として掲記した史料一一三、④はそれに関連して掲記した史料一一四であるから、再述を省く。⑤も下外記宣旨について述べたさい、史料七一の関連史料として掲記したから、就いてみられたい。なお⑤に加えられている注記は、のちに(4)参議の大弁の宣についてみる場合に参考となるものである。

(2)「上宣」とのみ記すもの

宣者の官職もしくは姓名を記さず、単に「上宣」とのみ記す事例としては、管見ではつぎの三例がある。

史料一四九 類聚符宣抄、巻六

上宣、少納言、自今以後、宜レ定二日別二人一。若有二闕レ直者一、録レ名申レ之者。

大同四年七月廿五日 (奉者不記)

史料一五〇 類聚符宣抄、巻十

上宣、承前、月休日雖レ不レ参、猶給二上日一。而自二去大同四年一、不レ聴レ給レ之。宜二自今以後、依レ旧行上レ之。

弘仁二年六月卅日 少外記大春日朝臣穎雄奉

史料一五一 類聚符宣抄、巻六

弘仁九年六月十日、弁官申レ政之時、少納言不レ参。仍上宣、無レ故不レ会之徒、宜下准二延暦年中宣旨一、除中前労五箇日上。其昨日直者、必可レ会二今日政一。而不レ会者、其怠特重。宜レ除二労十箇日一者。

(奉者不記)

なおこのほか、天長九年三月廿一日宣旨(類聚符宣抄、巻十)にも、

去大同元年十月廿九日上宣偁、参議已上、不レ着二庁坐一、雖レ侍二内裏一、莫レ給二上日一者。

という「上宣」の引用がある。

史料一四九は少納言の上番に関する「上宣」、史料一五〇は下外記宣旨、史料一五一も政あるときに不参の少納言に対する処罰についての「上宣」であって、いずれもA類下外記宣旨とみなされる。史料一五一にいう「延暦年中宣旨」は、史料一四七の延暦廿四年七月廿日宣旨をいう。また天長九年宣旨の引く大同元年十月廿九日「上宣」も、狭義の「太政官」に関する内容のものである。このようにこれらも、宣者の官職もしくは姓名を記さず、単に「上宣」とするのはたしかに異例だが、議政官組織の一員が狭義の「太政官」の政務について宣し、その旨を記した部内文書であるという点では共通している。

(3)「内裏宣」と書きだすもの

「内裏宣」と書きだしたものとしては、つぎの一点が知られるのみである。(2)

史料一五二　類聚符宣抄、巻十

内裏宣、殿上大舎人百廿人、自今以後為二内竪一。春宮坊召継者、名為二舎人一。

弘仁二年正月五日　（奉者不記）

殿上大舎人一二〇人と春宮坊召継の名称をそれぞれ内竪・舎人と改めることを命じた内裏宣であるが、

私はこの内裏宣は直接太政官の、たとえば外記などに伝えられたものではないであろうと考えている。なぜならば後述のように参議の大弁が内裏宣を宣している例があり、また内侍宣についてのものではあるが、つぎのようなものが存するからである。

史料一五三　類聚符宣抄、巻六

応レ勘二内案一事

内侍宣、有レ勅、進奏之紙、臭悪者多。自今以後、簡二清好者一、応レ充二奏紙一。若不二改正一、執奏之少納言、必罪レ之者。当番案主、宜二知レ意勘一レ之。不レ可二遺忘一。

延暦九年五月十四日　（奉者不記）

これも少納言の職務に関するものであるから、奉った者は外記であろう。しかしここでいう内侍宣は「若シ改正セズハ、執奏ノ少納言、必ズコレヲ罪セム」までで、「当番案主、意《ココロ》ヲ知リテコレヲ勘《カンガ》フベシ。遺忘《ワス》ルベカラズ」の文は、内侍宣をうけてそれを外記に宣した者が書き加えたものであろう。すなわちこの宣旨では、奉者が記されていないだけではなく、宣者も省略されているものとみられる。それゆえ史料一五二の内裏宣の場合も宣者が省略されているのではないかと思われる。

(4)参議の大弁が宣し少納言・外記が奉ずるもの

平安時代を通じて、参議は太政官符・太政官牒・官宣旨の作成・発給に関する政務の上卿となる資格をもたなかったと考えられている。(3) だが、九世紀前半の宣旨には、参議の左大弁もしくは右大弁が宣し、それを少納言もしくは外記が奉じているものが存する。しかしその残存例には、いずれも特殊な表記もしくは記述がみられる。かつそれには三種ある。一つは参議の大弁が内裏宣を宣するとするもの、二つは参議の大弁が左大臣宣もしくは右大臣宣を宣したとするもの、三つは参議の大弁が「殿上ニ侍シテ」宣したとするものである。すべての事例を掲げる。

まず参議の大弁が内裏宣を宣したとするものからみる。

史料一五四　類聚符宣抄、巻六

参議秋篠朝臣安人宣、内裏宣、斐紙五十張、割二太政官料内年料一、充二中務省一。永為二恒例一者。

弘仁二年正月廿三日　（奉者不記）

秋篠安人はこのとき参議で左大弁である。その参議左大弁が、太政官料として充当される年料斐紙のうちから五十張を割いて、今後毎年中務省に充て行えという内裏宣を、そのまま宣している。ここでいう太政官は狭義の「太政官」をいうものと思われるから、奉った者は外記であろう。内裏宣とはいえ、外記が行うべき業務に関する事柄を参議左大弁が宣するのは、たしかに異例といえば異例である。

史料一五五　類聚符宣抄、巻四

左大弁秋篠朝臣安人宣、内裏宣、献二山陵物一使五位已上不レ参者、自今以後、不レ得レ預二節会一。縦使会二山陵一、不レ参二奉班庭一、亦同者。自今以後、宜下預挙申、簡中点応二必参一者上。

弘仁四年正月七日　　少外記船連湊守奉

内裏宣は「タトヒ使山陵ニ会スルモ、奉班ノ庭ニ参ラズハ、亦同ジ」までで、「自今以後、預メ挙シ申シ、必ズ参ルベキ者《ヒト》ヲ簡点スベシ」は宣した参議左大弁が加えた文であろう(この点は史料一五三の内侍宣の場合と同じである)。それを外記が奉っている。荷前使を簡点するのは外記の任であるからである。

史料一五六　類聚符宣抄、巻六

季帳之数不レ少。仍至二奏印一、久累二御覧一。今左大弁宣、被二内裏宣一偁、凡如レ此之類、分二三度一奏レ之者。以二五十紙以下一可レ為レ限。

弘仁八年二月七日　　少納言高階真人浄階奉

請印のことを天皇に奏上するのは、もちろん少納言の職掌である。そのことに関する内裏宣を参議左大弁秋篠安人が宣し、それを当の少納言が奉ってこの宣旨を書き記している。少納言が奉って記すというのもめずらしい事例で、私が知るかぎりでは、やはり少納言高階浄階が奉っている後掲の史料一六四がもう一例あるにすぎない。

以上の三例が、参議左大弁が外記・少納言に内裏宣を宣した事例として私の知りえたものである。それが参議として宣せられたものであるか、左大弁として宣せられたものであるかはにわかには判定しがたいが、そのいずれであれ、後世の形式の整った宣旨を基準にみるならば、異例といわざるをえないものである。しかし、受命者である外記・少納言が、みずからの職務・職掌に関する上級者の命令を奉って記したという点では、宣旨の最大公約数的な性格からはずれるものではない。そしてまた私は、さきに第三章において部外者の命令が造東大寺司写経所に伝達される場合の経路をみたさいに、その命令がいったん造東大寺司官人に伝えられ、そのうえで写経所に下されるルートが存したことを、ここに想起する。内裏宣は太政官にとっては、いわば部外者の命令である。いったん内裏宣をうけた参議左大弁はその場合の造東大寺司官人に相当する。その宣を写経所所属の者が奉って宣の旨を記したならば、やはりそれは史料一五四・一五五・一五六と同じような形態のものとなったであろう。参議左大弁が宣し、これを外記・少納言が奉って記したという形式にあらわれる「異例」は、おそらく宣旨の本質にかかわる問題なのではなく、むしろ九世紀はじめにおける弁官と外記局との関係に関する問題であろうと思われる。

つぎに参議の大弁が左大臣宣もしくは右大臣宣を宣し、これを外記が奉じている事例をみる。

史料一五七　類聚符宣抄、巻四

参議秋篠朝臣安人宣、承前之例、供㆓奉荷前使㆒五位已上、外記所㆑定。今被㆓右大臣宣㆒、自今以後、中務省点定。永為二恒例一者。但三位已上、外記申上可レ点者。

弘仁四年十二月十五日　（奉者不記）

史料一五五でもみたように、荷前使を点定することは外記の職掌であった。それを四位・五位については中務省が点定することに変更せよという右大臣藤原園人の宣をこうむって、参議左大弁秋篠安人が宣している。奉ってこれを記した者は、もちろん外記である。宣の旨は中務省にも伝達する必要があるから、これはB類下外記宣旨ということになるが、しかしこの時期には、これとは別に、右大臣宣が直接中務省に下された可能性の方が大きい。

史料一五八　故実叢書本西宮記、巻四　建武元年補写勘物

弘仁七年六月廿二日宣旨云、左大弁秋篠朝臣宣、右大臣宣、頃年之間、応レ供二奉新嘗会神今食一小忌参議已下、卜二定一人一、僅備二神事一。其人有レ故、交致二闕乏一。自今以後、卜二定数人一、備二于所レ闕。少外記坂上忌寸今継奉。

これも右大臣藤原園人の宣を参議左大弁秋篠安人がそのまま宣したものである。神今食の小忌の参議以下を卜定するのは神祇官であるから、宣を奉った外記はその旨を神祇官に仰せ伝える必要がある。

史料一五九　類聚符宣抄、巻六

右大弁藤原朝臣宣、右大臣宣、承前官史未レ申レ政之前、不レ申二文判文一。自今以後、宜下改二前例一、且

令ム申レ之者。宣ニ依レ宣行レ之。

天長十年正月十三日

大外記島田朝臣清田奉

右大臣清原夏野の宣を参議右大弁藤原常嗣が宣し、これを外記が奉って記している。右大臣の命令は、政を申す以前に弁官の史は文判文を申すようにせよということであるから、常嗣は同じ宣を弁官にも下したか、もしくは外記が史を召して仰せたものとみられる。なおこの宣旨には、右大臣宣の引用に続けて「宣ニ依リテコレヲ行フベシ」という施行文言が書き加えられている。しかしだからといってこれを奉書・御教書と速断してはならない。なぜならばこれは宣した常嗣が加えた文言であって、大外記島田清田はこの文言をも含めて常嗣の宣を奉っているからである。

史料一六〇　類聚符宣抄、巻四

定ニ皇太子服紀一事

右、右大弁安倍朝臣安仁伝宣、左大臣宣、奉レ勅、令義解云、天子絶ニ傍朞一。三后及皇太子不レ絶ニ傍朞一。自今而後、宜下依ニ此文一行ム之者。

承和十四年三月九日

大外記朝原良道奉

皇太子の服紀については喪葬令2天皇服条義解の「凡人君即レ位、服絶ニ傍朞一、唯有ニ心喪一。故云ニ本服一。其三后及皇太子、不レ得レ絶ニ傍朞一。故律除ニ本服字一也」という解釈の通りに行えという勅を奉って左大臣源常が宣したものを、参議右大弁安倍安仁が「伝宣」し、これを大外記朝原良道が奉っている。
左大臣もしくは右大臣の宣を参議の左大弁もしくは右大弁が宣し、これを外記が奉った事例として私が知ることのできたのは、以上の四例である。そしてこれらもまた、受命者が上級者の宣の旨を書き記すという宣旨の最大公約数的な性質からはずれてはいない。

なお参議の左大弁・右大弁が左大臣・右大臣の宣を宣することについて、参考となる史料があるので一見しておきたい。その一つは史料七一の関連史料として掲げた天長九年十一月廿一日宣旨に記されている注記である。この宣旨には奉者が記されていないが、右大臣の宣を外記が奉って書き記したものと推定されるものである。そしてこれには「左大弁文室朝臣奉㆓宣旨㆒、仰㆓式部㆒了」という注記がある。右大臣清原夏野の宣を参議左大弁文室秋津も奉って式部省に宣したというのである。その宣を奉った式部省官人が宣の旨を書き記したとすれば、それは史料一五七〜一六〇のような形態の宣旨となったであろう。いま一つは参議左大弁が右大臣宣を奉って記したものが二通残されていることである。つぎに挙げるものがそれである。

史料一六一　類聚符宣抄、巻六

応㆓御所記録庶事外記内記共預㆒事

右、被㆓右大臣宣㆒偁、依㆑令、外記掌㆘勘㆓詔奏㆒、及検㆗出稽失㆖、内記掌㆘造㆓詔勅㆒、及御所記録㆖。拠㆑此而所レ掌稍異、挙レ綱而論、事合二相通一。何者、内裏行事、大臣所レ預。至レ有二稽失一、誰能検出。若御所録事、外記共預、則内裏儀式、豈致二違失一。自今以後、御所儀例、外記同録、以備二顧問一。如不二遵奉一、彼此有レ違、預レ事之人、解二却見任一。事縁二勅語一。不レ得二疎漏一者。今録二宣旨一、立為二恒例一。

参議従三位行左大弁兼備前守秋篠朝臣安人奉

弘仁六年正月廿三日

史料一六二　類聚符宣抄、巻六

皇親籍三巻

勘出帳一巻

並延暦八年作

右、外記曹司無レ有二件書一。而今四部之書、在二正親司一。望請、取二彼一部一、以為二官料一。

右大臣宣、依レ請。

参議左大弁直世王奉

弘仁十二年十一月四日

右のうち史料一六一は、宣旨ではなく奉書とみるべきものである。なぜならば勅語に基づいて宣せられた右大臣宣を引用したあとに、参議左大弁秋篠安人は「今録二宣旨一、立為二恒例一」という施行を命ずる文言を書き加えているからである。内容からみてこの奉書は外記と内記に送られなければならないが、外記および内記がこの安人の書き加えた文言をも含めてこれを奉り、書き記せば、史料一五九のような宣旨となる。つまりさきにみた史料一五七〜一六〇の宣旨は、史料一六一のつぎの段階で記された宣旨であるということになる。

これに対して史料一六二は、弁官が提出した申請文書の後《オク》に宣旨を記したものである。申請文書の冒頭に「外記曹司」とあるので、外記からの申請のようにみうけられるが、延暦八年作の皇親籍三巻・勘出帳一巻を外記曹司から借りようとしたが、そこにはないので、正親司が所蔵しているものの一部を官料すなわち弁官料としたい、というのであろう。その申請を右大臣宣によって許可し、その宣を参議左大弁直世王が奉っている。西宮記・九条年中行事がいう「大宣旨」の祖型ともいえようか。

ついで、参議の左大弁または右大弁が「殿上ニ侍シテ」宣した例をみる。

さきに第四章において別当宣を検討したさい、史料一三三の弘仁五年十月十日宣旨は参議左近衛大将藤原冬嗣が「殿上ニ侍シテ」宣したものであることをみ、これは事実上の奉勅を意味すると推定した。同様の事例が他に三例ある。

史料一六三　類聚符宣抄、巻六

参議左大弁秋篠朝臣侍二殿上一宣、少納言奏、有下以二在外人之妻子一、称中家口之辞上。自今以後、宜下只称二姓名一、不上得レ称二家口之辞一。其官符所レ着、亦宜二勘返一。

弘仁四年九月一日　　少外記大春日朝臣頴雄奉

史料一六四　類聚符宣抄、巻四

左大弁秋篠朝臣侍二殿上一宣、自今以後、奏二故親王一者、称二身退給之一者。

弘仁十年五月八日　少納言高階真人浄階奉

史料一六五　故実叢書本西宮記、巻四　建武元年補写勘物

同(弘仁)十年十一月廿日宣旨云、右大弁良岑朝臣侍二殿上一宣、承前、供二奉新嘗会神今食等一小忌参議已下、只一人也。自今以後、定二中納言已上一人、参議一人、弁両人一。若中納言以上未二食卜一者、定二参議二人一。少外記高岳宿祢潔門奉。

史料一六三は、在外の人の妻子について少納言が天皇に奏上する場合には、「家口之辞」(藤原北家の某などと称することか)を称するのを止め、姓名のみを称することとせよというもの、史料一六四は、故親王について天皇に奏上するときは「ミマカリタマヒシ親王」と称せよというもの、史料一六五は神今食の小忌の参議以上の人員の改定を命じたもの。「殿上ニ侍シテ」宣している秋篠安人は参議左大弁、良岑安世は参議右大弁である。宣旨の内容から推して、いずれも事実上の奉勅であったとみてよい。そしてその宣を、そうした職務・職掌にかかわる少納言・外記が奉って、その旨を書き記している。

以上、八世紀末・九世紀初の異型宣旨の個々についてみてきた。これらはたしかに、後世の上宣—外記奉、上宣—弁伝宣—史奉というような、宣者・伝宣者の官職に対応して奉者が決まるというような状

態にはなっていない。しかしそれは決して無原則であったわけではなく、宣者は異なっても、内容によってその宣は、職務・職掌がそれにかかわる下級者に下され、奉った下級者がその旨を記したのである。したがってこれらの異型宣旨もまた、上級者の命令を、それを受命した下級者が書き記した書類という宣旨の最大公約数的な性格からはずれるものではなかったといえよう。そしてさらにいえば、この時期の宣旨の「異例」「異型」は、むしろ逆に、初期の宣旨の、ということは本来の宣旨の、多様なありかたを示すものであったとみるべきであろう。

この節の終りに、なお二つのことを付言しておきたい。その一つは、つぎのような宣旨が存在しているということである。

史料一六六　類聚符宣抄、巻六

平城西宮事

右、奉レ勅、件宮者、先太上天皇之親王等、須下任二其意一、左之右之上。

天長二年十一月廿三日　　左近衛大将藤原朝臣奉

「須下任二其意一、左之右之上」は「ソノ意《ココロ》ニ任《マカ》セテ左右《トカウ》スベシ」と読むのであろう。ともあれ勅を奉ってこれを書き記したのは、左大臣左近衛大将藤原冬嗣である。このときすでに蔵人所は存在していたが、しかしこれは蔵人から上卿に伝えられる口宣案ではない。この時期の勅命の伝達経路がどのようなものであったかが不明なので、この宣旨をどのように位置づけるかは今後の課題とせざるをえないが、この宣旨を記したのち左大臣冬嗣はこれを弁官に宣下し、太政官符の作成・発給にいたったであろうことは間違いあるまい。

付言しておきたいことの第二は、参議の宣と上卿の資格との関係についてである。さきにみたように、九世紀前半にはたしかに参議が庶政を宣した実例は存するが、しかしそれは内裏宣あるいは大臣宣を宣するか、「殿上ニ侍シテ」宣するという特異な形態のものであった。しかも宣の内容との対応関係をみると、それらは参議として宣したというよりも、左大弁・右大弁もしくは検非違使別当として宣したとみた方が妥当のように思われる。これらのことは、この時期の参議は庶政を宣する資格を原則的にもつものではなかったことを意味しよう。平安時代の中期以降において、参議は宮廷内の小行事の上卿になることはあっても、太政官符・太政官牒・官宣旨の作成・発給という政務の上卿となる資格はもたなかったことが明らかにされているが[(4)]、そうした原則は九世紀前半にさかのぼって存在したのである。

第二節　正倉院文書にみられる宣旨

宣旨が八世紀にさかのぼって存在したということは、たとえば類聚三代格、巻八につぎのようなものが存することによって知ることができる。

史料一六七　類聚三代格、巻八

左大臣宣、奉レ勅、大宰府所レ貢調綿、毎年限二三月以後七月以前一、海晏之時、必令二進上一。自今以後、永為二恒例一。

神護景雲三年三月廿四日

これは弘仁格ではその巻第五、民部上に収められていたもので、弘仁格抄は「勅 為二宣下一歟」と注している。[5] この奉勅の左大臣藤原永手の宣が、弁官に下されたか(下弁官宣旨)直接民部省に下されたか(下諸司宣旨)は、奉者の署が省略されているのでこれだけではわからないが、おそらく前者であろう。弁官はこれに基づいて民部省宛の太政官符を作成し発給したものとみられる。

また正倉院文書に残されている宣旨の例も、すでに一例、史料一一七においてみた。これは左大臣藤原魚名の宣を東大寺検校使参議藤原家依が奉って、造東大寺司提出の上申文書の後《オク》に記したものであった。本節ではこれ以外の、正倉院文書のなかにみられる宣旨の、私が知りえたかぎりのものを掲げる。

まず、典型的な宣旨の事例として、つぎのものがある。

史料一六八　施薬院解（一六ノ五〇四）

(a)「施薬院解(秦牛養筆)　申請薬事

桂心小壱佰伍拾斤　假令十箇月料

右、件薬既尽。覓買亦无。因レ此雑薬合作既停。望、且請ニ件薬一欲ニ作施一。今具レ状謹請ニ処分一。

謹解。

天平宝字八年七月廿五日内竪无位秦忌寸牛養

知院事外従五位下行大外記兼内蔵助高丘連「比良麻呂」(自筆、以下同ジ)

知院事僧「慈瓊」

」

(b)

「(高丘比良麻呂筆)蚊屋釆女宣、宜下請ニ東大寺所レ収、充中用之上者。

廿七日

高丘比良麻呂　奉　」

(c)

「(以下別筆)以ニ同日一依レ数下充。付ニ秦牛養一。

造寺判官弥努連「奥麻呂」

佐伯宿祢「真守」

使高丘連「比良麻呂」

右虎賁衛佐高麗朝臣「広山」

大僧都賢太法師「良弁」

三綱小都維那僧「聞崇」　　　」

(a)は施薬院が提出した解である。桂心を使いはたしてしまった。買い求めようとしたがどこにも売っていない。そのため薬の調合ができなくなっている。だからこの薬を請い、施薬を行うことにしたい、という。「謹解」で書止めた解であるから、この解は本来ならば太政官に提出されるべきものである。だがこの場合は、施薬院は天皇との関係の深い機関であるという理由によるのであろうが、そうした官制ルートを介さず、知院事高丘比良麻呂は天皇の裁可を求めるためみずからこれを持参して内裏に赴いた。天皇の裁可は蚊屋釆女に伝えられ、蚊屋釆女はそれを口頭で比良麻呂に宣した。その宣は、「東大寺ノ収ムルトコロヲ請ヒ、充テ用ヰルベシ」というものであった。宣をうけた比良麻呂は、解の後《オク》にその旨を記し、この宣を奉った者が自分であることを明らかにするため、「高丘比良麻呂奉」と記した。これが(b)である。ついで比良麻呂は、みずから使者となって造東大寺司に赴き、(a)・(b)を記した文書を同司に差出す。これをうけた造東大寺司は、僧綱・東大寺三綱の立会いのもとに東大寺正倉院から桂心一五〇斤を出庫し、比良麻呂に同行した秦牛養に付《サッ》け、施薬院に送らせた。(c)はそのことを確認した造東大寺司官人・使者・僧綱・東大寺三綱の署である。以上の次第は雙倉北雑物出用帳(四-一九三)につぎのように転記されている。

桂心小壱佰伍拾斤

右、依二賀陽采女今月廿七日宣一、充二施薬院合薬料一。付二内竪无位秦忌寸牛養一。

天平宝字八年七月廿七日

造寺司判官弥努連奥麻呂

佐伯宿祢真守

使外従五位下行大外記兼内蔵助高丘連比良麿

右虎賁衛佐外従五位下高麗朝臣広山

大僧都堅太法師良弁

三綱小都維那聞崇

このように(a)・(b)・(c)の三つは同じ料紙に書かれたものであるが、このうちの(b)が、蚊屋采女によって宣せられた天皇の命令を、受命者である高丘比良麻呂が奉ってみずから書き記した宣旨である。天皇の命令が、造東大寺司あるいは東大寺に対するものではなく、比良麻呂自身に対するものであることに注意しなければならない。「東大寺ニ収ムルトコロヲ請ヘ」と命ぜられたのも、「充テ用キヨ」と命ぜられたのも比良麻呂である。上級者の命令を受命者が奉って書き記した書類という宣旨の条件を、完全に備えている。

だがしかし、(b)の宣旨に関しては、つぎのようなことにも注意しておかなければならない。

蚊屋采女によって宣せられた天皇の命令は、たしかに知施薬院事高丘比良麻呂に対するものであった。しかしその命令は、施薬院内において完結するものではない。造東大寺司および東大寺に伝達し、東大寺正倉院から薬物を出庫してもらわなければ完結しない。そのため比良麻呂は(a)の解の後に(b)の宣旨を書き記して造東大寺司に持参したわけであるが、このとき(b)の宣旨は、上級者の命令を受命者が奉って書き記した書類という性格から、造東大寺司・東大寺に対して働きかける証拠文書というものに、その性格を転じている。そうした性格の文書として、(b)の宣旨は造東大寺司に渡されたのである。

この点は、さきに第四章においてみた史料一一六、すなわち東寺俗別当に下された奉勅上宣を、奉った俗別当自身が書き記した宣旨に通ずるものがある。その宣旨は、毎年東寺が行う春秋二度の灌頂会の料物として一節ごとに調布三〇端を充て行うというものであったが、それはまた大蔵省に対して調布の出給を求める証拠文書としての機能を有していたと推察された。それと同じような機能を、(b)の宣旨もまた有していたのである。このようなこともまた、宣旨が本来もっていた機能の一つであったとみられる。しかし(b)の宣旨は、いわゆる施行文書・下達文書ではない。あくまでも蚊屋采女によって宣せられた天皇の命令を証拠だてる、証拠文書である。

さて正倉院文書のなかの「某宣―某奉」と記されている文書は、一見するところ宣旨かとみられるようなものでも、第三章の付説「奉書の起源について」で述べたように、実は奉書・御教書であるものが多いので注意を要する。第三章で史料一八(a)として掲げたものも、尼公宣による命令は写経所に対するもので、この宣を奉って史料一八(a)の文書を記した造東大寺司主典葛井根道に対する命令ではなかった。すなわちこれは根道が、尼公宣を写経所に伝えるために書き記した奉書・御教書であった。

このような点に留意しながら正倉院文書のなかに宣旨を探すと、その多くは申請文書の後《オク》もしくは端《ハシ》に、簡単に記されていることがわかる。時代の新しいところから順次さかのぼって、それらの例を示すことにする。

史料一六九　親王禅師治葛請文（二三―六二五）

(a)治葛肆両　収東大寺正蔵

右、親王禅師所レ請。

宝亀十年十二月六日

(b)中納言藤原朝臣「縄麻呂」（自署）奉

(a)は、親王禅師すなわちのちの早良親王が、東大寺正倉院の所蔵する治葛《ヤカツ》四両を請うた申請文書である。おそらくあとでみる使者の藤原小黒麻呂が記した奉書であろう。治葛は天平勝宝八歳六月廿一日の奉盧舎那仏種々薬帳に「治葛卅二斤并壺」（四―一七五）とみえるもので、毒薬である。勅命によって盧舎那仏に献ぜられたものであるから、これの出給には天皇の許可が必要である。それを示すのが(b)で、[6]中納言藤原縄麻呂は勅可を奉って自署を加えたのである。史料一六六と同じような性質の宣旨といえようか。

ところでこの治葛の出給について、雙倉北雑物出用帳(四―一九九)は、

宝亀十年十二月六日下治葛肆両
　右、依㆓中納言藤原卿今月六日宣㆒、奉㆑充㆓親王禅師所㆒、如㆑件。
使従四位上行右衛士督兼常陸守藤原朝臣小黒麻呂
　　造寺司次官従五位下紀朝臣白麻呂
　　少判官正六位上勲十一等高松連内弓
　　主典正六位下勲十一等大和連虫麻呂
三綱
　大都維那僧恵瑶

と記している。実際には勅によって許可されたものであるのに、「依㆓中納言藤原卿今月六日宣㆒」と奉者の名をとって宣者と記すのは、第三章で述べた、宣者と真の命令者とが異なる事例に類するものといえよう。なおこれによって、使者として造東大寺司に赴いたのは藤原小黒麻呂であったことが知られる。小黒麻呂は(a)に(b)が書き加えられたこの文書を持参して同司に出向いたのであろう。その意味ではこの(b)の宣旨は史料一六八の(b)の宣旨と同じような働きを有したといえる。

史料一七〇　奉写灌頂経所解案（一六ー一七二）

（首欠、また前略）

以前、依二尼法勤去十一月廿一日宣一、奉レ写二灌頂経一経師等布施物、所レ請如レ件。謹解。

天平宝字六年閏十二月廿一日主典安都宿祢

被二賢太法師道鏡禅師今月廿四日宣一偁、奉レ勅、上件布施物者、宜二彼寺在官家功徳分物内、便用一レ之。

仰給已訖。

奉宣主典安都宿祢

造東大寺司主典安都雄足は、尼法勤の宣によって灌頂経の書写を行った経師等に支給する布施物の請求のため、解を修して内裏に提出した。その三日後、奉勅の道鏡宣が雄足に下された。それは、経師等の布施物には「彼ノ寺（東大寺）ニ在ル官家功徳分ノ物ノウチ、タヨリニコレヲ用ヰルベシ」と雄足に命じたものであった。受命者の雄足はこの宣を奉って、手許に留めてあった解の案文にその旨を書き記したのである。雄足が書き加えたとみられる「仰給已訖（仰セ給フコトスデニ訖ンヌ）」は、このようにおっしゃった、ほどの意味のものであろう。

史料一七一　「奉写経所布施奉請文案」（一四ー五三）

(a)　溢幡絁一十三匹　五匹別六百文　八匹別五百五十文　計七貫四百文

橡絁九匹　々別五百文　直四貫五百文
羅八匹　三匹八百文 五匹七百五十文　直六貫二百五十文
参河白絁一百九十七匹　別七百五十文　直一百卌七貫七百五十文
石見調綿一千五十一屯　別七十文　直七十三貫五百五十文
庸綿六百五十一屯　別六十五文　直卌二貫三百十五文
合所レ得直銭二百八十一貫七百六十五文　所レ乗十七文
一、応レ給二経師等一布施布一千八十三端二丈八尺　端別二百六十文
直銭二百八十一貫七百卌八文
天平宝字二年九月八日
(b)太保宣、依レ所レ候、充二造東寺一耳。
同少疏高丘比良麻呂奉

『大日本古文書』が付した「奉写経所布施奉請文案」という文書名では、(a)はあたかも写経所が経師等の布施料を申請するために記した文書のようにうけとれるが、実はそうではなく、造東大寺司からの布施料の申請をうけて、坤宮官が起案した文書とみるべきものである。なぜならばこれに付記された(b)の太保恵美押勝の宣は造東大寺司に充てよといっているし、その宣を奉った坤宮官少疏高丘比良麻呂は

自分の官職を「同少疏」と記しているからである。

前後の事情は以下のようなものであったと推定される。

これよりさき坤宮官は、造東大寺司から経師等に支給すべき布施布の直銭二八一貫七四八文の請求をうけた。そこで坤宮官はその費用を捻出するため溢幡絁以下の六品目を売却することにし、直銭二八一貫七六五文を得た。「乗《アマ》レルトコロ」すなわち請求額との差額は一七文である。こうして作成された立案書が(a)である。坤宮官少疏高丘比良麻呂はこれを以て乾政官太保恵美押勝の裁可を仰いだ。その宣を比良麻呂が奉って書き記したのが、(b)である。太保の宣は「候フトコロニヨリテ、造東寺ニ充ツルノミ」という。あるだけ全部造東大寺司に渡してしまえ、というわけである。つまりこれは、受命者の比良麻呂が記した宣旨である。なお、このような坤宮官の部内文書というべきものが正倉院文書として伝えられているところをみると、布施布の直銭を造東大寺司に渡したさい、この文書も手渡されたのであろう。

史料一七二　但馬国司解(三‐三五五)

但馬国司解　申進上奴婢事

合進上奴婢伍人(三人奴 二人婢)　価稲肆千伍佰伍拾束

(奴婢歴名略)

以前、被二民部省去天平勝宝元年九月廿日符一偁、被二太政官今月十七日符一偁、被二大納言正三位藤原朝臣仲麻呂宣一偁、奉レ勅、奴婢年卅已下十五已上、容貌端正、用二正税一充二価直一、和買貢進者。省宣下承知、依二前件数一、仰二下諸国一、令中買貢上上。但不レ論二奴婢一、随レ得而已者。国宣二承知、依レ状施行一者。謹依二符旨一、件奴婢買取進上如レ前。仍便二付朝集使目従六位下賀茂直秋麻呂一申送。謹解。

天平勝宝二年正月八日史生従八位上土師宿祢田次

従五位下行守勲十二等楊胡史真身　正六位上行掾県犬養宿祢吉男

(別筆)「送二東大寺一。

同月十七日調信女宣

少忠出雲臣尼万里奉」

但馬国司解の後《オク》に記された宣旨である。但馬国から貢進された奴三人・婢二人は「東大寺ニ送レ」と何者かが命令を下した。その命令を調信女が宣し、紫微少忠出雲尼万里がそれを奉ってその旨を書き記し、この文書とともに奴婢を東大寺に送った。「東大寺ニ送レ」と命じた者は、太上天皇聖武、皇太后藤原光明子、天皇孝謙のうちのいずれかであって、紫微令藤原仲麻呂ではあるまい。仲麻呂ならば女性の調信女が宣する必要はないからである。すなわちこれは、奉勅の宣旨である。

史料一七三　掃部所解(三―一九六)

(別筆)「以二二月十五日一、申二卿尊一了。宜二施行一、宣レ之。少属田辺牛養」

掃部所解　申請二年料葛野席直銭一事

合卌一貫八百七十五文（別筆書入略）
卅貫広席一千五百張直　枚別廿文
一貫八百七十五文運駄卅七匹半賃直料　匹別五十文
十貫狭席直
右、依レ例所レ請、如レ件。
天平廿一年二月十日

これは、上申文書としての解の端《ハシ》に記された宣旨である。掃部所は造東大寺司に所属する機関の一つででもあろうか。そこが、某寮もしくは某職に対して、「例ニ依リ」年料の葛野席《ムシロ》を購入するための直銭を請う解を提出した。それをうけた某寮もしくは某職の少属田辺牛養は所管の某省の卿に裁可を求めた。(7) すると「卿ノ尊」は「施行スベシ」と宣した。この宣を奉って少属田辺牛養が記したものが、別筆の端書である。この端書を以て宣旨とみなすのは、もちろんその内容による。卿の宣を奉った受命者の少属田辺牛養は、申請された席の直銭を掃部所に出給すれば、すなわち「施行」すれば、受命者としての任務は完了するからである。それとともにこの宣旨から私は、後世の「外題」と称せられるものを想起する。それは上申文書の端に書き加えられたものであるが、一、二の例を示せば、類聚符宣抄、巻八に収める寛弘七年六月八日付大江匡衡の申文の端に、

内給左大臣　右大弁給　左大史小槻宿祢奉親七月二日

依レ請。准ニ彦真例一、且造ニ上任符一。

続左丞抄、巻一に収める延久二年十一月七日付神祇官解に、

(端裏銘)
内給春宮大夫　右少弁給　左大史小槻宿祢孝信同月廿日

(外題)
依レ請。

などとみえるのがそれである。上申文書の端に「依レ請」という外題が記され、さらに端裏に、天皇の「請フニ依レ」という裁可が蔵人から上卿(左大臣・春宮大夫)に下され(これが「内給」である)、上卿は弁(右大弁・右少弁)に宣し、弁が伝宣してこれを左大史が奉ったという経過が記される。史料一七三の端に記されているものも、卿の裁定の結果である。このように、裁定の結果を上申文書の端に書き記すことも、八世紀から行われていたことなのであった。

以上、正倉院文書にみられる宣旨のいくつかの事例をみてきた。宣旨の最大公約数的な性格を、上級者の命令を受命者である下級者が書き記した書類、その命令を第三者に伝達するか否か、あるいは第三者に働きかけるか否かは、命令の内容による、と規定するならば、宣旨の起源は確実に八世紀にさかのぼるのである。

第三節　公的文書発生の契機――古代古文書学への展望――

これまでの宣旨論は、外記および弁官が介在する宣旨のみに限定して論じられてきたために、かえって宣旨一般のもつ性格が見失われる結果となっているのではないか。また様式面のみに重点を置いて論じられたために、やはり宣旨の本質を見失う結果となっているのではないか。本稿では、従来の宣旨研究に対するこのような二つの反省を基礎に、広く宣旨一般に視野をひろげ、そしてまた、だれが、だれ(どこ)に、なにを働きかけたのか、という古文書学の原点に立脚して、数多くの宣旨を、その内容にまでたちいって検討してきた。そのような作業を集中的に行った第四章において、まず上宣の伝達をめぐって記される各種の宣旨をみ、外記・弁官の介在するもののみが宣旨ではないこと、外記・弁官が介在する場合でも、上宣を奉って外記・弁官が記した宣旨自体は施行文書でも下達文書でもないこと、そして古くは上宣はかなり自在に各所に宣下されたとみられること、などの諸点を知ることができた。ついで検非違使の奉ずる宣旨、一司内宣旨、蔵人方宣旨をみ、宣旨には上宣にかかわらないものが存することと、一つの官司・機構のなかで上司の命令を下僚が奉って記したものもまた宣旨であること、などの諸点を明らかにすることができた。

かくしてとらえることのできた宣旨の一般的性質、ないし最大公約数的性格を再述すれば、それは以下のようなものであった。すなわち宣旨とは、上級者の命令を、それをうけた下級者が書き記したものである。その場合の上級者と下級者は、同じ官司・機構に属する者であってもよいし、異なる官司・機構の者であってもよい。しかしこうした宣旨が、同じく下級者が記したものでありながら、上級者の第三者に対する命令を側近の下級者が書き記し、下級者の名によって第三者に発給する奉書・御教書と決定的に異なる点は、宣旨における上級者の命令がそれを書き記した下級者本人に対するものであるというところにあった。その意味で宣旨は、本来それ自体は、他に対して発給することも下達することも目的としない、官司内あるいは機構内の部内文書であった。それは受命者が、受命の事実を確認するため、正確を期すため、後日の証とし、後鑑に備えるため、等々の目的のもとに書き記したのであった。

したがって宣旨は、古文書学が通常いうところの「文書」ではなかったといわなければならない。古文書学上の「文書」の定義に種々の問題が存することはすでに指摘されてはいるが[8]、少なくとも一紙物についていえば、ある者、ある機関の意志ないし命令を、他者に伝達し働きかけるために作成し、授受されるものが「文書」であると考えられてきた。公式令に定める下達・平行・上申・上奏などの各種の様式の公文書がそうであり、公家様文書といわれる官宣旨・下文・奉書・御教書・申文がそうであり、武家様文書の下文・下知状・御教書がそうである。これに対して宣旨は、同じく一紙物でありながら、それ自体を以て他者に発給するために記されたものではなかった。上級者の宣の旨を他者に対して伝達する必要のある場合には、宣旨を記した受命者は、別の様式の文書を作成して発給するか、あるいは口頭で伝達したのであって、宣旨そのものは受命者の手許に残される。他者に対して働きかける機能をもつ宣旨が他者に手渡される場合でも、決してそれは発給されたのでも下達されたのでもなかった。証拠文書として他者に提示されたにすぎない。

そのような宣旨の起源を探って、本稿では、それが八世紀にさかのぼって存在したことを確認することができた。しかし考えてみれば、これはむしろ当然のことであったといわなければならない。宣旨の基本的な性格が、上級者の命令を受命者である下級者が書き記した書類というところにあるとすれば、そしてまた、そうした上級者の命令が多くの場合口頭で下されたとすれば、そのような宣旨の書き記される場はどこにもあり、いつの時代にもあったからである。日常的に下される口頭での上級者の命令は、音声として瞬時に消えてしまう。受命者はこれを文字で書き記すことにより、その命令を確認し、あるいは後日の証とし、あるいは第三者に対する伝達の証拠とする。宣旨がこのような性質のものとして発生したとすれば、それは律令公文書制度の成立する以前から存在した可能性すらあるといえよう。極端にいえば、日本人が文字に習熟し、耳で聴いた上級者の命令を書き記す能力を獲得した時点にまで、宣旨の起源はさかのぼるといっても、無稽であるとはいわれまい。

このように宣旨は、本来的に、音声による口頭伝達と不可分の関係にあった。八世紀および九世紀前半の宣旨のありかたが多様であったのは、宣旨のもつこうした本来的な性格に由来し、それを反映したものであったとみなければならない。したがってこうした観点からすれば、九世紀後半以後にみられる宣旨の定型化、様式の固定化、すなわち宣旨の〝文書化〟は、宣旨のもつ本来の性格を喪失したもの、もしくは形骸化したものであったと評すべきであろう。ならば宣旨は、古文書学のうえでどのように位置づけられるのであろうか。そしてまた、本稿でうることのできた宣旨についての理解によって、古代古文書学にどのような展望を拓くことができるのであろうか。

すでに明らかなように、宣旨は、律令制の公文書制度とは無関係なところから発生した。決して、詔書・勅旨が簡略化されたのが宣旨なのではない。そしてまた宣旨は、公家様文書として平安時代に入って誕生したものでもなかった。宣旨は、公式様文書ともいわゆる公家様文書とも直接的な関係のない、音声による口頭伝達という場が、その発生の領域であった。だからこそ宣旨は、八世紀の律令公文書制度のたてまえのもとにあっても、発生の場と成立の契機を異にする公式様文書と並存することができたのである。そうであるとするならば、宣旨を以て公家様文書などと称することの、全く無意味であることが知られよう。従来の古文書学の通説、すなわち、宣旨は公家様文書として平安時代にいたって生みだされた文書様式であるとする通説は、いまや全面的に書き改められなければならない。

ここにいたれば、問題の所在はもはや明白である。それは、従来の古文書学が独自の範疇のものとして設定してきた公家様文書という概念を、根本的に再検討する必要があるということである。しかもこのような要請は、ひとり宣旨という分野だけから提起されたものではなかった。公家様文書を代表する文書様式とみなされてきた奉書・御教書の分野からも、同様に提起されている要請である。上級者の第三者に対する意向・命令を近侍者が書き記し、近侍者の名において第三者に発給する奉書・御教書も、第三章の付説「奉書の起源について」で明らかにしたように、決して、平安時代に入ってから公家様文書として生みだされたものではなかった。それは八世紀にすでに存在した文書様式なのであった。その起源が八世紀にさかのぼるとするならば、奉書・御教書もまた、これを公家様文書などと称するのは無意味なものとなる。

かくして私は、長い道程を経て、ようやく古代古文書学を展望しうる地点に到達することができたように思われる。但しこれを展望するにあたっては、留意しておかなければならないことが三つある。その第一は、公式様文書とか公家様文書とかいった従来の古文書学における既成の概念にとらわれてはならないということである。これまでの古文書学では、公式令の定める公式様文書なるものが古代の文書体系としてまず存在し、そのことを前提として、その簡略化・略式化として公家様文書が説かれるのが一般的であった。だが宣旨は、その機能面からみれば、公式令の制定される以前から存在した可能性があるだけでなく、それ以後も公式様文書と並存していたのである。第二は、それぞれ独自の様式と機能をもつ文書について、その発生の場、成立の契機を確認する必要があり、そのうえで相互の関係を明らかにしなければならないということである。宣旨は口頭伝達の場から、いわゆる文書様式とは無関係なものとして発生した。同様に奉書・御教書の発生の場も、口頭伝達であったと推定される。これに対して公式様文書は、大宝令において、人為的に、そしてまた政治的に設定された公文書の体系であった。つまりこれらは成立の契機をおのおの異にしていたのである。だがそれにもかかわらず、宣旨がやがて奉勅上宣・上宣を施行する太政官符・太政官牒を作成するさいの土代として用いられるにいたったように、また奉書・御教書が牒などの様式の文書とその機能を分ちあうにいたったように、これらは公式様文書と密接なかかわりをもつものとなる。こうした相互の関係をさらに明確なものとすることこそが、古代古文書学を体系づけるための最大の課題であるといえよう。そして第三は、そうした古代古文書学の体系化にあたり、素材として用いるべきものは、八世紀については、正倉院文書および木簡というなまの史料でなければならないということである。本稿が正倉院文書に負うところの大であったことから明らかなように、もはや公式令のたてまえのみから古代の文書を論ずることは許されない。旧稿で述べたように(9)、たとえば符という下達文書のありかた一つをみても、現実に行われていたものはまことに多様であったのである。符とは公式令13符式条にかくかく定める下達文書の様式であるという説明で事足れりとするのではなく、現実に行われていた多様なものをも包括してこれを体系づけることこそが、真の古文書学であろう。

そこで最後に、右の諸点に留意しつつ、日常的な行政の場における公的文書の発生の契機と、それらの相互の関係についてのおおまかな見通しを述べて、本稿をしめくくるとともに、将来における古代古文書学の体系化のための基礎とすることにしたいと思う。

物品の送り状や付札などを除き、日常的な政務の場において公的文書が発生する契機には、日本古代では大別して二つのものがあった。いうまでもなく、一つは口頭伝達の文字化・文書化であり、いま一つは隋・唐律令法の継受である。後者の契機によって設定された公式令の規定する公文書の体系は、さきにも述べたように、大宝令においてはじめて、人為的にかつ政治的に定められたものであった。だがそれ以前にすでに、前者の契機に基づく公的文書が誕生していたことを忘れてはならない。このことを証する第一のものは、藤原宮出土木簡に存する宣命を記した木簡であり(10)、第二のものは、藤原宮出土木簡・平城宮出土木簡その他に存する「某ノ前ニ白《マヲ》(曰)ス」という様式の上申文書である。このうちで、本稿の立場からとくに注目しておかなければならないのは、後者の「前白」すなわち「某ノ前ニ白(曰)ス」「宛先の前に申す」という様式の上申文書の存在である。「前白」という記述自体は、八世紀の宣命や、正倉院文書として残されている個人の啓・状などの文中にもみられるのであるが、ここでは文書木簡の事例として今日知られているもののなかから、いくつかを示しておく。(11)

史料一七四

(a)・法恩師前　小僧吾白　啓者我尻坐□止［　］

・　僧□者　五百□

(b)・　但鮭者速欲等云□□

・以上博士御前白　宮守官

(c)・恐々受賜申大夫前筆

・暦作一日二赤万呂□

(d)・大炊司前謹申錦織徳

・足太物者問給由

(e)　酒人尊者前下啓　請□□事

右のうち、(a)(b)(c)は藤原宮出土木簡、(d)(e)は平城宮出土木簡である。(12)

この「前白」という様式の木簡については、『藤原宮木簡』一(解説)が、この上申形式は私文書のみでなく公文書としての性格を有する文書木簡にも用いられていること、この上申形式は天武朝にさかのぼって存在したと推定されるから、したがって大宝公式令の解式に先行する上申文書の様式であったとみられることなどの諸点をいちはやく指摘していたが、[13] その後岸俊男氏も、大宝令の施行を契機として、上申文書の様式が「前白」から公式令の解式に移行したとみてよいとの見解を示され、[14] また東野治之氏は、「前白」の様式は中国六朝の文書様式の影響を受けて生みだされた可能性があることなどを指摘された。[15] そしてこのような先学の驥尾に付して、私もまたかつて、以下のようなことを述べたことがある。[16]

史料一七四の(a)の木簡は藤原宮造営以前の溝の下層から出土したものであるから、「前白」の様式の上申文書の起源は天武朝にさかのぼるとみられる。そしてこの「某ノ前ニ白(曰)ス」という表記自体はその後八世紀にいたってもみることができるが、しかし八世紀のなかばころからは、「前」「御前」の語は、天平年中の黒人請経等牒(二四-五五九)の充所《アテドコロ》「謹通　高屋大夫前」、天平宝字二年の玄蕃助石川弟人啓(一四-一九六)の充所「謹上　東大寺佐官二所御前」のように、個人が差出す啓・状などの充所の脇付《ワキヅケ》として用いられるようになる。一方、上申文書としての「前白」木簡をみると、それらには例外なく年月日が記されておらず、そしてまたこの種の上申文書は、本来は、人《ひと》が人《ひと》に対して上申するさいに用いられたものであったことが知られる。すなわち「前白」という様式の文書は、口頭伝達の場から生まれたものであって、人《ひと》に対する口頭での上申をそのまま文字化・文書化したものであったのである。そこでこれらの事柄を基礎に、「前白」の様式の上申文書と公式令の定める上申文書との関係ないしは両者の交渉の経過を推測してみると、およそつぎのようなことが考えられる。

大宝令が制定・施行される以前、天武朝ころより、口頭伝達をそのまま文書化した「前白」の様式の上申文書が生みだされていた。またこの時期には、中国の私状の影響を受けた啓・状が、やはり上申文書として並行して用いられていた可能性もある。この二つのものはいずれも、個人から個人への上申に使用されたものである。これに対して大宝公式令において定められた上申文書の様式である解は、官司から官司への上申に用いるのを原則とするものであった。したがって大宝令が施行されると、官司から官司への上申には一般に解が用いられるにいたったものと思われるが、しかしそれによって「前白」の様式のものや啓・状が消滅したわけではなく、個人が差出す上申文書には依然としてこれらのものが用いられていたのであった。しかしやがて、「前白」の「前」「御前」という表記は、啓・状の充所のなかの脇付に吸収されてゆく。同時に、個人が差出す啓・状の書様は解に対しても影響を及ぼし、正倉院文書に多数みられるような個人を差出者とする解を生むとともに、さらには解とも啓・状とも解しうる文言をもった上申文書を生むにいたる。

口頭伝達の文書化を契機として生まれた上申文書としての「前白」文書と、公式様文書である解との交渉の経過は以上の如きものであったと推定されるが、同じく口頭伝達の場から生まれたものに、本稿が扱った宣旨と、奉書・御教書があった。しかも、「前白」文書が八世紀を通じて解および啓・状に吸収され、消滅したのに対し、宣旨と奉書・御教書は、以後ながく公式様文書との交渉を保ちつつ存続する。以下に、八世紀におけるこれらの交渉の経過を追ってみることにしたい。

そもそも宣旨と奉書・御教書とは、相互に密接な関係のもとに誕生したものであったといってよい。本稿が明らかにしたように、宣旨は、上級者の命令を、それを受命した下級者が、そのまま書き記したものであったが、その命令が第三者に対して伝達すべき性質のものであった場合、そのために作成する伝達書を、上級者の名によってではなく、受命した下級者の名によって作成し、発給すれば、それは奉書・御教書となる。その場合に作成される奉書・御教書には、史料一八(a)や史料一六一のように、上級者の宣の旨をそのまま引用し、その末尾に送付を示す文言あるいは施行を命ずる文言を記したものもあれば、史料二七のように、上級者の宣の趣旨のみを記したものもある。だがここで重要なことは、そのような伝達書の作成にあたってしばしば公式様文書の様式が用いられたということであり、そしてその結果、公式様文書に事実上の奉書・御教書としての機能が付与されるにいたったということである。しかもこうした両者の交渉は、八世紀のかなり早いころからはじまっていたようである。近年発掘調査された長屋王家木簡のなかに、「以二大命一符」「吉備内親王大命以符」などと書きだしたものがある。[17] 発給者すなわち署名を加えている者は、家令、家扶、少書吏である(但し少書吏は「国足」などの署名があるが、家令・家扶は官職名のみを記し署名はない)。すなわちこれらは、家令らが「大命」を奉って作成し、管下の家政機関に対して発給した符であった。命令者の名によってではなく、家令・家扶・少書吏の名のもとに作成し発給した下達文書としての符であるという点に着目するならば、この符には奉書・御教書としての機能が付与されていたとみることも、不可能ではない。これらの木簡が記された時期は、和銅四年から霊亀二年までの間であったと推定されている。

このような性質の符の延長線上に位置づけられるものが、上宣あるいは奉勅上宣を施行するために作成された太政官符であり太政官牒である。つぎに掲げるのは、その史料上の初見とされているものである。

史料一七五　類聚三代格、巻十

太政官符

中宮職供御物事

右、右大臣宣偁、奉レ勅、自今以後、准二供御物一供奉。

天平十年十月七日

弘仁格抄がこれを格巻第九、宮内に収めていることから知られるように、これは宮内省に宛てて下された太政官符であるが、弘仁格に収載されるにあたって、「省宜二承知、依レ宣行レ之。符到奉行」という施行文言も、本文と年月日との間に存したはずの弁と史の位置も、省略されてしまっている。そして、右大臣橘諸兄の宣を奉った弁もしくは史が、弁奉もしくは史奉とする宣旨を書き記し、それを土代としてこの太政官符を作成したのかどうかをたしかめる術も、今はない。また、右大臣橘諸兄が後世の上卿に相当する任務を負って勅を宣したのかどうかも、確認することはできない。しかしたしかなことは、この太政官符が、奉勅の右大臣宣という上級者の命令を、弁官の弁・史がうけて、第三者である宮内省に発給するために、弁・史の名のもとに作成されたということである。すなわちこれは、奉書・御教書としての機能の付与された太政官符であったのである。そしてこのような様式の太政官符・太政官牒は、以後ながく用いられることとなる。そうしたものの背後に下弁官宣旨が存在し、太政官符・太政官牒を作成するための土代として用いられたということは、すでに述べた通りである。

しかもこのように奉書・御教書としての機能の付与された公式様文書は、ひとり太政官が発給する符・牒のみにかぎられてはいなかった。さきに第三章の付説「奉書の起源について」において述べたように、官司もしくは個人の発給する下達文書としての牒もまた、同様の機能を有するにいたったのであった。ここにみられるものは、発生の場と成立の契機を異にする宣旨および奉書・御教書と、公式様文書との、融合であり一体化である。そして平安時代における公的文書の様式の簡略化、作成手続の省略化は、こうしたことのなかから進行するのである。かつまたその結果として、新たな形式ないし様式をもつ文書が生みだされていく。本稿の史料として最後に掲げるつぎの大宰府政所下文は、時代の降るものではあるが、そうしたものの一つである。

史料一七六　大宰府政所下文案（東大寺文書五-三三三）

府政所下　筑前国

応二依レ例充下一観世音寺安居御願呉楽料物事

右、得二彼寺牒状一偁、件呉楽安居御願初後、筑前国下二行其料物一、所レ令二勤仕一也。而自二去長保三年一〔于脱〕今、不レ下二其料一。因レ茲楽人等、叶二例期一不二参仕一。度々雖レ牒二送其由一、□〔更〕不二承引一。御願旧蹤、可レ謂二廃忘一。仍進レ牒如レ件。望請、府裁、下二給府符一、令下二行料物一依中勤仕上者。中納言兼帥平卿宣、件楽、是鎮護例事、不レ可二闕怠一。而依レ不レ行二料物一、不レ勤二其事一。国宰所為不レ可レ然。宜下加二下知一、充二行楽人料物一、令中勤二仕件事一者。所レ仰如レ件。国宜二知レ状、依レ宣行上レ之。

大監平朝臣

大監

長保五年七月十三日

これは、大宰権帥平惟仲の宣の旨を施行するため、宣を奉った大宰府政所の大監が作成した下文である。上級者の宣の旨を奉って施行文書としての符・牒・下文を作成したのは、ひとり太政官の弁官のみではなかったのである。

(1)　土田直鎮「内侍宣について」(前掲)。

(2)　さきに述べたように、土田直鎮氏は「内裏宣」の例は弘仁年間のもの四例、延暦末年のもの一例、奈良時代のもの四例があるといわれたが、管見では、そのうち「内裏宣」と書きだしたものは史料一五二があるのみであった。弘仁年間の他の三例の「内裏宣」は後述の(4)参議の大弁の宣のなかにみえるものであり、延暦末年の一例は第四章において官宣旨の原初形態の文書として挙げた史料九一にみられるものである。なお正倉院文書にみられる「内裏宣」については第三章で言及したので、ここでは触れない。

(3)　土田直鎮「上卿について」(前掲)。

(4)　土田直鎮「上卿について」(前掲)。

(5)　弘仁格抄で同様の注記のあるものに、いま一つ格巻第十、雑格の「勅 宣下欤　延暦十六年六月十七日」がある。類聚三代格、巻二十所載の延暦十六年六月十七日の奉勅の大納言従三位神王宣を指す。

(6)　『大日本古文書』にはこの文書のコロタイプが付せられている。それをみると(a)の三行と、(b)の「縄麻呂」の自署以外の文字は字体がよく似ていて、同筆とも異筆ともみることができる。しかし(b)はやはり別人が、(a)が提出されたのちに書き加えたものとみるべきであろう。

(7)　「卿尊」がどの省の卿であり「少属田辺牛養」がどの職もしくは寮の少属であるかは不明とせざるをえないが、「少属」は皇后宮職少属、「卿」は中務卿である可能性が高いように思われる。

(8)　佐藤進一「中世史料論」(『岩波講座日本歴史』二五、別巻二、一九七六年、岩波書店)。

(9)　拙稿「公式様文書と文書木簡」(前掲)。

(10)　奈良県教育委員会編『藤原宮』(一九六九年、大和歴史館友史会)所載の一一二号木簡に、

□御命受止食国々内憂白

□止詔大□〔御命カ〕乎諸聞食止詔

とある。また続日本紀、巻一の巻頭に記す文武即位の宣命詔も大宝令以前のものである。

(11) 本稿執筆の時点で知られている「前白」木簡の事例は、藤原宮出土木簡の一三例、平城宮出土木簡の七例、埼玉県行田市小敷田遺跡出土木簡の一例、滋賀県野洲郡中主町西河原森ノ内遺跡出土木簡の一例である。

(12) それぞれの出典は、(a)『藤原宮木簡』二-五二五号、(b)同一-四六六号、(c)同一-一一号、(d)『平城宮発掘調査出土木簡概報』一四-七頁、(e)同一七-九頁。

(13) 奈良国立文化財研究所史料XII『藤原宮木簡』一(解説)付章「藤原宮木簡の記載形式について」(一九七八年、奈良国立文化財研究所)。

(14) 岸俊男「木簡と大宝令」(『木簡研究』二、一九八〇年)。

(15) 東野治之「木簡に現われた「某の前に申す」という形式の文書について」(『日本古代木簡の研究』所収、一九八三年、塙書房)。

(16) 拙稿「公式様文書と文書木簡」(前掲)。

(17) 『平城宮発掘調査出土木簡概報』二一-五頁。

あとがき

本書は、ふつうにいう著書ではない。論文である。宣旨についての論文を書いてみたところ、あまりにも長大なものとなってしまったため、心ならずも書きおろしの「著書」にせざるをえなかったというのが、実情である。文中でこの稿をいう場合に、「本書」ではなく本稿と記したのも、そうした気持をあらわしたかったためである。

本書における宣旨についての結論は、まことに以て単純である。宣旨は施行文書でも下達文書でもない。それは音声の世界、口頭伝達の場で、命令をうけた者が、うけた命令をそのまま書き記した書類である、というのが結論である。この単純な結論を論証するためにかくも多量の紙幅を費さなければならなかった理由は、ひとえに、宣旨を施行文書・下達文書とみなしてきた従来の古文書学の牢固とした通念にある。本書の半分以上の紙量を占める第四章の記述から知られるように、この通念を打破するためには一点一点の宣旨をあげつらわなければならなかったのである。

宣旨には私はにがい想い出をもっている。学生・大学院生の時期を通じて、三年間私は故宝月圭吾先生の古文書学演習を拝聴した。この演習には試験が課せられたから、毎年学年末になると古文書学のにわか勉強をした。当時は簡便な入門書・概説書などは世に出ていなかったから、相田二郎氏の大著『日本の古文書』をノートをとりながら読む以外に勉強の方法がなかったのだが、毎回、公家様文書の宣旨と奉書の記述にいたるとつまづき、私の頭は混乱した。宣旨と奉書のどこがどう違うのか、まるでわからなくなってしまうのである。さいわいそうしたものが出題されることはなかったから、首尾よく単位を頂戴することはできたものの、古文書学のむずかしさを痛感させられたものである。

そのような私が宣旨に関心をもつようになったのは、故鈴木茂男氏の論文「宣旨考」を読んでからであるが、しかしそのころは、こうした理解だと内覧宣旨はどのように説明できるのだろうかというような、漠然とした疑問を抱く程度にすぎなかった。自分自身の課題として、本気で宣旨と格闘してみようと考えるにいたったのは、それから数年後、正倉院文書のなかに宣旨もあるし奉書・御教書もあるということを知ってからである。そしてそののち蒐めた史料を基に、一九八二年度と八三年度の二年間にわたり、名古屋大学文学部において宣旨に関する講義を行った。毎回史料だけは大量に配布するものの、この宣旨はこういう理由で施行文書ではない、この宣旨もこういう理由で下達文書ではないというようなことをくりかえし述べる講義であったから、学生諸君にとってはほとんど面白味のないものであったと思うが、そのさなかに接したのが五味文彦氏の「宣旨類」であり、富田正弘氏が執筆しておられる『概説古文書学』古代・中世編であった。それらの論考を参照して講義案を手直しし、その都度修正を加えながら、しかしほぼ同じ内容の講義は一九八五年の九州大学文学部での、一九八七年の岡山大学文学部での各集中講義でも行っている。そしてできるだけ早く原稿のかたちにまとめたいと思いながらも、他の仕事に忙殺されて意のままにならずにいたところ、ようやく小閑をえて書きあげることができたというような次第である。だがその結果、自業自得とはいえ、私はまたしても大きな重荷を背負ってしまったようである。それは、近い将来体系的な古代古文書学を呈示しなければならないという重荷である。

本書が成るにいたったのは、すべて小島潔氏のご尽力による。また、このような書の出版を快諾された岩波書店に対しても深謝したい。

一九九〇年二月二四日

早川庄八

■岩波オンデマンドブックス■

宣旨試論

1990年 4月26日 第1刷発行
2016年10月12日 オンデマンド版発行

著　者　早川庄八《はやかわしょうはち》

発行者　岡本　厚

発行所　株式会社 岩波書店
〒101-8002 東京都千代田区一ツ橋2-5-5
電話案内 03-5210-4000
http://www.iwanami.co.jp/

印刷／製本・法令印刷

ISBN 978-4-00-730500-9　Printed in Japan

引用史料索引

1. この索引は，本書が直接引用している史料だけでなく，関連して言及した史料をも含めて作成した．
2. 配列は，年紀未詳木簡，年紀の知られる宣・宣旨等，典籍の順である．なお，年紀の知られる宣・宣旨等については，出典における文書名を，私見により変更したものがある．
3. 〔 〕内は本文中の史料番号である．